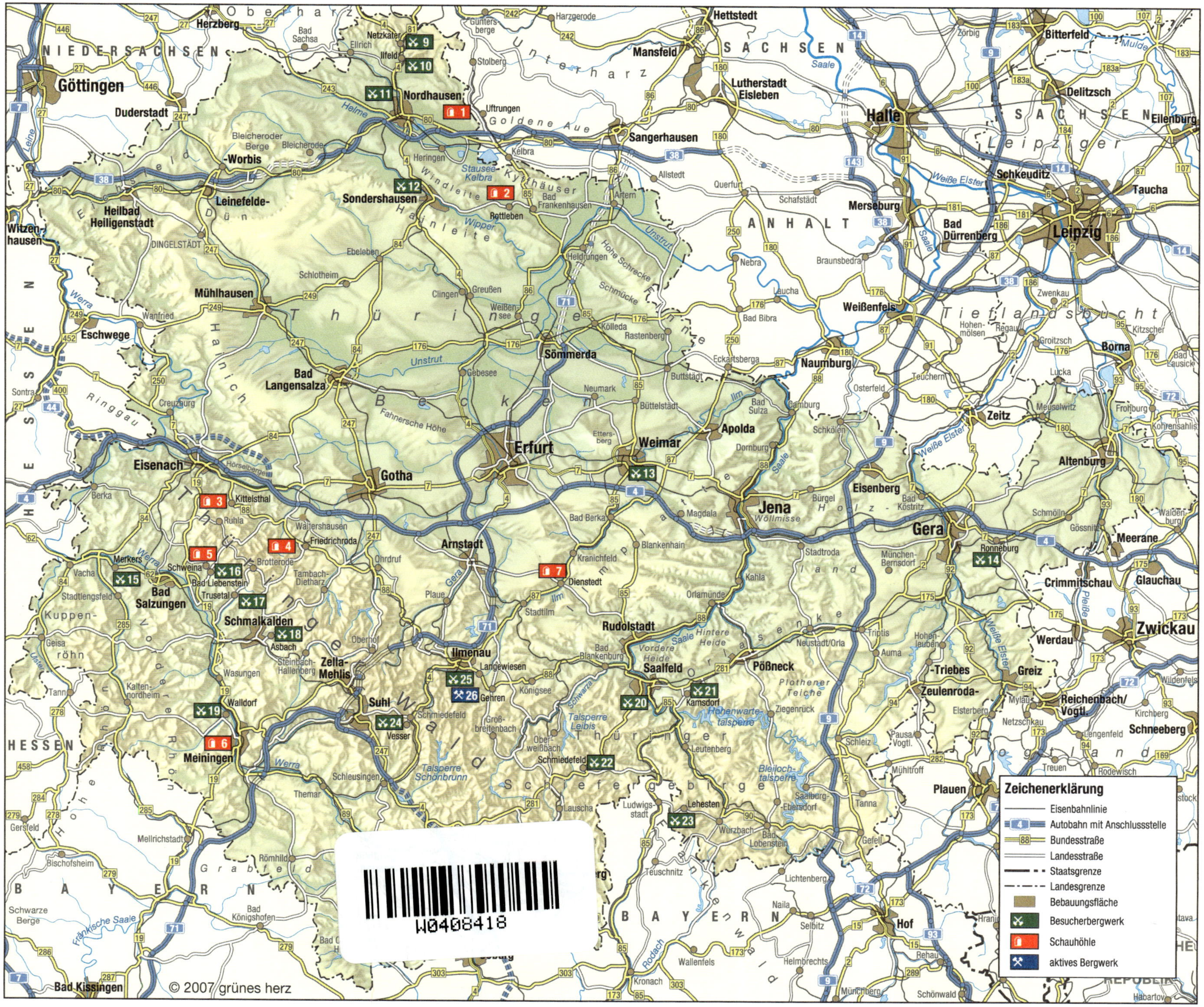

Legende (mit Seitenangabe)

1 Heimkehle Uftrungen (Seite 10)
2 Barbarossahöhle Rottleben (Seite 20)
3 Tropfsteinhöhle Kittelsthal (Seite 28)
4 Marienglashöhle Friedrichroda (Seite 36)
5 Altensteiner Höhle Schweina (Seite 44)
6 Goetz-Höhle Meiningen (Seite 54)
7 Oberfeldhöhlen Dienstedt (Seite 62)
8 Zinselhöhle Meschenbach (Seite 70)
9 Rabensteiner Stollen Ilfeld (Seite 78)
10 Lange Wand Ilfeld (Seite 86)
11 KZ-Gedenkstätte Mittelbau-Dora (Seite 94)
12 Erlebnisbergwerk Sondershausen (Seite 102)
13 Parkhöhle Weimar (Seite 110)
14 Traditionsschacht Ronneburg (Seite 118)
15 Erlebnis Bergwerk Merkers (Seite 126)
16 Schaubergwerk Aschenberg (Seite 134)
17 Besucherbergwerk Trusetal (Seite 142)
18 Besucherbergwerk Finstertal (Seite 150)
19 Sandsteinhöhle Walldorf (Seite 160)
20 Saalfelder Feengrotten (Seite 168)
21 Vereinigte Reviere Kamsdorf (Seite 180)
22 Morassina Schmiedefeld (Seite 188)
23 Schieferbergbau Lehesten (Seite 200)
24 Schwarze Crux Vesser (Seite 208)
25 Volle Rose Langewiesen (Seite 216)
26 Phönix Fluß- und Schwerspat Bergwerk GmbH Gehren (Seite 224)

Ulrich Völkel

Höhlen, Grotten, Schaubergwerke in Thüringen

Der Verlag und der Autor bedanken sich

für die umfangreiche Zuarbeit von Textmaterial und die Bereitstellung von Bildern durch die Höhlen, Grotten, Schaubergwerke und das Phönix Bergwerk,
ebenso bei den jeweiligen Stadt- und Gemeindeverwaltungen sowie bei den Höhlenforschern,
für die Bereitstellung der *Geologischen Übersichtskarte Thüringen* durch die Thüringer Landesanstalt für Umwelt und Geologie, Abteilung Geologischer Landesdienst/Grundwasser in Weimar,
für die fachliche Einleitung von Höhlenforscher Ulrich Brunzel.

Ganz besonders bedankt sich der Autor bei seinem Freund und Kollegen **Wolfgang Held**, der den Anstoß zu diesem Buch gegeben hat.

Ulrich Völkel

Höhlen, Grotten, Schaubergwerke in Thüringen

Eine Wanderung unter Tage, über Tage, aber nicht alltäglich

RhinoVerlag
2007

Ulrich Brunzel,

Autor zahlreicher Bücher zu Geologie und Höhlenkunde und zur thüringischen Regionalgeschichte ist Verfasser des einführenden Textes über die Geologie Thüringens. Er schrieb u.a. „Feuerschein am Sehmar", „Hexenverfolgung und Hexenprozesse im Hennebergischen", „Beutezüge in Thüringen" und die sehr erfolgreiche Publikation „Hitlers Geheimobjekte in Thüringen".
Ulrich Brunzel (*1940) ist Rechtsanwalt in Meiningen. Er lebt in Suhl.

Zur Geologie Thüringens

Am 3. Oktober 1990 entstand das heutige Bundesland Thüringen mit der Landeshauptstadt Erfurt aus den drei zur DDR-Zeit territorial abgegrenzten Bezirken Erfurt, Gera und Suhl unter Einbeziehung der Kreise Schmölln, Altenburg und Artern, die anderen Bezirken zugeordnet waren. Mit einer flächenmäßigen Größe von 1.6251 km² ist Thüringen zwar ein kleines Bundesland, das sich jedoch durch die Vielgestaltigkeit seiner Landschaft, des geologischen Untergrundes und die Reichhaltigkeit seiner Bodenschätze auszeichnet.

Vom Tiefland im Norden und Nordosten steigt das Land bis in die Mittelgebirge an. Während im *Thüringer Wald* Rücken und Kuppen das Landschaftsbild beherrschen, sind es im *Schiefergebirge* stark gewellte Hochflächen mit tiefeingeschnittenen steilwandigen und schmalen Tälern. Niederungen, Hügel und breite Täler bestimmen hingegen das nördliche und südliche Vorland bis hin zu den basaltischen Bergkuppen der *Rhön.*

Wer das Werden der Landschaft, geologische Erscheinungen und geschichtliche Zusammenhänge begreifen will, muss sein Wissen erweitern und die Natur beobachten.

Höhlen, Grotten und Schaubergwerke in Thüringen, wie sie der Schriftsteller Ulrich Völkel vorstellt und mit Wissenswertem darüber verknüpft, sind eine Möglichkeit, sich zu informieren. Angeregt dadurch und neugierig gemacht, die Schauobjekte selbst zu besichtigen und ihr Umfeld zu erkunden, ist eine Zielstellung, die der Buchautor schließlich bezweckt.

Das heutige geologische Erscheinungsbild Thüringens, das sich in seiner Landschaft widerspiegelt, ist das Ergebnis einer wechselvollen geologischen Entwicklungsgeschichte. Es gliedert sich geologisch auf in das *Thüringer Becken* mit kleineren geologischen Einheiten, das *Thüringisch – Fränkische Schiefergebirge*, den *Thüringer Wald* sowie *Südwestthüringen.*

Im Verlauf der Erdgeschichte war Thüringen teils Festland oder auch vom Meer bedeckt. In geologisch jüngerer Zeit schob sich Inlandeis bis ans Mittelgebirge heran. Einen Eindruck über geologische Zeiträume und die tektonische Entwicklungsgeschichte vermittelt das stark gefaltete Grundgebirge mit den Gesteinen der Erdfrühzeit (Proterozoikum), die über 600 Jahrmillionen zurückreicht, und dem sich anschließenden Erdaltertum (Altpaläozoikum), dessen Ablagerungsgesteine auf über 6000 Meter geschätzt werden.

Im Karbon vor ungefähr 330 Millionen Jahren entstand ein gewaltiges Faltengebirge, das als *Variszisches Gebirge* bezeichnet wird und das in seiner Ausdehnung mit den heutigen Alpen vergleichbar ist. Aus der Tiefe aufsteigende Gesteinsschmelzen kristallisierten in seinem Inneren zu Granit, dessen Reste als kristallines Gestein im Raum Ruhla – Brotterode sowie Suhl – Zella-Mehlis angetroffen wird.

Kaum entstanden, unterlag dieses Gebirge in einer Jahrmillionen anhaltenden Zeitspanne wieder der Abtragung. Sein Schutt in Form von Schottern, Sanden und Tonen kam in Senken zu Ablagerungen, durch die zähflüssige Lava (Quarzporphyre) zur Erdoberfläche durchdrang, während durch explosive Vulkanausbrüche Aschen und Schlacken zur Ablagerung kamen, die heute als Tuffe bezeichnet werden.

Die jener Zeit zuzuordnenden Gesteinskomplexe entstanden vor etwa 300 bis 270 Millionen Jahren und gehören zur Periode des Unterperms, die auch als Rotliegendes bezeichnet werden. In seiner Seen- und Sumpflandschaft gediehen Baumfarne und Farnsamenpflanzen. In den Gewässern tummelten sich Fische und Amphibien. Selbst Insekten hatten sich ihren Lebensraum bereits erobert. Die Kenntnisse darüber verdanken wir den

Fossilfunden im *Thüringer Wald,* die heute in naturwissenschaftlichen Sammlungen der ganzen Welt zu bewundern sind. Die als Schneekopfkugeln bekannten und begehrten *Rhyolithe* hingegen finden sich in den Quarzporphyren als Produkte der einstigen vulkanischen Tätigkeit.

Nach der Einebnung des *Variszischen Gebirges* begann Anfang des Oberperms oder Zechsteins ein Kontinentalmeer vom Norden her vorzudringen und den mitteleuropäischen Raum zu überfluten. Den Schutt des *Variszischen Gebirges* überdeckte es mit seinen Ablagerungen, die am Ende der Triasperiode teilweise Mächtigkeiten bis 2.000 Metern erreichten.

Die anschließende Heraushebung des *Thüringer Waldes* mit seinen Bruchlinien und Schollenrändern vollzog sich in einer etwa 90 Millionen

Erkundung eines Stollens des einstigen Bergbaus der Wismut bei Suhl.

linkes Bild:

Historische Aufnahme der Erstbefahrung der 1968 durch Suhler Höhlenforscher entdeckten Höhle an der Utendorfer Straße in Meiningen.

Erforschung einer Höhle im Muschelkalk an der B 280 bei Meiningen mit dem ferngesteuerten „Trakan" (russ. Küchenschabe); konstruiert vom Suhler Höhlenforscher Dieter Weiß.

Jahren umfassenden geologischen Entwicklung im Tertiär. Der langandauernde Entwicklungsprozess wurde von der gleichlaufenden Verwitterung begleitet, die bis heute das Landschaftsbild prägt.

Die durch die erdgeschichtliche Entwicklung entstanden Erzvorkommen gaben Anlass, über Jahrhunderte auf Kupfer-, Silber- und Eisenerze in Thüringen Bergbau zu betreiben, der praktische Erfahrungen vermittelte, die der Naturforscher und Arzt *Georg Agricola* (1494-1555) in seinen Schriften verarbeitet und der Nachwelt erhalten hat. In seinem Werk *„De rerum fossilium natura"* (1546) bezog sich Agricola auch auf Mineralvorkommen in Thüringen. Er legte damit den Grundstein für eine weitergehende geologische und bergbaukundige Forschungsarbeit.

Georg Christian Füchsel (1722-1773), als Sohn eines Bäckermeisters in Ilmenau geboren, studierte von 1741-1750 in Jena und Leipzig Medizin, Theologie, Astronomie und Mineralogie. Ihm war es vorbehalten, erstmalig eine geologische Karte zu entwerfen, die den Nordrand des Thüringer Waldes und seines Vorlandes zwischen Saalfeld und Weimar erfasste und die 1761 herausgegeben wurde.

Den geologischen Kenntnisstand der damaligen Zeit vereinte schließlich die 1854 von *Heinrich Credner* (1809-1867) herausgegebene *Geognostische Karte des Thüringer Waldes*, deren Erkenntnisse in die geologische Spezialkartierung der 1873 gegründeten *Preußischen Geologischen Landesanstalt* in Berlin einflossen. Der mit Beginn des 20. Jahrhunderts ansteigende Bedarf an einheimischen Rohstoffen und damit verbunden nach aktuellem geologischen Kartenmaterial zur Durchführung lagerstättenkundlicher Untersuchungen verlangte verstärkt nach geologischem Spezialwissen.

Durch den in Thüringen nunmehr intensiv betriebenen Bergbau, durch Tiefenbohrungen auf Stein- und Kalisalz, Steinkohle sowie Erdgas und Erdöl, die Gewinnung von Steine und Erden sowie den Bau von

Blick auf den im Bau befindlichen, fast 8 Kilometer langen Rennsteigtunnel (2002).

sieben Saaletalsperren, konnte der geologische Kenntnisstand wesentlich erweitert werden.

Die zahlreichen geowissenschaftlichen Untersuchungs- und Kartierungsarbeiten in Thüringen – insbesondere im Thüringer Becken und Werra-Kaligebiet – erweiterten geologisch verwertbares Wissen, das seit Neugründung des Landes Thüringen in den Bau des Pumpspeicherwerkes und der *Talsperre Goldisthal*, den Neubau der Thüringer Autobahn A 71 u.a. mit dem *Tunnel Rennsteig* (7.916 m) und *Tunnel Hochwald* (1.056 m) sowie die in Bau befindlichen Tunnelobjekte der ICE-Strecke im Abschnitt Ebersfeld-Erfurt mit 21 Tunneln, der *Tunnel Blessberg* (8.314 m) und der *Tunnel Silberberg* (7.391 m), einfloss.

Die im Buch beschriebenen Höhlen, Grotten und Schaubergwerke sind gleichsam Schaufenster der Erd- und Montangeschichte, die unser Wissen erweitern und seine Vertiefung anregen werden.

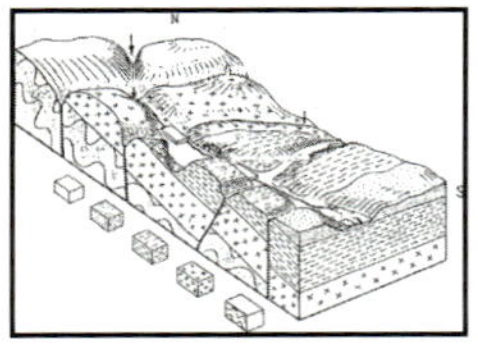

Inhaltsverzeichnis

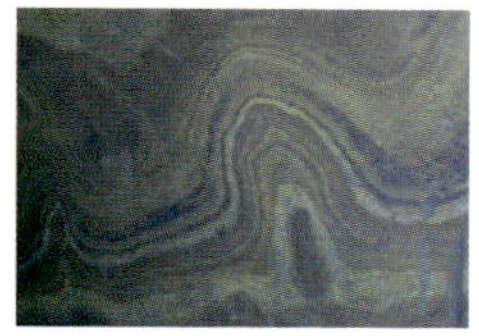

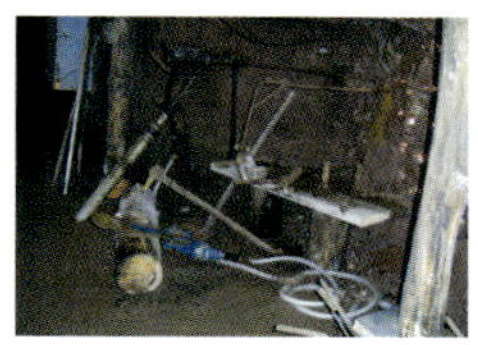

Als schmaler Gürtel erstreckt sich am Südrand des Harzes die **Gipskarstlandschaft Südharz**. Sie reicht auf etwa 100 Kilometer Länge über die Bundesländer Niedersachsen, Thüringen und Sachsen-Anhalt. Aufgrund einer besonderen geologischen Situation – nur in diesem Gebiet steht großräumig und oberflächennah Gipsgestein an – konnten sich hier im Laufe von mehreren Tausend Jahren Karsterscheinungen in einzigartiger Dichte und Vielfalt entwickeln.

Quelle: KNU / Naturfreunde Niedersachsen; Fotos: Detlef Tront

Karstwanderwege am Südharz

Von Förste im Westen bis Pölsfeld im Osten reihen sich am südlichen Harzrand auf 100 Kilometer perlschnurartig Erscheinungen aneinander, die auf die Gesteine auflösende Wirkung des Wassers zurückgehen: Höhlen, Erdfälle und Dolinen, Karstquellen, Bachschwinden und Flussversinkungen, Karstkegel, Schlotten, geologische Orgeln, Felsen und weiße Wände, gebildet aus dem besonderen Gestein des Südharzes, dem Gips. Der Karstwanderweg erschließt mit über 200 Kilometer Wegstrecke diese einzigartige Naturlandschaft in den Landkreisen Osterode am Harz (Niedersachsen), Nordhausen (Thüringen) und Sangerhausen (Sachsen-Anhalt). Die Beschilderung ist überwiegend in die Wegemarkierung des Harzklubs eingebunden. Folgen Sie im Kreis Osterode dem gelben Kreis auf braunem Feld und im weiteren Verlauf durch die Landkreise Nordhausen und Sangerhausen dem roten Querbalken auf weißem Grund. Besonders in feuchten Jahreszeiten ist festes, hohes Schuhwerk zweckmäßig. Der Karstwanderweg berührt geschützte Natur- und Kulturdenkmale und quert Naturschutzgebiete. Er soll über die ökologischen Zusammenhänge in der Natur des Südharzes aufklären. Prägend für das Gebiet ist das weiße Gestein, das an manchen Stellen sogar Felswände bildet. Es handelt sich dabei um Anhydrit ($CaS0_4$) bzw. Gips ($CaS0_4$ x $2H_2O$). Beide Gesteine sind für den Laien schlecht zu unterscheiden. Anhydrit ist spröde und weist eine gute Festigkeit auf. Beim Anschlagen gibt es einen porzellanartigen Klang. Gips ist weich und zerkrümelt in der Hand. Anhydrit geht durch Wasseraufnahme allmählich in Gips über, wobei das Volumen bei der Vergipsung um 62 % zunimmt. Dieser Vorgang läuft allerdings in geologischen Zeiträumen ab. Oft ist die Umsetzung des Gesteins nur teilweise erfolgt, weshalb es alle möglichen Übergangsformen zwischen Gips und Anhydrit gibt.

Heimkehle (Südharz)

Wenn man es genau nimmt, gehört die *Heimkehle* mehrheitlich zu Sachsen-Anhalt. Was formal dafür spricht, sie in dieses Buch aufzunehmen, ist der Hinweis darauf, dass der Eingang zur Höhle von Urbach aus erfolgt, und das ist noch Thüringen. Aber wir wollen es mit der Kleinstaaterei nicht übertreiben und mehr auf Gemeinschaft setzen, zumal: Welche Fledermaus interessiert es, was die Menschen da oben für Grenzen ziehen? Um nun doch genau zu sein: Die Schauhöhle *Heimkehle*, Deutschlands größte Gipsschauhöhle, ist eine von etwa 200 bekannten Höhlen des Südharzer Sulfatkarstes. Sie liegt in den Gemarkungen Uftrungen (Sachsen-Anhalt), Urbach (Thüringen) und Görsbach (Thüringen), ca. 1,5 km von der Gemeinde Uftrungen (im Landkreis Mansfeld-Südharz) entfernt. Betreiber der Höhle ist die Gemeinde Uftrungen. Die Gesamtlänge beträgt etwa zwei Kilometer, der für Besucher zugängliche Teil ist aber nur 750 m lang. In der Höhle (oder eigentlich darüber) verläuft die Landesgrenze zwischen Sachsen-Anhalt und Thüringen.

Solche Höhlen entstehen durch Auslaugen lösungsfähigen Gesteins (Kalksteine, Dolomit, Anhydrit bzw. Gips oder Steinsalz) mittels Niederschlags-, Oberflächen- und Grundwassers. Bei der Heimkehle, die im Anhydrit entstanden ist, handelt es sich um Sulfatkarst. Das Wort *Karst* wurde vom serbo-kroatischen *krš* für Fels abgeleitet und meint eine kahle Gebirgslandschaft aus Kalkstein.

Von 1920 bis 1944 gelangte man über den natürlichen Eingang in den Berg. *Ins Innre der Natur – / dringt kein erschaffner Geist./ Hier findst Du ihre Spur / wenn Du zu forschen weißt* – lautete der sinnige Spruch über der Eingangspforte.

Der **Natureingang** zur Heimkehle wird heute nicht mehr von Menschen genutzt, aber für Fledermäuse ist es die ideale Einflugschneise in ihr Winterquartier. Auch andere Tiere finden so den Weg in die Höhle, die aber mangels Nahrung und Licht kaum eine Heimstatt bietet und bestenfalls zum Schutz vor Verfolgern dient.

Hat Wasser die Möglichkeit, durch Klüfte und Spalten in den Berg einzudringen, entstehen durch Lösung des Gesteins Hohlräume. Sind diese groß genug, dass sie ein Mensch betreten kann, spricht man von Höhlen, engere Auslaugungen heißen Schlotten. Höhlenbäche bilden sich bei entsprechender Drainage. Zu beobachten ist eine ganz charakteristische Form: Die so genannte *Laugendecke* ist eine horizontale Fläche, die *Sohle* ist deutlich schmaler, die Seitenflächen oder *Facetten* sind etwa 45 Grad schräg.

Thyrasee
mit dem sich anschließenden Riesentunnel

Das Schlauchboot dient den Höhlentauchern, die die Reinheit des Wassers und den Zustand des Grundes regelmäßig prüfen. Weil der Untergrund sehr schlammhaltig ist, wird das Boot bis in die Mitte des Sees gerudert, damit kein Schlamm aufgewirbelt werden kann, der die Untersuchungen beeinträchtigen würde.

Aufgrund des seitlichen Zurückweichens der Facetten erweitert sich der vom Höhlendach durchflossene Hohlraum so lange, bis die Höhlendecke instabil wird und einbricht. Die Bruchmassen werden gelöst. Der Hohlraum vergrößert sich durch ständiges Nachbrechen nach oben. Auf diese Weise ist der größte Hohlraum der Heimkehle, der so genannte Große Dom entstanden mit einer maximalen Höhe von 22 m und einem größten Durchmesser von 65 m. Gut begehbare Karsthöhlen sind übrigens selten. Nur wo durch Talbildung diese Schichten angeschnitten sind (Heimkehle) oder durch Bergbau untersucht wurden (siehe Barbarossahöhle), konnten Höhlen erschlossen werden.

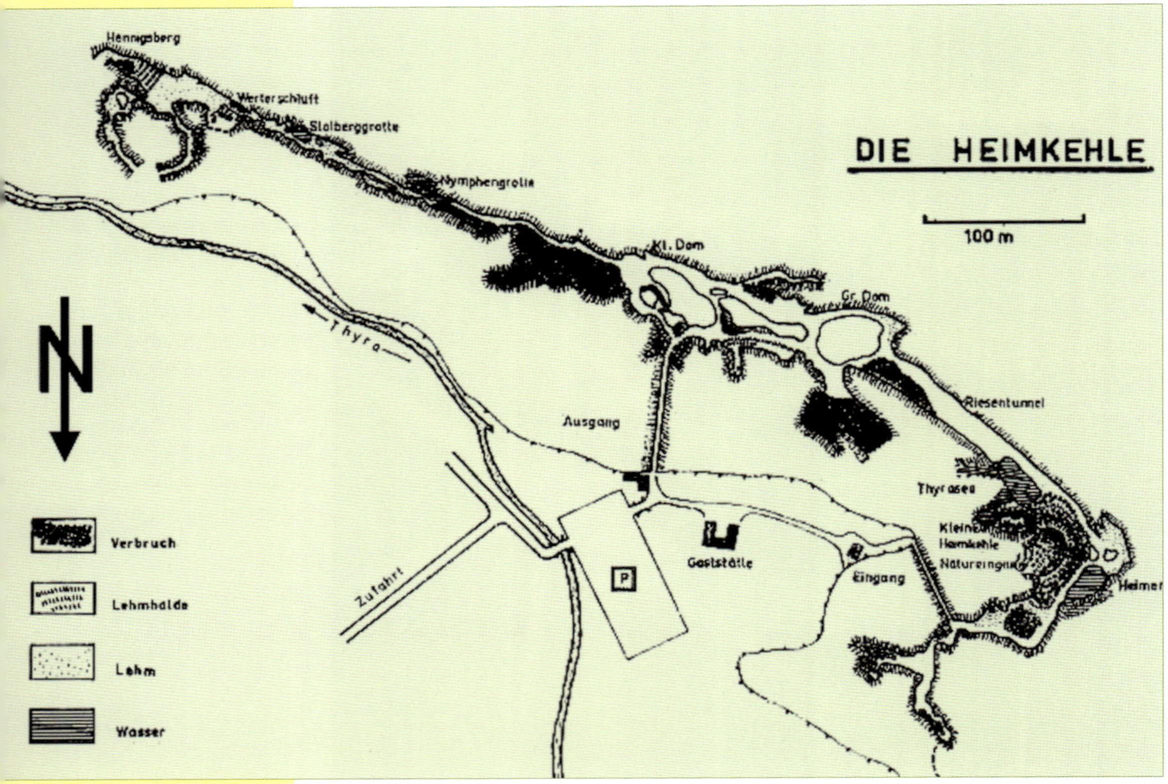

Skizze der Heimkehle von *Dipl.-Ing. Friedrich Stolberg* aus dem Jahr 1920, auf der der damalige Zustand mit den noch offenen Seen dokumentiert ist.

Dipl.-Ing. Friedrich Stolberg (1892-1972) war ein begeisterter und erfolgreicher Höhlenforscher Deutschlands. Er gründete und leitete über 50 Jahre die *Arbeitsgemeinschaft für Harzer Höhlenkunde*, als deren Nestor er gilt. Viele Höhlen vor allem im Harz sind durch ihn erschlossen und vermessen worden. Seine andere Leidenschaft galt der Burgenforschung. Am 24. November 1892 in Straßburg als Sohn des Kunsthistorikers und Privatgelehrten Dr. August Stolberg geboren, studierte er Architektur in Karlsruhe und promovierte über barocke Turmdachwerke in Hessen. Er starb am 2. März 1972 in Goslar.

Im Keller der Heimchen

Woher der Name *Heimkehle* stammt, ist nicht mehr genau zu belegen, zumal über die Jahrhunderte unterschiedliche Schreibweisen benutzt wurden: *Heymelkellen, Grube der Heymkeller, Heinkuhle, Heimkäle, Heimkehle*... Die Herkunft wird ebenso unterschiedlich gedeutet. Vielleicht hat es etwas mit den Heimchen zu tun und deren Keller – oder mit geheim –, was der Phantasie reichlich Nahrung gibt. Und recht unheimlich muss manchem Bewohner der Umgebung der Ort schon vorgekommen sein, und wenn es nur wegen der Fledermäuse wäre, über die noch berichtet wird.

Eine erste urkundliche Erwähnung der *Heymelkellen* geht auf das Jahr 1357 zurück. 1487 heißt es in einer Grenzbeschreibung: *...vom Reywege bis an den Heymkeller und von der Grube der Heymkeller bis anderweit der Thyra...* Während des 30-jährigen Krieges bot die Höhle Schutz vor marodierenden Truppen. Es wird sogar von einem Kind erzählt, das in dieser Zeit mit dem Wasser des unterirdischen Heymsees getauft worden sei. Ein Jahr nach Ende des verheerenden Krieges hat Fürst Friedrich von Anhalt-Bernburg mit 15 Reitern die Höhle besucht. Eine erste ausführliche Beschreibung lieferte 1703 der Nordhäuser Stadtarzt Georg Henning Behrens. *Diese Heimkäle,* schreibt er, *wird öfters von curieusen Personen besucht, und ist ebenfalls der Tropff-Steinen darinnen, wie im vorgedachten Höhlen zu finden, ja ich vermeine auch, daß man daselbst das gegrabene Einhorn vielleicht nachsuchen, und danach graben liesse, besorge, aber gleich darbei, daß nunmehro, da solches keine Rarität mehr und anderswo häuffig um einen wolfeilen Preis zu haben ist, niemand dergleichen Mühe auff sich nehmen wird.* Besagte Knochen wurden seinerzeit dem Fabelwesen Einhorn zugeschrieben, von denen man sich wundersame Wirkung erhoffte. Behrens kommentiert die Anwendung mit gebotener Vorsicht: *...so ist es doch ein gutes Medicament, welches das Seinige in gewissen Fällen thut, wenn es nicht ohne Verstand, von Idioten und Pfuschern, gebraucht wird.*

Viele nachfolgende Berichte sind schlicht bei Behrens abgeschrieben. Julius Bernhards von Rohr berichtet 1748, warum er nicht selbst in die „Heim-Kehle" vorgedrungen ist, obwohl er sich in unmittelbarer Nähe befunden hatte. *...inmassen die Einwohner dieses Dorfes... sich mehrentheils auf dem Felde aufhielten und sehr wenige Leute in dem Dorffe Ufftrungen anzutreffen waren... einige wollten von der Höle gantz und gar nichts wissen, andere aber meynten, es wäre jetzt zu gefährlich hinein zu steigen...*

Die systematische Erforschung und Erschließung begann 1894, als Professor Bose den zugänglichen Teil der Höhle befuhr und am äußersten Ende eine Flaschenpost deponierte, die man 1920 wiederfand. Gründliche wissenschaftliche Untersuchungen, durch den 1. Weltkrieg zeitweise unterbrochen, waren notwendig, um endlich am 12. September 1920 die *Heimkehle* dem öffentlichen Besucherverkehr übergeben zu können. Schon im Sommer 1921 wurde der 6.500. Besucher vermeldet. Die *Heimkehle* war zur weithin bekannten Attraktion avanciert.

Die geologische Struktur im Schnittpunkt der Flüsse Thyra, Krebsbach und Krummschlachtbach ließ umfangreiche Ausschwemmungen vermuten, was sich durch weitere, wenn auch nicht ungefährliche Stollenvortriebe beweisen ließ. Friedrich Stolberg, einer der unermüdlichen Forscher, schreibt:

Hier hat die Heimkehle dem Eindringling alle nur denkbaren Hindernisse entgegengestellt, als da sind wassergefüllte Trichter, Kriechpartien, sperrende Teiche, Verstürze und als Schlimmstes: Morast.

Vor dem Natureingang befanden sich auch das Kassenhäuschen und eine Wartehalle. Auf der Aufnahme aus dem Jahre 1920 ist der Betreiber der Höhle, Theodor Wienrich, zu sehen (1. Reihe, 2. v.l.), dessen Engagement zur Sicherung und Präsentation der Heimkehle bis heute bei seinen *Erben im Geiste* fortwirkt.

Im Potsdamer Abkommen war verfügt worden, dass alle ehemalige Rüstungsbetriebe zerstört werden sollten. Das galt auch für die *Heimkehle,* in der Fahrgestellteile für den Bomber JU 88 produziert wurden. Die Sprengung konnte die Höhle nicht zum Einsturz bringen, richtete aber erhebliche Schäden im Berg an. Durch die Wucht der Explosion wurde auch das *Hotel Heimkehle* so schwer in Mitleidenschaft gezogen, dass nur der Abbruch blieb.

Zum Gedenken an die *durch Arbeit vernichteten* und alle zur Sklavenarbeit gezwungenen Gefangenen im unterirdischen Rüstungsbetrieb der Nazis wurde 1954 diese Tafel angebracht, sowie Kränze und Blumen niedergelegt.

DEN HELDEN DES ANTIFASCHISTISCHEN WIDERSTANDSKAMPFES ZUM EHRENDEN GEDENKEN.
UNSERE VERPFLICHTUNG: KAMPF FÜR FRIEDEN UND VÖLKERFREUNDSCHAFT.
1944 1954

Ein finsteres Kapitel

Wann immer der Ruf „Deutschland erwache!“ erschallt, wird es recht finster in deutschen Landen. Mit dem Ausbruch des 2. Weltkrieges kam die Erforschung der Höhle zum Erliegen. Das dunkelste Kapitel, finsterer als jede natürliche Finsternis unter Tage, begann am 12. März 1944. Angehörige der SS sperrten das Gelände um die Heimkehle ab. Etwa 1.500 Häftlinge aus dem Konzentrationslager Mittelbau Dora, verfrachtet in das Nebenlager Rottleberode, mussten in einer eiligst eingerichteten Rüstungsfabrik unter unmenschlichen Bedingungen Flugzeugteile für die Junkerswerke Dessau produzieren. „Vernichtung durch Arbeit“ nannten die Nazis solche Praxis. Und wer nicht an den grausamen Arbeitsbedingungen starb, wurde auf den Märschen, zu denen die SS die Häftlinge auf der Flucht vor den Alliierten in alle Richtungen trieb, erschlagen, erschossen oder zu Tode getrampelt. Am 13. April 1945 wurden die überlebenden 1.038 Häftlinge zur Isenschnipper Scheune bei Gardelegen getrieben. Die SS hatte das Stroh mit Benzin getränkt, die Häftlinge hineingetrieben und Feuer gelegt. Wer fliehen wollte, wurde erschossen. Nur 22 Häftlinge haben das Massaker überlebt.

Schwerwiegend waren – wenn auch überhaupt nicht mit dem menschlichen Elend vergleichbar – die Zerstörungen in der Heimkehle selbst. Höhlenseen wurden zugeschüttet und mit Eisenbetondecken versiegelt, Mauern und Kabel gezogen. 8.000 m² betonierte Fläche, mit Fahrstraßen für Autos verbunden und eine Feldbahn wurden gebaut. So viel Finsternis hatte es in der Höhle noch nie gegeben – und soll es auch über Tage nie wieder geben.

Ursprünglich befand sich hier einer der unterirdischen Seen, die verfüllt und mit einer mehrfach stahlbewährten Betonplatte abgedeckt wurden, die zu entfernen nur mittels Sprengung möglich gewesen wäre, was sich angesichts der instabilen und bereits vorgeschädigten Lage schlicht verbot. Hier befand sich eine der drei Werkhallen, wie an den Dachresten (hinten links) noch deutlich zu erkennen ist.
Bei Hochwasser wird die Betonfläche überflutet und bringt so die Erinnerung an den einstigen See zurück.

Das Mosaik im *Kleinen Dom* wurde von dem Künstler **Wilhelm Schmied** zum Gedächtnis an den Missbrauch der Höhle und an die zahlreichen Opfer geschaffen.

Aufgrund des Potsdamer Abkommens wurden die Rüstungseinbauten und die Höhlenzugänge 1946 gesprengt. Das schien das Ende der Höhle zu sein, denn natürlich dachte angesichts der Zerstörungen in ganz Europa niemand an ihren Wiederaufbau. Aber am 25. April 1954 konnte die Heimkehle wenigstens zu einem Teil der Öffentlichkeit wieder zugänglich gemacht werden. Tausende, zumeist freiwillige Aufbauhelfer hatten unter unsäglichen Mühen und oft mit dem einfachsten Werkzeug ausgestattet, die Folgen der faschistischen Vergewaltigung des Berges und der verheerenden Sprengung von 1946 beseitigt. Es lag ein strahlender Sonnentag über der Goldenen Aue, der allerdings vom Stolz der Menschen auf ihre enorme Leistung übertroffen wurde.

Das einströmende Licht des Natureingangs wirkt wie ein hereinströmender Wasserfall.

Eine beliebte Attraktion ist die Licht- und Laserschau. Ursprünglich wurden um die Weihnachtszeit ca. 3000 Teelichter entzündet. Die Abwägung zwischen Naturschutz und Tourismus ist häufig eine Gratwanderung.

Das ist kein Stalaktit, sondern ein **Eiszapfen** im Durchgang vom Heimensee zur Thyrahalle.

Wie Felix aus der Asche

Ja, es heißt natürlich *Phönix,* aber *Felix* bedeutet der Glückliche. Von Phönix wird im Übrigen im letzten Kapitel des Buches die Rede sein. Und angesichts des Wiederaufbaus der zerstörten *Heimkehle* darf man getrost von einem glücklichen Neubeginn reden. Im Januar des Jahres 1951 nahm die Nordhäuser Höhlenforschergruppe im *Kulturbund* unter der Leitung des verdienstvollen *Friedrich Schuster* die Arbeit auf. Sie standen einem Bild schlimmer Zerstörung gegenüber, wie Schuster beschreibt:

Fast die gesamte Höhle hat einen Wasserstand von ca. 0,90 bis 1,5 m, dazwischen schwimmen enorme Bauholzmengen herum, Fetzen von Leichtbauplatten, Ziegelsteinmauerwerk, Dachpappenreste, zusammengedrückte Stahlblechkästen, Rohrleitungen sämtlicher Dimensionen ragen gespenstig aus diesem Gewirr von verbogenen Eisenträgern heraus.

Man musste schon sehr viel Zuversicht und eine reichliche Prise Unerschrockenheit mit sich bringen, um nicht gleich zu verzweifeln. Die Gruppe fand Unterstützung bei den Bergleuten des *Thomas-Müntzer-Schachts Sangerhausen* und des *Flussspatschachts in Rottleberode,* als sie am 2. November 1953 mit den Vortriebsarbeiten für den ersten Stollen begann. Schon am 25. April 1954 konnte der Stollen übergeben werden, ab Mai wurde die Höhle für den Besucherverkehr wieder frei gegeben.

Und die Besucher kamen! Im Juli 1957 konnte der 300.000 Gast seit Wiedereröffnung begrüßt werden. Inzwischen ist die Millionengrenze mehrfach überschritten. Die *Heimkehle* und die *Höhlenkundliche Ausstellung* sind zum Anziehungspunkt der Region geworden. Allerdings ist es gar nicht so einfach, den Weg zur Heimkehle zu finden, denn das Aufstellen von Hinweisschildern bedarf eines – nur selten erfolgreichen – Weges durch die Ämter.

Es kreucht und fleucht

Fledermäuse schlafen, wie manche Leute denken: Mit dem Kopf nach unten. Und obwohl sie fliegen, sind sie keine Vögel, sondern Säugetiere. Sie flattern, daher *Fleder*-maus. Mäuse sind sie auch nicht. Die „Maus" kommt vom althochdeutschen Wort *mustro* für mausähnliches Tier, weil viele Fledermäuse um den Kopf herum wie Mäuse aussehen. Damit wäre der Name der Insektenfresser geklärt.

Fledermäuse erzeugen im Kehlkopf Ultraschallwellen, die sie durch Mund oder Nase aussenden, gleichsam wie ein Echolot, womit sie sich ein „gehörtes Raumbild" verschaffen. Das versetzt sie in die Lage, sich auch bei völliger Dunkelheit zu orientieren und Beutetiere zu orten. Manche Insekten hören die Ultraschalltöne der Fledermäuse und können sich rechtzeitig in Sicherheit bringen, während andere Tiere wie verschiedene Schmetterlinge sogar eigene Ultraschalltöne erzeugen, um zu signalisieren: Ich schmecke nicht.

In Thüringen sind 20 Arten von Fledermäusen bekannt. Während des Sommers verstecken sich die nachtaktiven Jäger in leerstehenden Gebäuden, Felsspalten oder in morschen Bäumen. Während der nährstoffarmen und kalten Jahreszeit suchen sie geeignete Orte für ihren Winterschlaf auf. Sie verringern ihre Körpertemperatur auf ca. 8 °C und den Herzschlag von durchschnittlich 90 auf etwa einen pro Minute. Höhlen wie zum Beispiel die *Heimkehle* sind ein bevorzugtes Winterquartier.

Dicht aneinandergedrängt in so genannten Cluster überwintern in Höhlenbereichen, die durch den Besucherstrom nicht gestört werden, tausende Mausohren in der *Heimkehle*.

Nachgewiesen wurden zahlreiche Boden- bzw. Grundwasserorganismen, die sich wegen ihrer geringen Größe allerdings dem Auge des Besuchers nicht erschließen. Einige Arten ernähren sich von Resten zerfallener Tiere und Pflanzen (Detritus), die über Verbindungen zur Erdoberfläche eingetragen werden.

In der nahe gelegenen *Barbarossahöhle* (siehe nächstes Kapitel) wurden auch Strudelwürmer, Krebse und Spinnentiere nachgewiesen, von denen einige Arten die subterrane, also unterirdische Lebensweise bevorzugen.

Als spezifische Ökosysteme mit relativ einseitigen oder „strengen" Lebensbedingungen gehören Höhlen zu den besonders geschützten Biotopen im Sinne der Naturschutzgebung. Grundlegende faunistische und ökologische Untersuchungen wurden seit etwa 1960 von mehreren Wissenschaftlern durchgeführt. Das besondere Merkmal unterirdischen Lebens ist das Fehlen von Sonnenlicht, das grüne Pflanzen für die Assimilation benötigen.

Den im Wasser der *Heimenseen* gefundenen Algen reichte das wenige Licht, welches durch den Natureingang einfiel. Der Nachweis von Algen im weiter in der Höhle liegenden *Thyrasee* und im *Kleinen Dom* ist auf die Zirkulation des Wasser zurückzuführen. Und wahrscheinlich spielt auch das künstliche Licht eine Rolle. Schon 1793 hat Alexander von Humboldt in Freiberger Bergwerksstollen nachgewiesen, dass bereits das geringe Licht der Grubenlampen ausreicht, um Algen und Flechten eine bescheidene Existenz zu sichern. Pflanzen, die tote organische Stoffe benötigen, wie Schimmelpilze, haben sich als watteartige Überzüge auf den Holzausbauten und unter den Kränzen der Gedenktafel im Kleinen Dom angesiedelt.

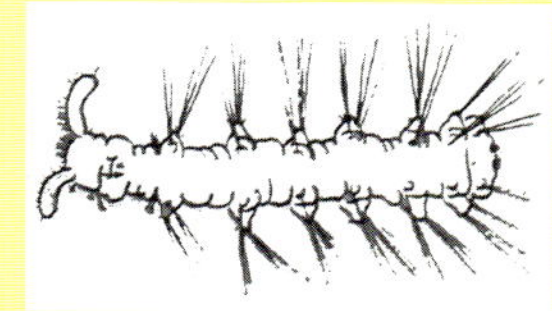

Der **Ringelwurm** (0,5 mm) *Troglochaetus beranecki* ist ein Tertiärrelikt und lebt im Grundwasser sandig-kiesiger Bereiche.

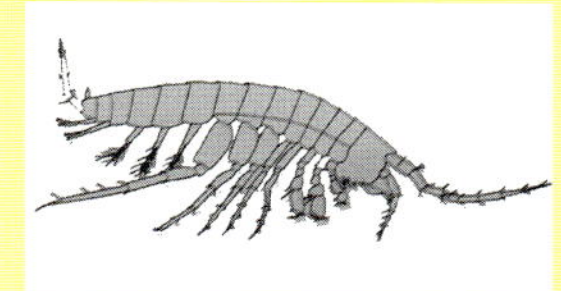

Der **Flohkrebs** (bis 1,8 mm) *Microniphargus leruthi* hat sich an das Leben im Grundwasser feinkörniger Gerölle angepasst.

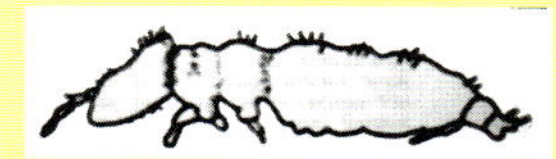

Das ungeflügelte Urinsekt *Schaefferia emucronate* wurde in der Heimkehle nachgewiesen.

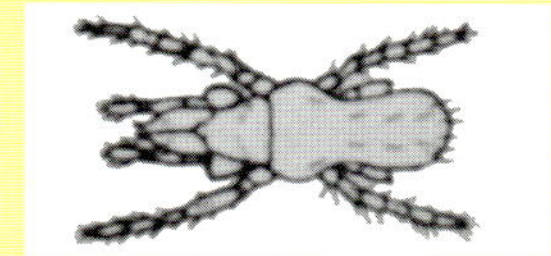

Rhagidia spec., dorsal (etwa 1 mm lang).

Gemeinde Rottleben

Das Dorf **Rottleben** liegt am Südwesthang des *Kyffhäusergebirges,* eingebettet in eine reizvolle Landschaft, die so genannte *Diamantene Aue,* einem fruchtbaren Tal – ähnlich der benachbarten *Goldenen Aue*. Ausgrabungen haben Siedlungsnachweise aus der Jung- und Bronzezeit zutage gefördert.
Die erste bisher bekannte Erwähnung des Ortes geht auf das Jahr 1125 zurück. Frühere Besiedlungen sind durchaus denkbar.
Bis in das 14. Jahrhundert hinein gehörte Rottleben zum Besitz der Beichlinger Herren, danach fiel es an die Schwarzburger Fürsten. In unmittelbarer Nähe zu Rottleben, über der *Barbarossahöhle,* befindet sich die Ruine *Falkenburg*, die *Heinrich von Valckenburg* 1360 hatte errichten lassen und die vermutlich im Jahre 1458 zerstört wurde.

Seit dem *Volksbuch von Friedrich Barbarossa* (1519) gibt es die Sage vom Kaiser Friedrich I. Barbarossa. Ursprünglich wurde sie allerdings Friedrich II. zugeschrieben. Barbarossa ist während des Dritten Kreuzzuges im anatolischen Fluss *Saleph* (heute Göksu) ertrunken. Doch nach der Sage soll er in einer Höhle des *Kyffhäusergebirges* verzaubert sein und schlafend an einem Tisch aus Stein sitzen. Alle hundert Jahre schickt er einen Zwerg hinaus, der nachsehen soll, ob die Raben noch immer um den Berg fliegen. Fliegen sie, ist die Zeit für den Kaiser noch nicht gekommen. Er verfällt für weitere hundert Jahre in seinen Zauberschlaf – eine Mär, die von den unterschiedlichsten Interessenten mitunter recht martialisch bedient wurde. Unter dem Decknamen *Fall B (Barbarossaplan)* wurde der faschistische Feldzug gegen die Sowjetunion geplant.

Das etwa 670 Einwohner zählende Rottleben gehört zur *Verwaltungsgemeinschaft Kyffhäuser* und befindet sich westlich der Stadt Bad Frankenhausen. Bemerkenswerte historische Ereignisse weiß die Chronik nicht zu berichten, wohl aber von zwei sehr unterschiedlichen Persönlichkeiten. Da gab es den Theologen *Balthasar Cellarius* (1614-1689), der sich als Theologieprofessor einen Namen gemacht hat – und da ist die schöne *Eva Padberg,* Model, Sängerin und Schauspielerin, die in Rottleben zur Schule gegangen ist, wofür der Ort nichts kann, aber was ihm durchaus einen gewissen Charme verleiht.

Barbarossahöhle

Barbarossa

Der alte Barbarossa,
Der Kaiser Friederich,
Im unterirdschen Schlosse
Hält er verzaubert sich.

Er ist niemals gestorben,
Er lebt darin noch jetzt,
Er hat im Schloss verborgen
Zum Schlaf sich hingesetzt.

Er hat hinabgenommen
Des Reiches Herrlichkeit
Und wird einst wiederkommen
Mit ihr, zu seiner Zeit.

Der Stuhl ist elfenbeinern,
Darauf der Kaiser sitzt;
Der Tisch ist marmelsteinern,
Worauf sein Haupt er stützt.

Sein Bart ist nicht von Flachse,
Er ist von Feuersglut,
Ist durch den Tisch gewachsen,
Worauf sein Kinn ausruht.

Er nickt als wie im Traume,
Sein Aug halb offen zwinkt,
Und je nach langem Raume
Er einem Knaben winkt.

Er spricht im Schlaf zum Knaben:
Geh hin vors Schloss, o Zwerg,
Und sieh, ob noch die Raben
herfliegen um den Berg.

Und wenn die alten Raben
Noch fliegen immerdar,
So muss ich auch noch schlafen,
Verzaubert hundert Jahr.

Friedrich Rückert

Die **Barbarossahöhle** ist Europas einzige Schauhöhle im Anhydritgestein. Eine Besichtigung ist nur im Rahmen einer Führung möglich.

Das **Kyffhäusergebirge**, seit 1941 unter Landschaftsschutz stehend, ist das kleinste Mittelgebirge Deutschlands, aber dennoch ein attraktiver Anziehungspunkt für viele Touristen. Am Süd-West-Hang des Gebirges lassen sich zahlreiche Höhlen (etwa 40), Erdfälle (ungefähr 80), Trockentäler und unterirdische Wasserläufe als typisch für ein Karstgebiet nachweisen. Die Barbarossahöhle nahe der Gemeinde Rottleben ist als einzige Höhle touristisch erschlossen.

Die Sage vom schlafenden Kaiser mit dem rötlichen Bart gab ihr den Namen. Das Thema ist in der Literatur häufig anzutreffen. Am bekanntesten dürfte das Gedicht von **Friedrich Rückert** (1788-1866) sein.

Manchmal sitzt Kaiser Barbarossa im **Tanzsaal** auf seinem aus mächtigen Gesteinsblöcken gefertigten Stuhl. Es wird aber noch einige Jahrhunderte dauern, bis sein roter Bart dreimal um den steinernen Tisch gewachsen ist.

Das Höhlenmuttergestein besteht aus Sedimenten, die vor 250 Millionen Jahren entstanden sind. Mitteleuropa war zu jener Zeit von einem flachen Meer, dem Zechsteinmeer, überflutet. Durch mehrfaches Verdunsten und wiederholtes Überfluten bildeten sich unterschiedliche Sedimente. Zuerst setzte sich über diesem Konglomerat und dem Kupferschiefer schwer lösliches Kalziumkarbonat ab, dem Kalziumsulfat in Form von Gips folgte, der sich unter hohem Druck in Anhydrit umwandelte. Schließlich fällten sich die leicht löslichen Stein- und Kalisalze aus. Den Schluss bildete Salzton, der die Salzschichten gleichsam versiegelte und sie vor Auflösung schützte. Dieser Vorgang wiederholte sich fünfmal.

Fünf Silbergroschen

Es ist wahr, ein Vorurteil hat mich über Jahre daran gehindert, für die *Barbarossahöhle* ein besonderes Interesse zu empfinden, denn für deutsche Kaiser, schon gar, wenn sie erobernd in fremde Länder kreuzzüglerisch eingefallen sind, bin ich nicht ausreichend sensibilisiert. Und dann dieser unselige *Plan Barbarossa...* Ein Vorurteil, ich gebe es zu, denn das eine hat mit dem anderen, nämlich der zauberhaften Landschaft samt unterirdischer Schönheit, nichts zu tun. Und was den alten Kaiser anlangt – nun ja, er schläft. Lasst ihn ruhen, wo er wirklich begraben liegt, im *Kyffhäusergebirge* ist es nicht, dort geistert er nur durch die Sagenwelt.

Fangen wir also noch einmal und jetzt richtig an. Es ging um Kupfer, das man aus dem Berg gewinnen wollte. 1860 hatte der Unternehmer *Born* aus Dortmund einen Stollen unterhalb der Ruine *Falkenburg* vortreiben lassen. Gemeinsam mit dem Steiger *Rödiger* aus Könitz machten sich die Bergleute *Christian Nachtweide, August Schumann* und der später verunglückte *Heinrich Vollrodt* an die Arbeit. Sie gelten als die Entdecker der Höhle. Üblicherweise wurden solche *Schlotten* (Hohlräume im Zechstein) mit taubem Gestein versetzt und damit verschlossen, aber der Fürstlich Schwarzburgische Bergmeister *Friedrich Herthum* muss zumindest eine Ahnung gehabt haben, welches Kleinod entdeckt worden war, denn er ordnete an, die Höhle in ihrem ursprünglichen Zustand zu belassen. Bereits am 31. Januar 1866 wurde der reguläre Betrieb einer Schauhöhle eröffnet. Wer fünf Silbergroschen zu zahlen bereit war, durfte in die Unterwelt eintreten. Das *Kaiser-Wilhelm-Denkmal* wurde erst 1896 eingeweiht.

Von nun an stand nicht mehr die Suche nach Kupfer im Interesse der Bergleute, sondern der Schutz des Naturdenkmals und die Erschließung der Höhle. Mit ca. 800 Meter Länge und 13.000 m² Grundfläche zählt die an kristallklaren und vielfarbig schimmernden Seen reiche *Barbarossahöhle* zu den großen Höhlen Europas. Das durchsickernde Wasser löste über Jahrtausende hinweg – und der Prozess ist noch längst nicht abgeschlossen – den Anhydrit auf und schuf weiträumige Höhlen. Die durch die Luftfeuchtigkeit aufquellenden Felsen ließen meterlange Gipslappen entstehen, eine Besonderheit, die in keiner weiteren Schauhöhle zu finden ist.

Alabasterauge

Anhydrithöhlen bilden Gipslappen, die bei der hohen Luftfeuchtigkeit durch Wasseraufnahme (Hydration) entstehen. Der Anhydrit wandelt sich dabei unter Volumenzunahme in Gips um. Unabhängig von der Schichtung des Gesteins schalt der vergipsende Anhydrit in Form großer „Späne" oder „Platten" von etwa 2 bis 4 cm Stärke und oft über einen Quadratmeter Größe von den Wandungen der Höhle ab. Ihr Wachstum kann je nach Bewertung örtlich einige Zentimeter bis Dezimeter pro Jahrhundert betragen oder auch jahrzehntelang ganz unterbleiben.
Mit Ausnahme der Kungur-Eishöhle am mittleren Ural (Region Perm) sind Gipslappen in Europa und auch darüber hinaus gegenwärtig in keiner anderen Schauhöhle zu besichtigen.

Am **Grottensee** endete früher die Führung. Der folgende Abschnitt bis zu dem 18 Meter hohen *Dom* wurde erst nach 1926 erschlossen. Der See ist 3 Meter tief und 50 Meter lang.

Die Neptungrotte

Seite 24: Grottensee

Seite 25: Gerberei

Die Höhle verfügt über mehrere kleine Seen, die miteinander in Verbindung stehen. In den beiden bis zu zwei Meter tiefen kristallklaren Seen der *Neptungrotte* spiegeln sich die teilweise drei Meter hohen Grotten wider. Die flach gewölbten Hallen von großer Spannweite sind typisch für die *Barbarossahöhle*. Eine Besonderheit ist der bis zu 25 Meter hohe *Olymp*. Die Hallen sind hier zusammengebrochen und haben ein chaotisch anmutendes „Verbruchsgewölbe" gebildet. Zwischen der Decke des *Olymps* und der Erdoberfläche liegen nur noch zwölf Meter.

Die ungefähr 750 Meter lange Wanderung unter Tage beginnt am eisernen Tor des 160 Meter langen Eingangsstollens, der in den 70 Meter unter der Erde liegenden *Empfangssaal* führt. In der Höhle herrschen über das ganze Jahr gleichmäßige Lufttemperaturen von 9 °C (Wasser 8,5 °C), die relative Luftfeuchtigkeit liegt bei 98 bis 100 %. Nach Verlassen des *Tanzsaales* (Spannweite 42 Meter) erreicht man den *Steinernen Tisch und Stuhl.* Aufwärts geht es zum *Olymp,* vorbei an den *Grottenseen.* Durch den 1926 erschlossenen *Dom* und über den im selben Jahr angelegten Ausgangsstollen gelangt man wieder ins Freie.

Gut, Barbarossa haben wir nicht gesehen. Die Raben kreisen wohl noch um den Berg. Aber mir bleibt ein wenig das schlechte Gewissen, wegen eines albernen Vorurteils so lange auf eine Wanderung durch die einmalige Höhlenlandschaft verzichtet zu haben. Fledermäuse? Nein, kaum. Größere Tiere gibt es in der Höhle nicht, auch keine Knochenfunde vom Thüringer Waldnashorn. Es war eine geschlossene Höhle, bevor sie durch Bergleute zufällig entdeckt wurde. Dennoch verfügt auch die *Barbarossahöhle* über eine interessante Fauna.

Das **Kyffhäusergebirge** (etwa 60 km^2) verfügt über eine sehr große Vielfalt botanischer und geologischer Besonderheiten. Zudem ist es reich an kulturgeschichtlichen Denkmälern. Schon seit 1941 wird es als Landschaftsschutzgebiet besonders behandelt, was mit der Hervorhebung als *Naturpark Kyffhäuser* seit Einführung des bundesdeutschen Naturschutzrechts fortgesetzt wird. Vielgestaltige Oberflächenformen, ein wechselvoller geologischer Aufbau, das Vorhandensein von Solquellen sowie eine mannigfaltige Flora und Fauna bietet Naturfreunden zu allen Jahreszeiten Freude und Entspannung.

Wer es genauer wissen will

Bevor man in die Höhle hineingeht – nein, man *fährt ein*, wie es bergmännisch korrekt heißt – kann man sich über die geologischen Besonderheiten der Höhle und ihre Entdeckungsgeschichte in einer *Höhlenkundlichen Ausstellung* umfassend informieren.

Es ist eine Anhydrithöhle im Werra-Anhydrit des Zechsteins, erfährt man. Diese Höhlen verfügen in der Regel nicht über natürliche Zugänge. Das Schichtwasser im Zusammenwirken mit dem Grundwasser sorgt für eine horizontale Laugendecke. Durch Nachbrechen des Gesteins entstehen weit gespannte Gewölbe, mitunter mehr als 100 Meter lang. Hinzu kommen als Besonderheit der *Barbarossahöhle* die Entstehung attraktiver Gipslappen.

Die wichtigste Erkenntnis, die ich für mich aus dem Besuch der *Barbarossahöhle* gezogen habe, war die, dass Vorurteile, zumal sie nur von einem diffusen Gefühl gespeichert werden, einen daran hindern können, eine neue Erfahrung zu machen, etwas Schönes kennenzulernen – wie beispielsweise die *Barbarossahöhle* bei Rottleben.

Tropfsteinhöhle Kittelsthal

Friedenskirche

Eine erste urkundliche Erwähnung des Ortes *Kutelsthal* datiert aus dem Jahr 1292. Im 18. Jahrhundert findet man die Bezeichnung *Küttelsthal*. Erst ab 1840 erscheint *Kittelsthal* als Ortsname. Ausgangspunkt der Ortsbildung könnte die Bergbauperiode um Kupferschiefer und Eisenerz in den Wäldern bei Ruhla, Thal und Kittelsthal gewesen sein. Später kamen noch Köhlerei, Spännerei (Anspanndienste auf den oft beschwerlichen Wegen des Thüringer Waldes), Land- und Forstwirtschaft und Heimarbeit für Betriebe in der *Uhrenstadt Ruhla* hinzu. Schon Mitte des vorigen Jahrhunderts von Urlaubern geschätzt, bietet Kittelsthal auch heute durch seine landschaftlich reizvolle Umgebung reichlich Erholung. Ausgedehnte Wiesen und Buchenwälder und gut ausgeschilderte Wege zu den umliegenden Sehenswürdigkeiten laden zu Wanderungen ein. Am Ortsende befindet sich der *Gipsbruch Kittelsthal*.

Das reizvolle kleine Kittelsthal

Kittelsthal ist ein überschaubarer Ort. Wenn man am Eingang hinfällt, schlägt man am Ausgang mit dem Kopf auf. Aber Kittelsthal ist ein schöner Ort. Man kommt auf der B 88 von Eisenach durch Thal, wo man bereits zahlreiche Hinweisschilder auf die *Tropfsteinhöhle* findet. Als ich vor Jahren dort war, konnte man zwar eine sehenswerte Kellnerin bewundern, die *Kittelsthaler Tropfsteinhöhle* leider nicht, denn die hatte man bereits 1968 wegen Bergsicherungsmaßnahmen schließen müssen. Die Kellnerin ist nicht mehr da, aber die Höhle ist wieder zu besuchen. Die Dinge ändern sich. Im Interesse dieses Buches begrüße ich die Änderung. Kittelsthal ist wie der Nachbarort *Thal* seit 1994 ein Ortsteil von *Ruhla*. Es liegt in einem kleinen Seitental des Thüringer Waldes, das sich nach *Wutha-Farnroda* öffnet. Die Attraktion des Ortes ist die seit 1994 wieder zu besichtigende Tropfsteinhöhle mit ihren Stalagmiten und Stalaktiten. Jährlich kommen mehrere tausend Besucher deswegen in den kleinen Ort. Bemerkenswert ist aber auch die 1765/66 erbaute barocke *Friedenskirche,* von deren Zwiebelturm man weit in den Thüringer Wald blicken könnte – wenn der Turm zugänglich wäre. Kittelsthal hat durch die Aufnahme in das *Dorferneuerungsprogramm Thüringens* seinen ländlichen Charakter erhalten können, ist aber dennoch ein Ort modernen Lebens. Aus einem ehemaligen Bauernhof entstand ein *Dorfgemeinschaftshaus* und Dorfzentrum, das jedes Jahr Mittelpunkt der weithin bekannten Kirmes ist.

Tropfsteinhöhle Kittelsthal

Vor 590 Millionen Jahren

Während des Paläozoikums (vor 590 bis 248 Mio. Jahren) lagerten sich Sedimente des Silurs, Devons und Unteren Karbons ab. Die Bewegungen der Erdkruste bildeten Gebirge bis zu 3000 Meter Höhe, im Gegenzug entstanden langgestreckte Sättel und Tröge. Während des Unterperms (Rotliegendes) wurden die Gebirge weitgehend abgetragen und im Bereich der Sättel die kristallinen Grundgebirge freigelegt. Die Senken füllten sich mit Konglomeraten, Sandsteinen und Vulkaniten. Zum Ende des Paläozoikums wurden die Reste des Gebirges vom flachen Zechsteinmeer überflutet. Riffbewohner siedelten sich an und bauten bis zu 100 Meter mächtige Kalkriffe. Das Zechsteinmeer trocknete aus, die Riffe starben ab. Sie wurden von Gipsen und Tonsteinen überdeckt. Während Lias und Tertiär wurden der Thüringer Wald und Teile des Vorlandes als Horstscholle herausgehoben. Die letzten tektonischen Bewegungen fanden im ältesten Quartär statt. Mit der Entstehung des *Thüringer Waldes* setzte eine intensive Verwitterung ein, die günstige Voraussetzungen für eine Karstbildung schuf. Die Riffkörper verfügten über ein weitverzweigtes Kluftnetz. Aus den Gebirgen floss kalkaggressives Wasser mit hoher Lösungsfähigkeit ein, die Rückstände wurden schnell abtransportiert; größere Hohlräume entstanden.

Der gesicherte Eingang bewahrt die Höhle vor Vandalismus und unberechtigtem Besuch.

Ein solcher Hohlraum ist zum Beispiel die *Ritterhalle*, deren oberer Teil vermutlich 300.000, die tiefsten Teile etwa 90.000 Jahre alt sind. Als Folge fortschreitender Erosion und Korrosion des Gesteins kam es immer wieder zu großflächigen Verstürzen und durch Austrocknung der oberen Höhlen zu keiner weiteren Verkarstung.

Ein interessantes Phänomen ist die Bewetterung des Höhlensystems. Im Winter strömt Kaltluft im Bereich des *Wartburgheimes* in den Berg, die ihn bei den *Silvesterlöchern* bis zu 20 Grad erwärmt verlässt; ein Vorgang, der sich im Sommer umkehrt. Welchen Weg die Luft im Berg nimmt, ist schwer nachvollziehbar, weil sie durch die zahlreichen engen Spalten zwischen Verbruchsmaterial und Hangschutt nicht verfolgt werden kann. Der Berg atmet, der Berg lebt.

Der **Gipsbruch** oberhalb von Kittelsthal verhalf dem Dorf zu einigem Wohlstand. 1784 überzeugte sich **Johann Wolfgang von Goethe** von der herausragenden Beschaffenheit des so genannten *Kittelsthaler Marmors.* Er verfügte die Verwendung des weitaus preiswerteren Baumaterials bei Bauarbeiten am Weimarer Stadtschloss. Aber schon früher, nämlich beim Bau der Ruhlaer St. Concordiakirche (1660/61) wurde *Kittelsthaler Kalkstein* verwendet.

Die Ruhlaer **Messerbeschalermeister** *Hans Stein sen.* und *Hans Stein med.* stifteten 1684 einen kunstvoll gestalteten Taufstein aus *Kittelsthaler Kalkstein* der Ruhlaer St.-Trinitatis-Kirche.

Quelle:
Die Kittelsthaler Tropfsteinhöhle. Sonderheft anlässlich der 700-Jahrfeier. 4. überarbeitete Auflage

Bauernschächte

Bis ins 14. Jahrhundert lassen sich Reste des Bergbaus oberhalb der Ortslage von Kittelsthal nachweisen. Mönche des Augustinerklosters *Thal* hatten Kupferschiefer abgebaut. Die Ausbeute war aber so gering, dass sich der Aufwand nicht lohnte. Die Bezeichnung „Bauernschächte" für einige Objekte am Nordabhang des *Spitzigen Steins* weist darauf hin, dass Bergbau in dieser Gegend eine Nebenerwerbsquelle der Bauern war, die sich vor allem über die Wintermonate in den Jahren 1860 bis 1920 ein kleines Zubrot verdienen wollten – oder mussten.

Von größerer Bedeutung war der Bergbau auf Baryt (Schwerspat) und Fluorit (Flussspat) in den Kalksteinriffen bei Thal und Kittelsthal. Zunächst wurde der Schwerspat im Tagebau abgebaut. Im Bereich der Gänge wurden Schächte abgeteuft (*Teufe* = Tiefe eines Objektes unterhalb der Erdoberfläche). Die Stollen wurden aus den Tälern in die Riffe getrieben. Der Abbau erfolgte ohne besondere technische Hilfsmittel, nur per Handhaspeln. Gelegentlich, davon zeugen einige Reste von Schienen, sind Loren eingesetzt worden.

Der Baryt wurde mit Pferdefuhrwerken zu den Bahnstationen in Thal und Wutha gebracht und von da zur Weiterverarbeitung (als Farbspat oder Bohrtrübe) transportiert. Anfang der 20er Jahre des 19. Jahrhunderts kam der Bergbau zum Erliegen. Zahlreiche Anlagen wurden mit Müll verfüllt, besonders im Bereich der Bauernschächte. Der Müll verrottet langsam, was immer wieder Nachbrüche zur Folge hat. Um 1980 wurden noch einmal Versuchsbohrungen nach Baryt niedergebracht. Die Erkenntnis: Ein gewinnbringender Abbau ist nicht möglich.

Reste eines alten Gipsbruches und eines davor errichteten **Brennofens**.

Zwerge, Grünzeug und Vandalen

Die Entdeckungsgeschichte der *Kittelsthaler Tropfsteinhöhle* beginnt Mitte bis Ende des 19. Jahrhunderts. Schon während der Zeit des aktiven Bergbaus stieß man immer wieder auf natürliche Hohlräume, die aber nicht besonders groß und meistens mit Höhlensedimenten zugesetzt waren oder mit Abraum verfüllt wurden.

Eine erste urkundliche Erwähnung von Hohlräumen im Wolfsberg bei Kittelsthal stammt aus dem Jahr 1888. Es dauerte nicht lange, bis die Betreiber herausfanden, dass man mit dem Ausbau der Höhlen zu Schauzwecken mehr Gewinn machen konnte, als wenn man sie nur als „Mülldeponie" benutzte. Mit der Entdeckung weiterer Hohlräume (1894) stand der Entschluss fest. Der *Schrägerstollen,* heute als Stufengang ausgebaut, verband die bis dahin getrennten Abbauhohlräume der Schächte 1 und 2. Es ist vor allem dem Betreiber, *Steiger Hess*, zu verdanken, die Besonderheiten der Höhle entdeckt und zugänglich gemacht zu haben. Schon 1895 wurde von ihm zur ersten Führung eingeladen.

Aus der einstigen Kaue und dem Materialgebäude wurde die Sommergaststätte „Zur Tropfsteinhöhle". Im überbauten Eingang fanden ein Kassenhäuschen mit Andenkenverkauf und ein Aufenthaltsraum für den Höhlenführer Platz. Beleuchtet wurde die Höhle zunächst mit Gaslichtern. Erst ab 1918 (andere Quellen sagen bereits 1913/14) wurde elektrische – und zwar farbige – Beleuchtung installiert. Dass Zwerge und Grünpflanzen als Dekoration eingebracht wurden, mag man dem Zeitgeschmack verzeihen. Es sollte eben „richtig schön" aussehen.

Tropfsteine über dem **Wasserbecken**.

Versturzblock in der **Domgrotte.**

Die **Pyramide** in der **Großen Grotte** gehört zu den attraktivsten Gebilden in der *Kittelsthaler Tropfsteinhöhle*. Der heutige Besucher kann nicht erkennen, wie übel ihr mitgespielt wurde.

Erst mit dem Einbau einer stabilen Tür wurde den Plünderern und Zerstörern Einhalt geboten. Ab 1980 bis 1990 wurden notwendige Sicherungsmaßnahmen ergriffen, weil ein Altbaubergteil direkt neben der Gaststätte einstürzte. Betonplomben wurden in besonders gefährdeten Räumen eingebracht. Mit diesen und anderen Maßnahmen war die Voraussetzung geschaffen worden, die Neueröffnung der *Kittelsthaler Tropfsteinhöhle* am 11. September 1992 zu ermöglichen.

Während der Jahre 1945 bis 1954 ruhte der Führungsbetrieb. Erst in den 60er Jahren des letzten Jahrhunderts wurden im Zugangsstollen und im Bereich der *Großen Grotte* Sicherungsmaßnahmen ausgeführt. 1966 hat die *Familie Raimund* die Höhle an die Gemeinde Kittelsthal verkauft. Immerhin besuchten im letzten Jahr vor der erneuten Schließung (1968) fast 4.000 Personen die Höhle. Erwachsene zahlten 0,80 Mark, Kinder gerade mal 50 Pfennige.

Vielleicht ist es im Nachhinein eine Unterstellung, aber den Betreibern kam es zupass, als im Frühjahr 1968 im Bereich der *Drei Gleichen* Teile der Höhlendecke abbrachen. Es war ein Zusatzgeschäft geworden, das man unter Hinweis auf die Gefahren weiterer Abbrüche beenden konnte. Außerdem – woher sollte man das Geld für die dringend notwendige Installation neuer Leitungen und Beleuchtungssysteme beschaffen? Vom Eintrittsgeld nicht.

Die Schließung hatte Folgen, böse Folgen. Da versäumt wurde, den Zugang ordentlich zu sichern, öffnete man mutwilliger Zerstörung und blindem Mineralienraub Tür und Tor. Viele der freistehenden Tropfsteine wurden abgeschlagen, sogar die Spitze der *Pyramide* in der *Großen Grotte* blieb nicht verschont. Der Dieb war dumm genug, in der Gaststätte „Zur Tropfsteinhöhle“ damit zu prahlen. Da schritt der Wirt *Horst Hornschuh* beherzt ein und nahm dem Räuber das Beutestück ab. Die Spitze wurde wieder aufgesetzt. Wasser wird aus der sich im Hangenden der Pyramide befindlichen Schlotte auf ihre Spitze geleitet. Bleibt zu hoffen, dass sie im Laufe der Jahre wieder „anwächst“.

Je mehr Jahre vergingen und je weiter die Zerstörungen fortschritten, desto aufwändiger wurden die notwendigen Rekonstruktionsmaßnahmen.

Eine Besonderheit in der *Tropfsteinhöhle Kittelsthal* sind die so genannten **Excentriques**. Diese faden-, wurm- oder bäumchenförmig gekrümmten, äußerst zart und zerbrechlich wirkenden Kalzitgebilde scheinen der Schwerkraft nicht unterworfen zu sein. Noch ist nicht geklärt, wie es zu dieser Sonderform kommt.

Lampenflora nennt der Fachmann, was sich aus dem Reich der Pflanzenwelt in der näheren Umgebung der Leuchtkörper ansiedelt und mit dem Wenigen an Helligkeit auskommt, das zeitweise etwas Licht ins Dunkel der Höhle bringt.

Im Eingangsbereich kann man gelegentlich eine **Höhlenkreuzspinne** *(Meta menardi)* sehen, die sich von Kleininsekten ernährt, welche sich im kunstvoll gesponnenen Netz verfangen haben.

Hinten im Berge...

Die Schließung der Höhle ermöglichte eine Wiederbelebung der Höhlenforschung um Kittelsthal. 1968 wurde die *Suhler Grotte* entdeckt. Der Zugang, im südlichen Teil der *Großen Grotte* sichtbar, ist eine zwar mehrere Meter breite, aber nur 50 cm hohe Senkungsfuge. Drei Jahre später fanden Höhlenforscher die *Schlammgrotte,* dann den 50 mal zwölf Meter großen und zehn Meter hohen *Saal der Titanen*.

Um diesen gewaltigen Saal herum befinden sich weitere Hohlräume, die die im Bereich der Schauhöhle an Zahl und Schönheit übertreffen. Und vor allem konnte hier niemand ein „Mitbringsel" mal schnell abbrechen.

Der größte Stalaktit ist die 2,50 m lange *Möhre*. Die größte Sintergardine ist vier Meter breit. Der Zugang zu diesem Bereich ist für Besucher nicht möglich. Es wären gefährliche und in ihren Folgen nicht absehbare Sprengungen nötig, um die Gänge zu erweitern. Und noch ist nicht abzusehen, was der Berg an weiteren Wundern birgt.

Dieser **grobkristalline Schwerspat** wird seiner Struktur wegen auch **Blätterspat** genannt. Er befindet sich im Bereich der *Drei Gleichen*. Dieser Höhlenteil hat seinen Namen nach den Burgen *Drei Gleichen* im Mühltal, weil sich hier einst drei Stalagmiten befanden, die den Burgen ähnelten. Leider sind sie 1960 zerstört worden.

Friedrichroda

Es war *Ludwig mit dem Barte,* der um 1044 Friedrich, einem seiner Gefolgsleute, den Auftrag erteilte, ein Stück Wald zu roden und eine Siedlung – *Friedrichsrot* – zu gründen. Sein Sohn *Ludwig der Springer* erbaute die *Wartburg* bei Eisenach und errichtete 1085 das in unmittelbarer Nähe gelegene *Kloster Reinhardsbrunn,* das für viele Jahre ein geistiges und kulturelles Zentrum Thüringens war (und an die *Reinhardsbrunner Karpfen* denkt der Gourmet).

1595 erhielt der Ort das Marktrecht, das Stadtrecht zwei Jahre später. Weber, Zwirnhändler, Färber, Bleicher und Waldbauern bestimmten das Geschehen des Ortes. Zudem wurde in der „Bergstadt“ Eisenbergbau betrieben. 1821 hat *Christian Friedrich Buschmann,* ein Sohn des zeitweiligen Pächters der Marienglashöhle, die Mundharmonika erfunden.

Die heute um die 5.300 Einwohner zählende Stadt ist einer der schönsten Urlaubsorte im *Thüringer Wald.* Der erste Urlaubsgast 1837 war der Gothaer Buchhändler *Christoph Friedrich Perthes,* um sich von einer schweren Krankheit zu erholen.

Den Ruf der Stadt als Kurort begründete der Arzt *Dr. Ferdinand Keil,* der sich 1844 hier niederließ und andere Ärzte durch den Erfolg seiner Behandlungen auf das wohltuende Klima aufmerksam machte. Aus dem verschlafenen Nest (1830 verzeichnet die Chronik 1.724 Einwohner) wurde ein angesehener und noch immer prosperierender Kurort. Die Stadt selbst ist recht beschaulich. Sie verfügt über eine sehr reizvolle Umgebung bis hin zum *Großen Inselsberg,* ein liebevoll gestaltetes Heimatmuseum oder eben die vielbesuchte *Marienglashöhle.*

Ende des 16. Jahrhunderts wurde Friedrichroda als „Dorf und Flecken“ bezeichnet. Zwar erhielt der Ort nach allerlei Querelen und Widerständen der umliegenden Städte Gotha und Waltershausen das Marktrecht, was aber wegen der schlechten Zufahrtsstraßen wenig Gewinn brachte.
Die Sage berichtet, dass sich ein Fremder nach dem Namen des Dorfes erkundigt habe. Als ihm im Brustton der Überzeugung vorgehalten wurde, dass Friedrichroda eine Stadt sei, soll ihm der Mund vor Staunen offen gestanden haben und es auch geblieben sein.

Den Wahrheitsgehalt dieser Legende kann man noch heute auf *Schloss Tenneberg* sehen, denn zur Warnung an alle, die so über Friedrichroda spotten wollten, hatte man einen steinernen Kopf mit offenem Mund am Stadttor von Friedrichroda anbringen lassen.

Marienglashöhle Friedrichroda

Noblesse oblige

Ein „Kurort mit Noblesse", wie man sich in Friedrichroda gern nennen lässt, möchte natürlich auch auf die *Marienglashöhle* bezogen werden und eine noble Geschichte haben. Glanzvoll ist allemal, was aus den bis zu 90 cm langen Gipskristallen hergestellt wurde und wird, zum Beispiel als schmückendes Beiwerk zahlreicher Marienbilder – womit sich die Herkunft des Namens für die Höhle erklärt.

Begonnen hat alles im Jahre 1775, als der Ausbau des *Herzog-Ernst-Stollens* vorgetrieben wurde, den man aber ein Jahr später nach 38 Lachtern (1 Lachter = 1,92 m) wieder still legte, wohl wegen zu geringer Ergiebigkeit. Die Landesregierung in Gotha schrieb den Stollen zur Pacht aus, worauf sich *J. D. Buschmann* einließ. Besagter Buschmann hatte einen Sohn *Christian Friedrich,* der als Erfinder der Mundharmonika gilt. Vater Buschmann ließ einen Brennofen bauen, sowie ein Wirtschaftsgebäude und ein Wohnhaus (Fachwerk) errichten.

Am 10. Mai 1782 bekamen der *Herzog-Ernst-Stollen* und sein Betreiber hohen Besuch. Ein gewisser Herr *von Goethe*, Geheimer Rat und Minister aus Weimar, ließ sich, begleitet von *Bergrat Baum* aus Friedrichroda, den Stollen zeigen. Goethes Mineraliensammlung in seinem Haus am Frauenplan zu Weimar legt von seinen (und seines Sohnes August) mineralogischen Forschungen reichlich Zeugnis ab.

Ein zünftig gekleideter **Bergführer** erläutert seinen interessierten Besuchern die Entstehungsgeschichte und die Besonderheiten der Höhle und erklärt ihnen die Herkunft des Namens Marienglashöhle. Die *Kristallgrotte* wurde 1778 entdeckt. Sie gilt als eine der schönsten und größten in Europa.

Marienglas ($CaSo_4$ $x2H_2O$) (auch **Selenit**) ist Gips von besonders hoher Reinheit. Die großen, durchsichtigen Kristalle lassen sich sehr gut in dünne Blättchen spalten.

Foto: www.kyffnet.de

Sein Name entstand durch die Verwendung als Glasscheibenersatz vor Marienbildern und in Reliquienbehältern, denn die dünnen Blättchen waren im Gegensatz zum damaligen Glas blasenfrei und gleichmäßig dick. Fein gemahlenes Marienglas wird als historisches Pigment auch unter Farben gemischt, um ihnen eine hohe Brillanz zu verleihen. Berühmt für sein Marienglas ist die **Kristallgrotte in der Marienglashöhle** bei Friedrichroda im Thüringer Wald. Marienglas darf nicht mit Glimmer verwechselt werden. Dies kann man leicht überprüfen: Erhitzt man es über einer Flamme, färbt sich Marienglas weiß und zerfällt zu Pulver.

Quelle: wikipedia

Seit der Antike bekannt

Im Jahre 1775 wollten Bergleute aus Gotha in der Nähe von Friedrichroda Kupferschiefer erschließen. Sie trieben den *Herzog-Ernst-Stollen* in den Berg, wurden aber nicht fündig, jedenfalls nicht nach Kupferschiefer. Stattdessen entdeckten sie ein großes Gipslager, das auch über nahezu 100 Jahre abgebaut wurde. So entstanden die Hohlräume der heutigen *Marienglashöhle*.

Die Arbeit war sehr schwer, zumal nicht mehr als vier Bergleute gleichzeitig unter Tage sein konnten, weil die Bewetterung schlecht gewesen ist. Und die Luft wurde zusätzlich durch das verwendete Geleucht – Rübsamöllampen mit der Leuchtkraft einer Stearinkerze – belastet.

Während des Abbaus von Gips entdeckten die Bergleute einen Hohlraum, der durch Auslaugung entstanden war. Dieser Teil der Höhle erhielt den Namen *Kristallgrotte*. Solche natürliche Gipshöhlen kannte man bereits aus dem Gipskarstgebiet am südlichen Harzrand. Die so genannten *Schlotten* wurden beispielsweise auch in der *Heimkehle* gefunden. Im Unterschied zum dortigen Befund war der Gips aber in Friedrichroda in den Hohlraum hineinkristallisiert. Die gesättigte Gipslösung hat sich über einen sehr langen Zeitraum ungestört in dem Hohlraum befunden.

Die Besucher der Höhle durchwandern immer ältere geologische Schichten. Der Eingang befindet sich noch im Buntsandstein. Es folgt der Plattendolomit des Oberen Zechsteins, danach kommt der Gips des Unteren Zechsteins. Durch *geologische Fenster* in der Ausmauerung des Stollens kann man die einzelnen Abschnitte gut erkennen.

1968 wurde in der oberen Sohle beim Ausbau der *Marienglashöhle* ein künstlicher Wasserfall angelegt. Der Bergführer lässt die Attraktion für eine Minute laufen. Eine Söffelpumpe (wie man sie von der Feuerwehr kennt) transportiert das Wasser vom *Höhlensee* in der unteren Sohle nach oben, in den es auch wieder zurückfließt. Diesen Höhlensee überquert man auf einem 70 Meter langen Steg. Die verschiedenen kleinen Tropfsteine sind allerdings jüngeren Datums. Sie entstanden erst nach dem 1968 begonnenen Ausbau und bestehen aus Kalk, der aus den Betonsäulen ausgelöst wird.

Die Verwendung des Minerals, wegen seines Einsatzes für Kirchenbilder *Marienglas* genannt, ist allerdings schon aus der Antike bekannt. Der bedeutende griechische Maler *Apelles* (4. Jahrhundert vor Christus) hat es pulverisiert als Überzug für seine Gemälde benutzt. Leider ist kein Bild erhalten geblieben; es liegen aber ausführliche literarische Beschreibungen dazu vor.

Der griechische Maler **Apelles** verwendete das heute als **Marienglas** bekannte Mineral pulverisiert und unter seine Farben gemischt, was diesen besondere Leuchtkraft und Glanz verschaffte. Er war ein Freund von Alexander dem Großen und gilt als bedeutendster Maler der Antike, obwohl keines seiner Werke erhalten blieb. Er schuf Götterdarstellungen und Porträts. Zwei seiner berühmtesten Bilder waren *Aphrodite Anadyomene von Kos* und *Alexander mit dem Blitz* im Artemision von Ephesos.

Der **Wasserfall** ist ein Zugeständnis an den Publikumsgeschmack, denn er ist als Attraktion erst mit dem Ausbau 1968 installiert worden und läuft knapp eine Minute, in Betrieb gesetzt vom Höhlenführer.

Eine wechselvolle Geschichte

Mit dem Ausbau des *Herzog-Ernst-Stollens* war es nach 38 Lachter (etwa 75 Meter) und einem Jahr, nämlich 1776 wieder vorbei, weil Kupferschiefer nicht gefunden wurde. Die Landesregierung in Gotha schrieb die Grube zur Pacht aus. 1778 pachtete der Vater des als Erfinder der Mundharmonika gerühmten *Christian Friedrich Buschmann* den Stollen, dem Goethe im Mai 1782 zusammen mit dem *Bergrat Baum* einen Besuch abstattete. Fünf Jahre später wurde die Lagerstätte mit Marienglas entdeckt, die sich sehr schnell zu einem vielbesuchten Anziehungspunkt entwickelte. Der Abbau von Marienglas wurde 1848 verboten.

In einem Reisehandbuch aus dem Jahre 1854 wird berichtet, dass die Höhle gern frequentiert wurde. Der Verfasser riet aber, *sich in Tabarz, Friedrichroda oder Waltershausen Lichter zu kaufen, da jedoch die Bergleute selten genug Lichter im Hause haben.* Und weiter heißt es: *... es ist schade, daß der Fußboden der Marienglashöhle so naß ist, daß man mit Behaglichkeit kaum länger darin verweilen kann; allein man vermag des reichströmenden Wassers, ungeachtet täglicher Ausschöpfung, nicht Herr zu werden, gleichwohl darf man die Höhle ja nicht unbesucht lassen.*

1871 sah das Amt Tenneberg von einer weiteren Verpachtung ab und bestellte stattdessen den *Oberförster Julius Trebsdorf* und den *Waldmiethcorporationsvorsteher Rost* zur Betreuung der Höhle, in der damals zwei Bergleute arbeiteten, die den immer zahlreicher kommenden Besuchern während der Sommermonate als Bergführer zur Verfügung standen. Bleibt zu hoffen, dass der eine oder andere Besucher auch etwas tiefer für die Bergleute in die Tasche griff.

Zu den Auflagen, die *Trebsdorf* nach einer Kontrollbefahrung im November 1871 erhielt, zählte u.a.: Neuverzimmerung des Stollens und Einbringen neuer Laufbohlen, Beschaffung eines Grubenrisses, Anlegung eines Zechenbuches. Außerdem müssten der Tagebruch südlich des Stolleneinganges und die alten Tagebaue von 1730 durch einen Zaun abgesichert, der baufällige Aufenthaltsraum der Bergleute repariert und ein neues Unterkunftsgebäude errichtet werden. Mit der Aufsicht unter Tage und dem Verschluss des Stollens wurde der erfahrene *Bergmann Heinrich Holdschuh* beauftragt.

Besagter *Holdschuh,* zum Obersteiger avanciert, übernahm 1876 die Leitung der Marienglashöhle. Die Besucherzahlen stiegen noch weiter an. In den besucherschwachen Zeiten wurde der alte Gipsausbau sukzessive zum Schauobjekt mit Springbrunnen und gefälliger aussehenden Stütztpfeilern herausgeputzt.

Nachfolger *Holdschuhs* wurde ab 1888 der Badediener (so nannte man die Angestellten der Kurverwaltung) *Fritz Kobstädt.* Die Tatsache, dass er eine jährliche Pacht von 2.000 Mark entrichten musste, lässt darauf schließen, dass die Besucher reichlich kamen. Weitere Pächter folgten ihm im Amt.

In dem bei *Justus Perthes* 1906 erschienenen „Neuen Reiseführer von Friedrichroda und Umgebung“ kann man nachlesen, dass die Grotte sonntags mit 400 Kerzen zusätzlich ausgeleuchtet wurde, was die Anziehungskraft zweifellos erhöhte. Ein Rundgang durch die obere und mittlere Sohle dauerte 20 Minuten und kostete damals 50 Pfennige, Kinder die Hälfte. Als weitere Einnahmequelle wurden in einem 1907 errichteten Verkaufskiosk (wie die Wartehalle auch aus Rundhölzern gebaut) Mineralien und Andenken aus Marmor und Baumschwamm verkauft. Die Abgabe von Marienglas war nach wie vor streng verboten. Schließlich schlachtet man die Kuh nicht, von der man Milch haben will.

Der Aufstieg nahm ein jähes Ende. Noch vor dem Ersten Weltkrieg war ein aus Stein behauener Stolleneingang errichtet und die Stollenwände bis vier Meter in die Tiefe des Berges mit festem Gestein neu aufgemauert, aber der Krieg setzte andere Prioritäten. Gas, Gasolin und selbst Kerzen wurden immer knapper. 1917 musste die Höhle geschlossen werden.

Ende 1920 bot die Landesvermögensverwaltung in Gotha die arg ramponierte Anlage der Kurverwaltung Friedrichroda zur kostenfreien Nutzung an, wenn die sich bereit erklärte, die dringend erforderlichen Reparaturmaßnahmen zu übernehmen, was sie im Interesse des neu aufzubauenden Fremdenverkehrs auch tat. Es ging wieder aufwärts. 1929 richtete die *Thüringer Waldbahn* unterhalb der Höhle eine Haltestelle ein, gleichzeitig wurde eine elektrische Leitung verlegt. Nun konnte die Höhle elektrisch erleuchtet und die Schaustücke wirksam illuminiert werden.

Wieder war es der Krieg, der zweite Weltkrieg in diesem Jahrhundert, der alle Reserven im Land aufgebraucht hatte. Die Höhle musste 1943 geschlossen werden. Das Bergwerk lief voll Wasser, der Zugangsstollen stürzte ein.

1965 drangen Bergleute aus Schmalkalden durch den verschütteten Stollen bis zur Höhle vor. Die örtliche Feuerwehr legte die Anlage durch den Einsatz leistungsstarker Pumpen trocken. 16 Monate harter Arbeit wurden mit der Wiedereröffnung am 20. November 1968 belohnt. Jährlich 90.000 Gäste und eine sich ständig verbessernde Anlage auch außerhalb sind ein beredtes Zeugnis dafür, dass die *Marienglashöhle* ihren guten Ruf zurückgewonnen hat.

Im Gefolge der Wiedereröffnung der Marienglashöhle 1968 siedelte sich unter anderem auch ein **Glasbläser** im Vorraum an. Außerdem kann man verschiedene Mineralien, Andenken, Postkarten und viele andere Erinnerungsstücke erwerben. Marienglas aber gibt es nach wie vor nicht. Und das ist gut so.

Übrigens finden in der Marienglashöhle von September bis Mai gut besuchte **Konzerte bei Kerzenschein** statt. Und wer sich traut, kann sich auch in der Marienglashöhle trauen lassen. Romantik garantiert.

Im **Kornhaus**, einem alten Fachwerkhaus, kann man die Geschichte des Ortes kennenlernen. Zahlreiche Ausstellungsstücke aus Bergbau, Schulgeschichte, Kurwesen und Tourismus, Wäscherei und Bleicherei sowie der Landwirtschaft vermitteln ein umfassendes Bild vom Alltagsleben der Friedrichrodaer. Ein Zimmer ist dem Ehrenbürger der Stadt, dem am 24. März 1905 in Friedrichroda geborenen Lyriker und Pädagogen **Rudolf Otto Riemer** gewidmet, der 1998 in Göttingen verstorben ist.

Umgeben von Wäldern und den Bergen des Thüringer Waldes bietet der **Luftkurort Friedrichroda** auch über Tage attraktive Wanderungen. Der sieben Kilometer entfernte Inselsberg ist nur eines der vielen Wanderziele. Einer der namhaftesten Gäste Friedrichrodas dürfte der Bildhauer und Dramatiker **Ernst Barlach** gewesen sein, der sich 1921/22 hier aufhielt.

Der Leichtmatrose Fritzsche erzählte von dem unmenschlichen Riesen Tabarz, den er schon mehrmals auf See angetroffen hätte. Professor Nipp lächelte, aber auch die eignen Kameraden nahmen Fritzschen nicht ernst, weil er aus Friedrichroda stammte. Der Leichtmatrose stieg beleidigt an Deck.

Gefunden bei Joachim Ringelnatz: „Der Tabarz“

Altensteiner Höhle

Schloss Altenstein

In Schweina liegt der Pädagoge **Friedrich Wilhelm August Fröbel** (1782-1852) begraben. Er gilt als der Begründer der Vorschulerziehung in Kindergärten. In Schweina hat er die beiden letzten Jahre seines Lebens zugebracht. Sein Denkmal wurde 1997 restauriert.

Gemeinde Schweina

Erste Siedlungsnachweise für den Raum Schweina weisen auf die Steinzeit zurück. Die erste urkundliche Erwähnung erfolgte 933 im *Königsbrief* durch Heinrich I. Da wird von „Schweinabach" (*sueinnaha* = Bach der Schweinehirten) geschrieben. Und in einer Papsturkunde aus dem Jahr 1183 ist die Rede von einer *Kapelle zu Ehren des Heiligen Antonius*, dem Schutzpatron der Schweinehirten.

Bereits 1268 beginnt der Abbau von Kupfer. 1441 sind 14 Schmelzhütten nachgewiesen. Während des Dreißigjährigen Krieges wird der Ort wiederholt geplündert. Die Kupferförderung war durch die Kriegswirren zum Erliegen gekommen, wurde aber 1681 wieder aufgenommen. Als man ab 1714 Kobalt abbaute, wurde ein Blaufarbenwerk errichtet. Für das Jahr 1754 nennt die Chronik 23 Gruben. Schwere Hungerjahre von 1772 bis 1776 suchten die Region heim. Als 1778 *Georg I.* Herzog von Sachsen-Meiningen mit dem Bau seiner Sommerresidenz auf dem *Altenstein* begann, kamen 300 verarmte Bergleute wieder in Lohn und Brot. Bei Sprengarbeiten für die Burg wurde am 28. Juni 1799 die *Altensteiner Höhle* entdeckt.

Die erste Dampfmaschine in Thüringen stand 1827 in der von Weiß'chen mechanischen Spinnerei zu Schweina.

1850 kam *Friedrich Wilhelm August Fröbel* nach Schweina. *Bernhard II.* stellte ihm das *Schloss Marienthal* zur Einrichtung des ersten deutschen Kindergarten-Seminars zur Verfügung. Am 21. Juni 1852 starb der weithin bekannte Pädagoge. Er wurde auf dem Friedhof zu Schweina beigesetzt.

1997 wurde das restaurierte Fröbeldenkmal auf der *„Fröbelsruh"* wieder eingeweiht. Der Friedrich-Fröbel-Kindergarten wurde als einer der acht Fröbelkindergärten Thüringens 1998 anerkannt.

Altensteiner Höhle

Die Entdeckung einer Höhle

Die Einwohner von Altenstein nutzten schon sehr frühzeitig eine kräftig schüttende Quelle zum Antrieb von Mühlen und Anlagen der Schmelzhütte. Die Herkunft des Wassers war zumindest teilweise bekannt. Heim schrieb in seiner *Hennebergischen Chronika* 1767, wie *Knotten und Häckerling*, die in die Grubenwässer der *Atteröder Gruben* geworfen wurden, in der *Glücksbrunner Quelle* wieder zutage traten.

Nördlich der Höhle befand sich einst die *Burg Stein*. Mit dem Erlöschen des Geschlechts derer *von Hundt* fiel die Burg und das Amt Altenstein 1722 an die Meininger Herzöge. 1733 brannte das Schloss aus und wurde wieder aufgebaut. Der seit 1782 regierende *Herzog Georg I.* legt 1798 den Grundstein für den Landschaftspark auf dem Altenstein, in den viele der im Riff gefundenen Kleinhöhlen einbezogen wurden. So ist noch heute eine Parkwanderung auch eine romantische Höhlenwanderung.

Das renovierte Schloss erhielt eine neue Zufahrtsstraße. Dafür musste am südwestlichen Ende des Altensteiner Riffes ein Felsen beseitigt werden.

Durch einen Zufall wurde am 28. Juni 1799 eine folgenreiche Entdeckung gemacht, die *Pfarrer Walch* zu Schweina und Liebenstein in seiner Chronik beschreibt:

Der Eingang der Altensteiner Höhle liegt unterhalb der Straße von Schweina zum Schloss Altenstein. Der etwa zehn Meter lange Stollen wurde schon kurz nach der Entdeckung der Höhle angelegt, um einen bequemen Zugang zu ermöglichen. Seit der Entdeckung der Höhle 1799 vergingen nur wenige Jahre, bis sie für den Publikumsbesuch geöffnet wurde. Sie ist damit die **älteste Schauhöhle Thüringens.**

Ein historischer Stich aus dem Jahr 1838 zeigt den **Papiernen Tempel**. Kahnpartien auf dem unterirdischen See waren ein beliebtes Spektakel. Aus Gründen der Wasserhygiene finden solche Belustigungen nicht mehr statt.

Unstreitig war die Entdeckung der Höhle unter dem Hohen Stein hinter dem Glücksbrunnischen Garten im Junius dieses Jahres das Merkwürdigste für die hiesige Gegend. Die beiden Bergleute Valtin Göcking und Johannes Schulz von hier sprengten Felsen zur Anlage der Chaussee und es zeigte sich am Ende des Hohlen Steins eine Öffnung 1/2 Schuhes breit und 5 Schuhe lang, aus welcher Wetter also Luft gingen. Sogleich wurde sie auf der Stelle erweiteret und schon am ersten Tage mußte Göcking die Höhle, welche 10 Schuh tief war, genauer untersuchen. Unten zeigte sich wieder eine andere Öffnung, von der größe eines kleinen Kellers nach Osten zu, in welche man den 16jährigen Bergbursch Christoph Horst hinunter schob. Hier zeigte sich abermals eine Kluft, durch welche sich Schulz zuerst wagte und aufs Neue eine Höhle von der Größe und Höhe einer Rute entdeckte.

Im so genannten **Dom** werden gut besuchte und wegen der vorzüglichen Akustik auch sehr geschätzte Konzerte veranstaltet. Sehr beliebt sind in der Vorweihnachtszeit Theater-Aufführungen für Kinder. Mit den Sitzplätzen auf der Domterrasse bietet der Raum etwa 100 Zuschauern Platz. Ursprünglich befand sich hier eine Holzbühne, die aber dem Höhlenklima nicht standhalten konnte und abgebaut werden musste.

Schon am nächsten Tag überzeugte sich Georg I. vom Zustand der Höhle – er soll selbst in sie hinein gekrochen sein – und verfügte, die Hohlräume nicht zu verschließen oder zu verfüllen, sondern sie zu erschließen, wie Pfarrer Walch weiter beschreibt:

Eine Entdeckung führte nun zur anderen und so gelangte man schon dieses Jahr bis an das Glücksbrunner unterirdische Wasser. Die Arbeiten wurden auch im Winter fortgesetzt. Die in der Höhle gefundenen Knochen sollen nach der seltsamen Hypothese des Prof. Blumenbach Reste eines Höhlenbärs, einer ausgegangenen Tiergattung, sein. So war doch ihre Erscheinung auf einmal erklärt und man beseitigte dabei die alte Geogonire (Geogonie = Lehre von der Entstehung der Erde) *der Alten, die sie in Mythen vortrugen.*

Der Herzog war ein musischer Mensch. Die schon damals geborene Idee, die akustischen Vorzüge der Höhle zu nutzen, wird auch in neuerer Zeit wiederbelebt. Wahrscheinlich war es auch Georg I., der anonym einen Artikel über die ersten Erschließungsergebnisse der Höhle im Meininger Tageblatt einrücken ließ, auf den sich spätere Autoren immer wieder bezogen haben. Der Herzog starb 1803, die Erschließungen waren noch nicht abgeschlossen. Erst 1827 wurde ausgehend vom Landungssteg eine 100 Fuß lange Fortsetzung der Höhle entdeckt und weitere Knochenreste gefunden. Vermutlich stammen die umfangreichen Umgestaltungen im Bachgang unter der Schauhöhle aus dieser Zeit. Am Höhlensee, wo heute Postament und Herzogsbüste platziert sind, wurde vor 1838 ein Tempel im klassizistischen Stil aus Pappmaché errichtet, der aber aufgrund der hohen Luftfeuchtigkeit nicht von Dauer sein konnte und 1869 wieder entfernt werden musste.

1850 wurde ein Höhlenmundloch in unmittelbarer Nähe zur Altensteiner Höhle ausgegraben. Diese Höhle – später als *Blechschmidthöhle* bezeichnet – war vollständig mit Buntsandstein verfüllt.

Brief des Hofmarschallamtes an die Hofgärtnerei Altenstein, Dezember 1872:
… Es ist zu unserer Kenntniß gekommen, daß der Gartenknecht Malcher im Besitze von steinernen Knochen ist, welche aus der Altensteiner Höhle stammen, desgleichen hat (der Höhlenführer und Gartenknecht Wilhelm) Walther solche Versteinerungen an Einwohner von Schweina verschenkt.

Antwort von Hofgärtner Schröder:
Habe dem Gartenknecht Walther und seinem Sohn vorgelesen … und hat sich Ersterer folgendermaßen geäußert: Als im verfloßenen Winter zu einer zweckmäßigen Ausstellung der Echo-Musik eine Nische der Höhle ausgeräumt wurde, kamen dabei mehrere alte Knochenstücke zum Vorschein, welche ich beiseite legen ließ um sie den besuchenden Freunden beim Vorübergehen zu zeigen… Herr Lehrer Malsch … nahm sich einige davon mit. … Von mir und meinem Sohn und mit unserem Wissen sind keine weiteren Knochen veräußert worden.

Das Schild stammt noch aus der Zeit, als man der inzwischen widerlegten *Sintflut-Theorie* anhing, wonach Wasser die Knochenreste einspülte.

Einen Bären aufbinden

Bereits im Ausstellungsraum kann man Teile des Höhlenbären *(Ursus spelaus)* betrachten, die in der Höhle gefunden wurden. Und der Höhlenführer erzählt mit Sinn fürs Dramatische, wie der Bär in die Höhle gelangt ist.

Also, da muss er wohl auf Nahrungssuche gewesen sein, aber hinter ihm brach der Zugang ein und verschloss dem Tier den Rückweg. Er hat zwar gekratzt und gegraben und gekämpft, aber der Berg ließ ihn nicht wieder frei. Oder einbrechendes Wasser hat die Höhle überflutet, erzählt er den staunenden Besuchern.

Eine Zeit lang vermutete man sogar, die Knochen wären durch Wasser eingespült worden, weil ein natürlicher Zugang bis dahin nicht bekannt war. Dann hätte man aber entsprechende Spuren an den Knochen feststellen müssen, falls sie nicht längst verrottet wären. Neueste Untersuchungen ergaben, dass die Knochen 80.000 bis 100.000 Jahre alt sein müssen.

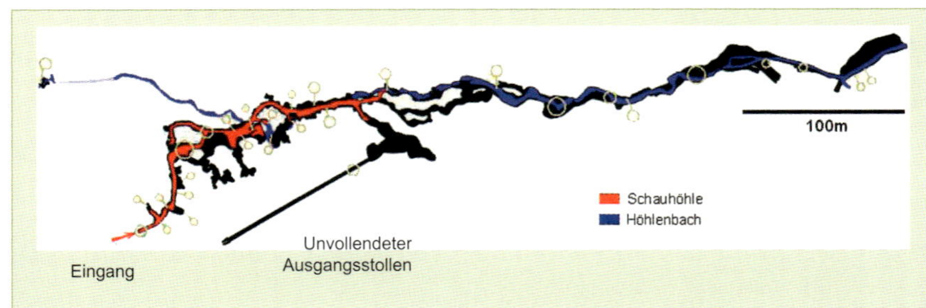

Thüringen zählt zu den am weitesten im Norden Europas und Asiens liegenden Zonen, in denen im Oberpleistozän Höhlenbären siedelten. Sie lebten in verkarsteten höhlenreichen Gebieten. Es wurden auch zahlreiche andere Fossile und Kratzspuren gefunden.

Schon im Eingangsbereich werden in Schaukästen interessante Informationen über die geologische Struktur der Höhle vermittelt. Außerdem kann man gefundene Knochenreste und schöne Versteinerungen betrachten. Arbeitsgeräte aus der Zeit der Erschließung geben einen Eindruck, mit welch einfachen Werkzeugen seinerzeit Bergbau betrieben wurde und wie hart die Arbeitsbedingungen der Bergleute waren.

Kahnpartien, wie sie einst Mode waren, finden nicht mehr statt. Die Qualität des Wassers würde darunter leiden.

Sehen, was man nicht sieht

Über viele Jahre weiß die Chronik nichts Neues zu berichten. Im Jahre 1909 erhält die Höhle elektrische Beleuchtung. Zwei Kriege lassen wenig Raum für romantische Höhlenspaziergänge. Während des Zweiten Weltkrieges wurde die Schauhöhle als *Luftschutzkeller* genutzt– und schwer beschädigt.

Schweinaer Höhlenfreunde übernahmen 1951 den Höhlenbetrieb. Sie erschlossen neue Abschnitte. Zwischen 1951 und 1957 sind über 11.000 Arbeitsstunden in der Höhle geleistet worden; Seitengänge wurden weiter ausgegraben, der Gang zum *Morgentordom* freigeräumt und es entstand der Plan für einen zweiten Ausgang. In den folgenden Jahren wurde der Höhlenplan vervollständigt, der Schlammgang weiter erkundet und erstmalig durchgehend befahren. Am Höhlenende versuchten die Höhlenforscher den Verbruch am *Pik Otto* zu überwinden.

Die bevorstehende 200-Jahr-Feier veranlasste die Mitglieder des *Thüringer Höhlenvereins e. V. (THV)* und der *Mitteldeutschen Speleologischen Gesellschaft e. V. (MSG)* zusammen mit der Gemeinde Schweina und dem Höhlenverein *Die Altensteiner 1799* darüber nachzudenken, welchen Beitrag sie zum Jubiläum 1999 leisten können. Die einen führten den Plan der Höhle weiter, die anderen versuchten, tiefer in das Höhlensystem vorzudringen. Es gelang, enge Bereiche im Höhlenbach zu überwinden, an die sich ein Verbruchslabyrinth anschließt. Nach dem Verbruch fanden sie die Fortsetzung des Bachganges, das Foyer, und erreichten über einen Halbsiphon eine weitere große Halle, die nach dem Entdeckungszeitpunkt *199-Jahre-Halle* genannt wurde. Hier stellten sie zwei Bachzuflüsse fest. Ab dem Verbruch am *Pik Otto* ist ein überaus reicher Tropfsteinschmuck vorhanden. Die Vermessung und Dokumentation von zahlreichen Nebengängen wurde und wird weiter fortgesetzt, so dass sich die Höhlenlänge ständig vergrößert. Seit 1998 werden auch Untersuchungen zum Fossilinhalt des Höhlengesteins und der Geologie des Riffs betrieben. Zahlreiche, meist ausgezeichnet erhaltene Überreste der Lebewesen des Riffes wurden in der gesamten Höhle gefunden und werden noch immer endeckt.

Dass nicht alle Bereiche der Höhle besichtigt werden können, hat zwei Gründe. Die Gänge im weit verzweigten System sind mitunter so eng, dass es nur trainierten Höhlenforschern gelingt, sich hindurch zu zwängen. Man müsste dem Berg mit Gewalt kommen. Aber jede Sprengung, und wenn sie noch so umsichtig installiert wird, löst Erschütterungen aus, deren Wirkung nicht zweifelsfrei berechnet werden kann. Gewiss gäbe es technische Möglichkeiten, per ferngesteuerter Kamera auf einem Roboter montiert, in Bereiche vorzudringen, die auf normalem Wege nicht erreichbar sind. Das wäre dann wieder eine Kostenfrage, der die nächste folgt: Wie dorthin gelangen, wohin nur technische Geräte einen Weg finden? Und überhaupt: Muss man? Es ist doch schön, dass es auch noch Geheimnisse gibt. Vielleicht wird irgendwann per Zufall ein anderer Zugang zu den unterirdischen Systemen gefunden.

Was ich gesehen habe, ist atemberaubend schön. Angesichts eines nicht nachvollziehbaren Bedürfnisses mancher Höhlenbesucher, alles anzufassen oder gar abzubrechen, leuchtet mir schon ein, wenn man die enormen Kosten und das beschriebene Risiko scheut, dem Berg zu Leibe zu rücken. Und im übrigen ist das, was man zu sehen und zu hören bekommt, einen Besuch allemal wert.

Der bekannte Sammler von Sagen und Märchen **Ludwig Bechstein** (1801-1860) war ab 1831 *Herzoglicher Bibliothekar* in Meiningen. Er schrieb das Gedicht **Die Höhle**, aus dem die beiden Strophen stammen:

Dort ruhen in verschlungenen Gebieten/
Gehäufte Schichten seltener Zoolithen,/
Die vor Jahrtausenden das Licht gesehn;/
Dort ruhen sie, der grauen Urwelt Zeugen,/
Wo, eingehüllt in Nacht und Grabesschweigen,/
Der Stalactiten Riesenbilder stehn.

Da wechseln seltsam Formen und Gestalten,/
Hier Früchte, Blumen dort, die sich entfalten,/
Fremdart'ges Laubwerk, Arabesken gleich./
Wer liest und deutet die Hieroglyphen?/
Noch unerforscht in seinen tiefsten Tiefen/
Ist der Natur geheimnisvolles Reich.

Bis 1998 endeten im Saal des *Pik Otto* für die Höhlenforscher alle Befahrungen. Der Verbruch am östlichen Ende des Saals verhinderte ein Weiterkommen. 1998 fanden Höhlenforscher mehrere Wege durch den großen Verbruch und entdeckten **die ersten Tropfsteine** in der *Altensteiner Höhle*. Bemerkenswert am oberen Bild sind die deutlich sichtbaren Wasserstandsmarken, allerdings in einer Höhe von etwa acht Meter. Wann und wie das Wasser so hoch gestanden hat, ist noch nicht restlos geklärt.

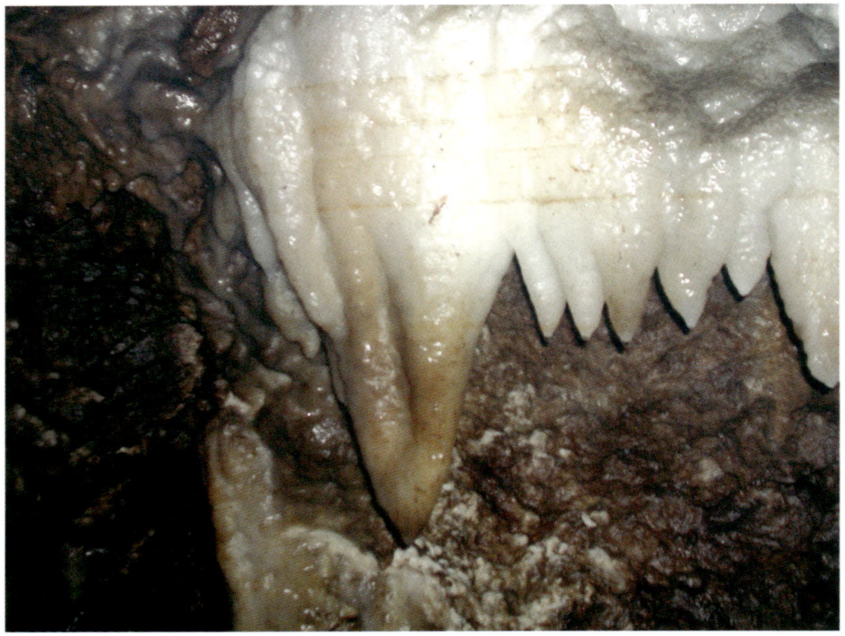

Schlammbänke säumen den Höhlenbach. Zu hunderten findet man die *Schlammvulkane*. Tropfwasser wirft den Schlamm zu diesen außergewöhnlichen Gebilden auf.

Der Stalagmit (rechts) erhielt die Bezeichnung Schlumpf wegen seiner zipfelmützenartigen Gestalt.

Sintergardinen in der 199-Jahre-Halle.

Goetz-Höhle Meiningen

Der „Theaterherzog“ **Georg II.** hat von 1874 bis 1890 die Schauspielkunst und die Ausstattung seiner Bühne gründlich reformiert. In jenen Jahren gastierte das Meininger Ensemble mit 2.500 Vorstellungen in 36 Städten und begründete so den Ruhm der „Theaterstadt“, der bis heute andauert. Nach einem Brand wurde das Theater 1909 im neoklassischen Stil wieder aufgebaut. Bedeutende Musiker wie Max Reger, Johannes Brahms, Hans von Bülow und Richard Strauss haben ihre Spuren in Meiningen hinterlassen, was sich im Musikarchiv in der *Elisabethenburg* nachvollziehen lässt. Der Verfasser von „Hoch auf dem gelben Wagen“, **Rudolf Baumbach**, gehört ebenso in die Literaturgeschichte Meiningens wie Friedrich Schiller, Jean Paul und Ludwig Bechstein. Einmalig und einzigartig ist die Ausstellung im *Reithaus*, wo 275 originale Bühnendekorationen aus dem 19. Jahrhundert aufbewahrt werden.

Die Theaterstadt Meiningen

Meiningen trägt den Beinamen *Theaterstadt*. Von Meiningen aus wurde im 19. Jahrhundert das europäische Theater verändert. Wer einmal Gelegenheit hatte, die historische Kulisse im Theatermuseum zu bewundern, wird begeistert sein. Die Stadt an der Werra hat natürlich noch mehr zu bieten, so das barocke dreiflügelige Stadtschloss *Elisabethenburg*, in dessen 54 Räumen sich heute zahlreiche Museen befinden oder das *Dampflokomotivenmuseum*. Im Zentrum der Altstadt befindet sich der Markt mit der spätgotischen *Stadtpfarrkirche* (steinerne Madonna aus dem 14. Jahrhundert). Sehenswert ist auch der ab 1782 errichtete *Englische Garten* und die repräsentative *Bernhardstraße* (ab 1821), an der mit maßgeblicher Unterstützung der englischen Königin Adelaide 1830/31 das *Hoftheater* erbaut wurde.

Seit der Bronzezeit war das Werratal von Kelten, später von germanischen Stämmen besiedelt. Meiningen wurde im 8. Jahrhundert während der fränkischen Kolonisation des Grabfeldgaus gegründet und galt seither als wichtiger Handels- und Verkehrspunkt in Richtung Franken, in die Rhön und zum Thüringer Wald.

Als Residenzstadt des Herzogtums Sachsen-Meiningen von 1680 bis 1918 war Meiningen ein wichtiges geistiges und kulturelles Zentrum mit Wirkung weit über die Region hinaus.

1920 wurde Meiningen Kreisstadt. Diesen Status hat sie trotz mehrfach wechselnder politischer Veränderung und vieler Umbrüche bis heute erhalten. Seit 1939 liegt die Einwohnerzahl mit geringen Schwankungen bei 22.000.

Von der historischen Meininger „Wilhelm Tell“- Inszenierung sind 24 Prospekte, Kulissenbögen und Hängestücke aus verschiedenen Jahren erhalten geblieben, darunter die aus drei Kulissenbögen und einem Rücksetzer bestehende „Hohle Gasse“.

Goetz-Höhle Meiningen

Nicht der von Berlichingen

Manchmal geht es ganz komisch zu bei der Entdeckung einer Höhle. Kaufmann Reinhold Goetz wollte seinen Garten auf dem Dietrichberg mit dem dort befindlichen Muschelkalk verschönern und brach sich passende Stücke aus dem Gestein. Dabei stieß er im August 1915 unerwartet auf eine größere Öffnung. Goetz war neugierig genug, der Sache auf den Grund zu gehen. Er konnte nicht ahnen, wie tief unten der Grund sich befindet. Es handelt sich um die heute mit „Hauptspalte 2" bezeichnete Öffnung.

Zwei Jahre später entdeckte er in einem Stollen in Höhlenlehm eingebettete tierische – und menschliche Knochen. Bei den Tieren handelte es sich um Reste von Braunbär, Dachs, Hamster und Maulwurf. Die menschlichen Knochen konnten inzwischen acht Personen zugeordnet werden. Wann und wie und ob zur gleichen Zeit oder zu unterschiedlichen Zeiten die menschlichen Überreste in die Höhle gelangt sind, ist noch nicht abschließend geklärt. Denkbar wäre, dass jemand durch das Deckengewölbe eingebrochen ist und andere nach ihm gesucht haben. Denkbar auch, dass frühere Entdecker der Höhle den Weg ans Licht nicht wiedergefunden haben oder ihr Rückweg verschüttet worden ist.

Am 31. Dezember 1925 starb Reinhold Goetz. Die Erschließungsarbeiten ruhten bis 1932.

Das Porträt des Entdeckers und Namensgebers der Höhle, **Kaufmann Reinhold Goetz** aus Meiningen, wurde über dem Eingang angebracht. Gleich hinter dem Eingang lagert die Gaststätte alles, was gut gekühlt aufbewahrt werden muss. Es ist vielleicht nicht der ideale Ort aus Sicht der Besucher, aber ein besseres Kühlhaus mit übers Jahr gleichbleibenden Temperaturen von 8 °C wird schwer zu finden sein. Ein gut gelagertes Bier schmeckt den Höhlenbesuchern allemal.

„Man hat in der Höhle Knochen gefunden, ganze Menschenschädel, die eine merkwürdige Abart mongoliten Typs darstellen. Diesen seltsamen Fund erklärte Heß von Wichdorff etwa so:

Die Chronik berichtet von Hunnenüberfällen auf das damalige Dorf Meiningen. Seine Bewohner hätten sich in die Höhlen am Dietrich geflüchtet. Vielleicht hat eine Hunnenpatrouille diese Höhle entdeckt, hat sich in sie hineingewagt, wo sie in den zerklüfteten Gängen überfallen und erschlagen wurden. Die Leichen hätte man dann in der Höhle vergraben, so wären die Funde (vielleicht) zu erklären.

Amthor, 1932

Es war keine Bierlaune

Nach einer längeren Pause wurde die Höhle Ostern 1934 wieder für 36 Jahre als Schauhöhle eröffnet. Am 24. Juli 1970 geleitete Höhlenführer Hamisch eine Gruppe durch die Unterwelt. Als er sich wie üblich mit Glück auf verabschiedete, wusste er nicht, dass es damit erst einmal ein Ende haben sollte. Bis heute ist nicht ganz klar, was zur völlig überraschenden Schließung der Goetz-Höhle führte. Sogar die Ausgänge wurden zugemauert. Es war nicht üblich zu DDR-Zeiten, den Bürgern Entscheidungen der „führenden Genossen" zu erklären. Kein Wunder, dass sich bis heute das Gerücht hält, es hätte etwas mit der naheliegenden Grenze zur BRD zu tun gehabt. Geologische Gründe, das haben spätere Untersuchungen vor Ort erwiesen, können es nicht gewesen sein.

Dezember 1995. In einer Meininger Gastwirtschaft sitzen Freunde beisammen und reden bei einem oder zwei Bier über Gott und die Welt. Von Gott zu Goetze ist es nicht weit. Was ist eigentlich mit der Goetz-Höhle? – fragt einer. Das Thema lag eigentlich in der Luft. So wurde – nicht aus einer Bierlaune heraus, aber vielleicht ein wenig ermutigt dadurch – die Idee geboren, man müsse den Versuch unternehmen … Und man hatte in Herbert Zöller, dem Hausmeister des Hotels, einen Gesprächspartner gefunden, der 25 Jahre lang als Höhlenführer durch die Spalten und Klüfte der Goetz-Höhle gestiegen und gekrochen war und den es schon lange wurmte, dass ein Schatz hinter dicken Mauern versteckt bleiben sollte, der auch für die Stadt eine bemerkenswerte Attraktion (ja, auch Einnahmequelle) sein könnte. Am 16. September 1996 vermeldete das Meininger Tageblatt: *„Goetzis" suchen weitere Mitstreiter. Verein „Goetz-Höhle Meiningen" hat sich am Wochenende gegründet. Jeder ist willkommen.* Und weiter heißt es: *Meiningen ist um einen Verein reicher. Sein ehrgeiziges Ziel: die seit Jahrzehnten geschlossene Goetz-Höhle bis 1998 aus dem Dornröschenschlaf aufzuwecken und wieder der breiten Öffentlichkeit zugänglich zu machen.* Nun ja, die „breite Öffentlichkeit" ist noch einer Funktionärssprache entlehnt, aber wenn es darum geht, Mitstreiter für die Wiederbelebung Dornröschens vor Ablauf der 100 Jahre zu gewinnen, da wollten die Gründer des Vereins nicht mäkelig sein in Sachen deutscher Sprache.

Es gelang. Wahrscheinlich waren selbst die größten Enthusiasten überrascht, dass sie die 1,6 Millionen DM durch Spenden und Fördermittel und Kredite zusammenbrachten, die erforderlich waren. Aber steter Tropfen, das wussten sie aus der Wirkung des Wassers in ihrer Höhle, höhlt den Stein. Und – um im Bild zu bleiben – es musste noch mancher bürokratischer Stein aus dem Weg geräumt werden. Es ist ein Festtag des Vereins gewesen, als am 19. Februar 2000 der Probebetrieb gefahren werden konnte. Die festliche Wiedereröffnung fand am 22. April 2000, einem Ostersonnabend, statt. Irgendwie hat das etwas mit Wiederauferstehung zu tun. Aber es war ein sehr irdischer Vorgang und es waren unzählig viele Helfer, die dieses Wunder vollbracht haben.

Warum der Verfasser das so ausführlich schildert? Weil es eine Freude ist zu sehen, wie gemeinsamer Wille – also nicht unbedingt Berge versetzen, aber einen Berg wieder öffnen kann. Hat vielleicht jemand geflüstert: Sesam öffne dich? Nein, es war viel Mühe und ist viel Freude. Noch im Eröffnungsjahr wurden 14.554 Besucher gezählt. Der Verein hat sich deswegen nicht zur Ruhe gesetzt, er würde ja sonst vereinsamen.

Die Goetz-Höhle ist die größte begehbare Kluft- und Spaltenhöhle Europas, die besichtigt werden kann. Sie ist bis heute in ihrer natürlichen Entstehungsform erhalten geblieben und als Natur- und Bodendenkmal geschützt.

Die Goetz-Höhle verfügt über 450 Meter Führungsweg. Sie untergliedert sich in vier Haupt- und zahlreiche Nebenspalten. Über neun Treppen mit 164 Stufen kann man die Höhle während einer einstündigen Führung kennenlernen.

Theater unter Tage

Der Höhlenführer weist darauf hin: *Benutzen Sie bitte den Umhang wegen des herabtropfenden Wassers!* Die meisten Besucher halten sich daran. *Aber einmal war eine Dame dabei,* erzählt er, *recht füllig und dekolletiert bis zur Blinddarmnarbe. Angesichts der jungen Männer, die auch zur Gruppe gehörten, wollte sie sich aber partout nicht in den zugegebener Maßen nicht gerade modischen Umhang hüllen. Nun, der Höhlenführer entscheidet, wo die Gruppe stehen bleiben soll,* erklärt er mit spitzbübischer Unschuldsmiene. Ich kann's ihm nicht verdenken.

Aus dem Abraum des Stollens und der Höhle selbst wurden die *Eingangsterrasse* und die *Große Terrasse* am Hang oberhalb aufgeschüttet. Über dem Eingang befindet sich ein Bronzerelief zur Erinnerung an den Entdecker und Namensgeber. Glück auf!

Ein künstlich angelegter Zugangsstollen, teilweise aus Mauerwerk, führt durch den Hangschutt des Berges. Der erste kleine Hohlraum erstreckt sich etwa fünf Meter in nordöstliche Richtung (aber Himmelsrichtungen unter Tage kann nur der kundige Höhlenführer erkennen), bis er sich in feinste Klüfte verengt. Nach wenigen Schritten ist *Spalte 1* erreicht: die *Geburtstagskluft.* Den eigenartigen Namen erklärt der Höhlenführer so: *Bei den Erschließungsarbeiten im März 1934 wurde diese Kluft am Geburtstag von Reinhold Goetz angefahren.* Die Spalten wurden ursprünglich, wie die Höhle insgesamt, mit unterschiedlich farbigen Lichtern ausgestattet. Der erschlossene Abschnitt ist zwölf Meter lang, drei Meter breit und etwa neun Meter hoch.

Vier Meter weiter gelangt man in den so genannten *Kamin*, eine schmale hohe Spalte. Sie wurde einst mit flackerndem roten Licht illuminiert, was den Eindruck eines großen Kamins in der Felsenwelt vermittelte.

Tiefer geht es ins Innere des Dietrichberges. Die Wände des Ganges sind 16 Meter hoch vermauert, weil während der Erschließungsarbeiten stark zerrüttetes Gestein angefahren wurde. Drei ausgesparte *geologische Fenster* gewähren dem Besucher einen Blick in die kleineren Kluftspalten. Am Ende der Ausmauerung trifft man auf eine mit Muschelkalk vermauerte Seitennische, hinter der sich der Fußpunkt des einstigen Förderschachtes in 22 Meter Tiefe befindet.

Weiter geht es, vorbei am *Kleinen Kessel,* der zur Spalte 2 gehört. An den Wänden kann man im Winter manchmal schlafende Fledermäuse sehen. Der Höhlenführer wird nicht müde davor zu warnen, die Tiere aufzuschrecken. Fledermäuse im Winterschlaf reduzieren Körpertemperatur und Herzschlag weit herunter, um möglichst wenig Energie zu verbrauchen. Werden sie aufgeschreckt, haben sie zwar genug Reserven, um zu flüchten, aber meistens ist damit ihr gesamter Kräftevorrat aufgebracht – sie überleben die Flucht selten.

So belehrt, geht man weiter und achtet auf die nächsten Hinweise des kundigen Führers. *Die vormals horizontal lagernden Gesteinsschichten wurden durch die enormen Kräfte der Erdbewegung staffelartig versetzt.* Die Kluft verbreitert sich bis auf drei Meter. Hebt man den Blick, sieht man die Decke in 20 bis 25 Metern Höhe.

Im folgenden *Großen Dom,* der seinen Namen von der mächtigen Spannweite und Höhe hat, kann man erleben, warum in diesem Raum gern Konzerte gegeben wurden. Eine phantastische Akustik! Manche berühmte Opernsängerin hat sich nicht zurückhalten können und aus dem Stegreif ihre Stimme erklingen lassen.

Seit der Öffnung der Goetz-Höhle für Besucher im Jahr 1934 haben – mit einer Unterbrechung von 30 Jahren – Tausende die Einmaligkeit des Naturdenkmals am Westufer der Werra im Dietrichberg bewundern können.
Gewaltige Kalksteinmassive waren über einen langen Zeitraum vor etwa 20.000 Jahren ins Tal geglitten. Die ungefähr 100 Meter mächtige Muschelkalkplatte lag auf einer weichen Rötunterlage. Während dieses Prozesses entstanden die großen, bis zu 50 Meter hohen Abrissklüfte.

Ein bisschen bange darf einem schon sein in den engen hohen Klüften – und wenn es der Respekt vor der Natur ist.

Hinter einem gesperrten Bereich setzt sich die Grotte noch zehn Meter fort. Die *Gnomengrotte* verdankt ihren Namen dem Wechselspiel von raffinierter Beleuchtung und eigener Phantasie, als würden unterirdische Geister in ihr spuken.

Weiter gehend erreicht man schließlich Spalte 3, die 40 Meter lange *Große Klamm*. Sie ist zunächst sehr schmal, die gewaltige Höhe ist erst nach 15 Metern einsehbar. An dieser Stelle trifft man auf die größten Kluftsprünge der Höhle. Durch den Erkundungsstollen gelangt man schließlich zur *Kleinen Klamm*, Spalte 4. Sie ist bis zu 45 Meter hoch.

Etwa 20 Meter in östlicher Richtung kommt man wieder zur *Großen Klamm*. Von einer Brücke kann man zwölf Meter tief in die Spalte blicken. Ein bisschen schaurig darf einem dabei ruhig werden.

Was passiert eigentlich, wenn plötzlich die gesamte Elektrik versagt und man in absoluter Finsternis steht? Nicht grübeln! Man lächelt dem Höhlenführer freundlich zu. Der kennt sich hier unten bestens aus. Und wie ich die Sicherheitssysteme in den Höhlen kennengelernt habe, gibt es bestimmt eine Notvariante.

Gibt es in der Goetz-Höhle eigentlich Stalaktiten und Stalagmiten? Nicht wirklich. Am nachträglich eingebrachten Beton der Stütz- und Sicherungsbauten haben sich allerdings in den letzten 70 bis 80 Jahren so genannte *Tropfstein-Makkaroni* gebildet, dünn und hohl. Für einen Moment habe ich nicht aufgepasst. Was sagte eben der Höhlenführer? Wir haben die *Totenkammer* erreicht. Na, vielen Dank auch. Da soll es unsereinem wohl kalt den Rücken runterlaufen? Gemeint ist die Stelle, wo bei der Erschließung der Höhle die bereits erwähnten menschlichen Skelette gefunden wurden. Bis zur Schließung der Höhle konnte man sogar einen beleuchteten Schädel betrachten. Ich bin froh, dass die makabre Inszenierung nicht wieder aufgeführt wird.

Die Wanderung unter Tage geht zu Ende. Man spürt bereits einen Luftzug vom nahen Ausgang her. Ich atme durch. Habe ich mich vielleicht doch ein bisschen geängstigt dort unten? Der Blick auf die von der Sonne überstrahlte Theaterstadt Meiningen im Tal gibt mir meine Gelassenheit zurück. Ich war eben Zuschauer und Statist zugleich in einer romantisch-schaurigen Inszenierung. Allerdings waren die Kulissen nicht aus Pappmaché. Und der Hauptdarsteller ist ein sehr freundlicher Mann mit einer leisen Stimme. Mich jedenfalls hat er nicht im Regen stehen lassen. Glück auf, Ihr Goetzis! Ihr habt uns, den staunenden Besuchern, eine wunderbare Attraktion und lehrreiche Wiederentdeckung beschert.

Ein Höhlenbesuch macht hungrig. Unter dem Eindruck der Küche (einschließlich des fabelhaften Rhababerkuchens) habe ich beschlossen, öfter zur Goetz-Höhle zu fahren. Man gönnt sich ja sonst nichts…

Ohne die Schutzpatronin der Bergleute, die **Heilige Barbara,** geht es natürlich auch nicht in der Goetz-Höhle ab. Und es werden stets künstliche Kirschzweige dazugestellt…

Die drei Angler auf der Bogenbrücke über die Ilm symbolisieren die drei Schultheiße von Dienstedt aus jener Zeit, da der Ort fast 500 Jahre zu drei verschiedenen Herrschaftsbereichen gehörte – ein Kuriosum der besonderen Art deutscher Kleinstaaterei, die aus heutiger Sicht ganz amüsant sein mag, aber für die Einwohner des Ortes gewiss auch mit allerlei Schwierigkeiten verbunden war.

Gemeinde Dienstedt

Dienstedt ist einer der ältesten Orte Thüringens. Die erste urkundliche Erwähnung fällt in das Jahr 842. Es liegt im Tal der Ilm zwischen Stadtilm und Kranichfeld. Südlich des Ortes erhebt sich der 547 Meter hohe, mit Kiefern bewachsene Kalmberg. Der Tännich, eine große Waldhochfläche, erstreckt sich östlich von Dienstedt. Im Norden erhebt sich das etwa 400 Meter hohe Oberfeld, ein unbewaldetes Plateau.

Neben der Dienstedter Karsthöhle, die erst in jüngster Zeit entdeckt wurde, ist die schöne Kirche ein besonderer Anziehungspunkt. Etwa einen Kilometer südöstlich des Ortes findet man die Klunkermühle, eine Schaumühle.

Die Einwohner von Dienstedt haben über 500 Jahre gleichzeitig unter drei verschiedenen Herrschaften gelebt. Der Teil westlich der Ilm gehörte zum Fürstentum Schwarzburg-Rudolstadt, der südliche Teil östlich der Ilm zur Grafschaft Hatzfeld (mit Sitz in Blankenhain). Der nördliche Teil östlich der Ilm schließlich war Sachsen-Weimar. Erst durch den Wiener Kongress 1815 wurde Dienstedt wieder ein Dorf unter der Herrschaft von Sachsen-Weimar-Eisenach. Als das Land Thüringen 1922 neu gebildet wurde, kam es zum Landkreis Arnstadt. Die Kleinstaaterei in Deutschland hat schon merkwürdige Blüten getrieben. Offenbar haben's die Dienstedter aber mit Humor ertragen, wie dem Ortswappen zu entnehmen ist.

Oberfeldhöhlen Dienstedt

War's der Fuchs?

Felix Gebser (1907-1988) war Bauer in Dienstedt. Er liebte seinen Beruf, wenn es auch eine schwere Arbeit gewesen ist. Zudem war er ein musischer Mensch, denn er komponierte zahlreiche Lieder. Und er war ein „findiger" Mensch. Auf seinem Acker entdeckte er manchen alten Scherben, den die Urvorderen zurückgelassen hatten. Er war stets auf der Suche nach Unterirdischem. Die Geschichten, die sich die Alten im Dorf manchmal erzählten, mussten doch einen realen Hintergrund, genauer: Untergrund haben. Saßen sie beisammen, war oft die Rede von Höhlen und von wilden Tieren und unerklärlichen Erdeinbrüchen. Ob alles stimmte oder ob mit manchem die Phantasie durchgegangen ist, war schwer zu unterscheiden. Einmal sollte sogar ein ganzes Fuhrwerk *wie vom Erdboden verschluckt* worden sein. Die Stelle zeigt man sich heute noch. Es gab auch bemerkenswert viele Höhlungen, die Füchse oder Kaninchen gegraben hatten. Am *Felsenkeller* versickerte das Ilmwasser. Und – ja, das war die tollste Geschichte! – einmal soll ein Jagdhund unter die Ilm hindurch auf die andere Seite des Flusses gelangt sein, der am Steinholz wieder trockenen Fells erschien. Er hatte einen Fuchs aufgespürt und war dem in den Bau gefolgt, aber nicht wieder herausgekommen. Man fand ihn Tage später in einem Fuchseisen gefangen auf der anderen Seite der Ilm.

In der Höhle kann man verschiedene Nachbildungen der gefundenen Gegenstände – hier ein **Trinkgefäß aus der jüngeren Bronzezeit** – betrachten. Auch weitere Scherben aus der Urnenfelderzeit (1200 bis 700 Jahre v.u.Z.) wurden gefunden. Leider ist durch unsachgemäße Behandlung auch manches wertvolle Stück verloren gegangen.

Das ist die Höhlenöffnung, in der sich ein Fuchs eingerichtet hatte. **Felix Gebser**, Bauer aus Dienstedt und Hobbyforscher, hat im Februar 1952 den Zugang zu einem weit verzweigten Höhlensystem gefunden.

Der **Pflasterzahnsaurier** *(Placodontier)* gehörte zu einer meeresbewohnenden Reptiliengruppe im Trias. Das in der Dienstedter Höhle gefundene Knochenstück ist leider verschwunden.

Erste Hohlräume wurden am *Schenkhopfenberg* entdeckt, dem heutigen Eingang 2. Weil aber die vermuteten prähistorischen Funde trotz intensiver Suche ausblieben, wurden die Grabungen wieder aufgegeben. Nur einer ließ sich durch die Misserfolge nicht beirren: der unermüdliche Freizeit-Archäologe Felix Gebser. Wann immer er Zeit hatte, suchte der Heimatforscher und ehrenamtliche Bodendenkmalpfleger die Hänge rund um Dienstedt ab, doch er fand nicht, wonach er suchte. Bis ihm einmal, das war im Februar 1957, am Berghang nordöstlich von Dienstedt eine Stelle auffiel, die im Gegensatz zum Umfeld von Rauhreif überzogen war. Er sah genauer hin und entdeckte einen Fuchsbau, der bewohnt sein musste, anders wäre der Rauhreif als Folge der ausgeströmten Körperwärme und des Atems nicht zu erklären gewesen. Das machte ihn neugierig. Er räumte das Kraut weg und entdeckte den Eingang zu einem

Fuchsbau. Er ahnte etwas, aber dazu musste er etwas gründlicher nachsehen.

Felix Gebser grub weiter und tiefer. Da entpuppte sich der Fuchsbau als eine Höhle. Man kann sich vorstellen, wie aufgeregt er gewesen sein muss, als er schon im Eingangsbereich auf Scherben irdener Gefäße stieß, die – das wusste er aus der Literatur – mit Bandkeramik geschmückt waren. Solches Glücksgefühl kennen nur erfolgreiche Schatzsucher. Dieser einstige Fuchsbau ist der heutige Eingang 2.

Hatte man ihn im Dorf ein wenig belächelt? Jetzt nickte man anerkennend. Und er gewann Verbündete. Lothar Großkreuz war einer, weitere gesellten sich dazu. Hat er doch recht gehabt, der Gebser Felix. Alle Wetter! Herrschaften aus Weimar kamen in das Dorf Dienstedt, erfahrene Wissenschaftler, die die Fundstücke prüften und begutachteten. Sie fanden heraus, dass hier vor vielen hundert, vielleicht sogar vielen tausend Jahren Menschen gelebt haben müssen. Ein besonders schönes Fundstück war der Knochen eines Sauriers. So etwas hat in unserer Gegend gelebt? Wo ist der wertvolle Fund eigentlich jetzt? Man weiß es nicht. Weg ist er. War's der Fuchs?

Die Oberfeldhöhlen Dienstedt sind in den **Kalk- und Kalkmergelgesteinen** des Unteren Muschelkalks an der Südflanke des *Tannrodaer Gewölbes* entstanden. Der Weg durch die Höhlen führt weitestgehend durch Bereiche der Terebratelzone. Die Hauptphase der Höhlenentstehung wird in die Saale-Kaltzeit (Pleistozän) gelegt. Als die Ilm in einem höheren Niveau als heute floss, versank das Ilmwasser auf den Klüften und Spalten im Muschelkalk und erweiterte diese korrosiv zu größeren, zusammenhängenden Hohlräumen.

Quelle: Thüringen untertage

Der Hobbyforscher **Felix Gebser**

Legende zum **Höhlengrundriss**

1 Feuerstelle
2 Feuerstelle
3 Trinkgefäß
4 Muschelkalksaurier
5 Eingang
6 Ausgang
7 Standort
8 Grillplatz

Fundsachen

Mit den nunmehr einsetzenden Grabungen unter wissenschaftlicher Aufsicht und in Zusammenarbeit mit dem umtriebigen Entdecker *Felix Gebser* wurde 1953 im Bereich des heutigen Eingangs 2 begonnen; drei weitere Eingänge hat man erst später entdeckt. Eine intensive Erforschung der Karsthöhlen wurde ab 1957 bis etwa 1984 mit der Unterstützung des in Weimar ansässigen *Museums für Ur- und Frühgeschichte* betrieben. 1960 kamen weitere Höhlenforscher verschiedener Ortsgruppen hinzu. *Lothar Großkreuz* entdeckte den Eingang 1. Bei seinen Grabungen stieß er im Höhlensand auf das versteinerte Teil des Kiefers eines Pflasterzahnsauriers.

Ein erster Höhlenplan wurde entwickelt. Die verschiedenen Funde, die zu Teilen im *Weimarer Museum für Ur- und Frühgeschichte* ausgestellt werden, sind bemerkenswerte Zeugnisse der Vorgeschichte. Bandkeramische Feuerstellen, verschiedene Keramiken, Knochengeräte und Feuersteinklingen, aber auch Knochenreste konnten geborgen und zeitlich zugeordnet werden. Der Unterkiefer eines Muschelkalksauriers wurde zusammen mit weiteren paläontologischen Fundstücken der *TU Bergakademie Freiberg* übergeben.

Eine erste elektrische Leitung zur Höhle wurde 1963 gelegt, die aber 1968 wieder entfernt werden musste. Nunmehr ging es vordringlich darum, den Innenausbau – Wege, Treppen und Sicherungsmaßnahmen – zu forcieren und die Außenanlagen für die zu erwartenden Besucher einzurichten.

Der Heimatforscher *Felix Gebser* starb 1988 und hat die Eröffnung der Schauhöhle nicht mehr erlebt. Seine Leistung bleibt unvergessen. Andere traten in seine Fußspuren, nicht minder engagiert und auf ihre Weise erfolgreich.

In den Jahren 1993 bis 1998 waren es vor allem *Manfred Korn, Winfried Wolf* und *Gerald Hoffmann,* die die notwendige Aufwältigung der Höhle mit dem Ziel betrieben, eine durchgängige Verbindung von Eingang 1 bis Eingang 4 zu schaffen und die Höhle für den Besucherverkehr zu erschließen. Dazu war eine Mindesthöhe von 1,80 m und eine Mindestfußbreite von 0,60 m vorgeschrieben. Für das Sicherungsmauerwerk waren 50 Tonnen Feldgestein erforderlich. 12.850 Schubkarren Abraum mussten aus der Höhle gebracht werden. Im Bereich der geologischen Störung sind 60 Tonnen Gestein zu entfernen gewesen. Niemand hat die Stunden gezählt, die die Hobbyforscher in und für die Höhle zugebracht haben. Das ist auch nicht so wichtig, sagen sie, wenn die Menschen nur ihre Freude am Ergebnis haben. Und das haben sie zweifellos.

Die vier Mundlöcher, wie man die Ein- und Ausgänge bergmännisch nennt, befinden sich ungefähr *23 m über dem Talboden im Bereich der Hauptmittelterrassenschotter… Mit der weiteren Eintiefung des Ilmtales wurden die entstandenen Hohlräume wieder zerstört und nur die Höhlenbereiche an den Talflanken blieben erhalten*, schreibt Ulf Höhne in Heimathefte des Ilmkreises 1997.

Typhus an Ilm und Wipfra

Im Jahr 1898 brach in Ober- und Niederwillingen eine schwere Typhusepidemie aus, die zahlreiche Todesopfer forderte. Woher der Erreger gekommen sein könnte, war zunächst völlig ungewiss. Die beiden befallenen Orte liegen an der Wipfra. Allerdings gab es einige Erkrankungen am Oberlauf des Flusses, wohl aber am Unterlauf der Wipfra in den Orten Görbitzhausen, Hausen, Marlishausen, Ettischleben und Alkersleben. Nun wusste man zwar, dass die Ilm 1887/88 Träger von Typhuserregern war, die ihren Ausgang in Ilmenau und in Langewiesen hatten, aber zwischen den beiden Flüssen gab es keine Verbindung. Oder doch?

Die Einwohner von Oberwillingen schöpften ihr Wasser aus der Wipfra und als Trinkwasser das der Oberwillinger Springe, einer Karstspaltenquelle im oberen Bereich des Unteren Muschelkalks unweit der Wipfra. Ein 2,5 km breiter und 55 m hoher Muschelkalkrücken trennt Oberwillingen von der Ilm.

Man hatte beobachtet, dass sich das Springwasser eintrübte, wenn die Ilm durch Hochwasser oder Gewitterregen Schwebstoffe mit sich führte. Es musste eine unterirdische Verbindung geben.

Wissenschaftliche Untersuchungen um die Wende vom 19. zum 20. Jahrhundert, unterstützt durch einen Fischer, der die Ilm genau kannte, ergaben, dass unterhalb von Griesheim Wasser der Ilm in einer etwa einen Meter tiefen Spalte mit scharfen Rändern versank. Am 22. August 1899 wurden 250 kg Viehsalz in die Senke geschüttet und regelrecht *in die Tiefe gerissen*. Nach acht bis zehn Stunden trat es im Spring zutage. Das war der erste Beweis. Der Tracerversuch wurde am 10. August 1925 modifiziert wiederholt. Starke Ufernachbrüche

D. Walter berichtet 1985 in den *Weimarer Monographien zur Ur- und Frühgeschichte* über die **Funde in den Karsthöhlen** von Dienstedt: Am Eingang 4 fand man unter einer Schotterschicht eine Feuerstelle und eine bandkeramische Kulturschicht. Weitere Funde wurden im Eingangsbereich der Höhle gemacht. Es wird angenommen, daß die Höhle im frühen Neolithikum und in der späten Bronzezeit nur kurzzeitig, vermutlich bei Jagdzügen aufgesucht wurden. Allerdings war der Höhleneingang zur Zeit der bandkeramischen Begehung nur noch 40 bis 60 cm hoch. Gefunden wurden Feuersteinklingen, Knochengeräte, Knochenreste und Scherben von Linienbandkeramik und Stichbandkeramik. In 1,5 bis 2 km Entfernung befanden sich zwei Siedlungen der Bandkeramiker. Der späten Bronzezeit wird ein kleines Gefäß mit eingezogenem Hals, ausladender Mündung und kleinem Standfuß zugeordnet. Die wenigen mittelalterlichen Funde werden in das 13./14. Jahrhundert datiert.

In ihrem Mittellauf fließt die Ilm in einem relativ zur Umgebung hoch gelegenen Tal. Rudolstadt liegt zum Beispiel 130 m niedriger als Dienstedt. Die seitliche Ausdehnung des Einzugsgebietes der Ilm ist hier gering, und es gibt nur wenige seitliche Zuflüsse. Ganz in der Nähe der Ilm befinden sich Quellen und Bäche, die ihr Wasser nicht in die Ilm abgeben, sondern über die benachbarte Wipfra in die Gera beziehungsweise in die Saale fließen. Auf ihrem Weg quert die Ilm harzynisch ausgerichtete Störungszonen auf kürzestem Weg, bei Griesheim die Eichenberg-Gotha-Saalfelder Störungszone und bei Dienstedt die nördliche Remdaer Störungszone.

Ulf Höhne in: Das Ilmtal. Enthalten in Heimathefte des Ilm-Kreises. 1997

Seite 69:
Blick in die Dienstedter Höhle

hatten die offene Spalte aber mittlerweile verschüttet. Das Salz löste sich langsam auf. Es dauerte fast zwei Tage, bis es im Spring nachgewiesen werden konnte. Die Menschen in dem betroffenen Gebiet hatten beobachtet, dass die Eintrübungen der Ilm auch erst nach 48 Stunden im Springwasser erschienen.

Im August 1925 wurden zudem Durchflussmessungen gemacht, die ergaben, dass an der 370 Meter hoch gelegenen Versickerungsstelle unterhalb von Griesheim bei Niedrigwasser 0,35 m^3/s (42% des Ilmwassers), bei hohem Wasserstand bis 0,48 m^3/s (26%) versanken. Und bei diesem Versuch wurde eine größere Spalte an der Klunkermühle erweitert, in der etwa die Hälfte des Ilmwassers geräuschvoll verschwand, dem man ein Kilo fluoreszierenden Farbstoff beimengte. Nach 20 Minuten war der Farbstoff restlos verschwunden, dem noch einmal 1.200 Kilo Viehsalz nachgeschickt wurde. Es dauerte 20 Minuten, als erste Reaktionen an der Pörzmühle in 13 Kilometer Entfernung gemeldet wurden.

Etwa 1,5 Kilometer ilmabwärts nordöstlich von Dienstedt befindet sich am Felsenkeller eine weitere Versickerungsstelle der Ilm. Die Versuche ergaben, dass zwischen Griesheim und Barchfeld nahezu die Hälfte des Ilmwassers im unterirdischen Karstgebiet versinkt.

Flüsse sind Lebensadern. Sie hatten vor allem in früheren Zeiten Bedeutung als Aufschlagwasser für Mühlen. Zu Beginn der 30er Jahre des 20. Jahrhunderts existierten an der Ilm 39 Triebwerke aller Art. Eine gleichmäßige Wasserführung war notwendig. Außer den Mühlen brauchten und braucht die Landwirtschaft in den Karstgebieten besonders in den trockenen Zeiten Wasser aus der Ilm. Um die Verluste durch Versinkung zu minimieren, sind zahlreiche Projekte der Flussregulierung entwickelt worden.

Dennoch verliert die Ilm noch immer viel Wasser in die Unterwelt einer reich zerklüfteten Karstlandschaft, wo sie Höhlen und Gänge ausspült, wie die drei Oberfeldhöhlen bei Dienstedt. Es sind bestimmt nicht die letzten, die durch intensive Erforschung entdeckt werden. Man muss nur einmal die Sagenwelt Thüringens auf versteckte oder direkte Hinweise durchforschen, um wichtige Fingerzeige zu erhalten, wie den vom Hund, der unter der Ilm auf die gegenüberliegende Seite gelangte. Wir haben es leider auch weitgehend verlernt, die Zeichen der Natur zu lesen, und verlassen uns lieber auf die Bilder der Multispektralkamera. Das kommt mir vor wie die moderne Apparatemedizin, gegen die ich nicht wettern will. Aber ich kenne einen Arzt, der mir in die Augen sieht und sagt: *Du musst mal was für deine Leber tun,* – da hat der Apparat noch nicht einmal gezuckt.

Die Zeit hat oft äußere Zeichen verändert oder gelöscht. Senken sind zugewachsen oder haben sich mit Wasser gefüllt. Geblieben sind die Sagen aus einer Zeit, als man sich noch etwas zu sagen hatte, wenn man in der Spinnstube oder in der Wirtschaft beisammen saß, ohne Fernsehapparat. *Es war einmal...* Felix Gebser ist so einer gewesen. Der hat nachgefragt und nachgegraben. Irgendwie muss der Hund doch... Und eine Kutsche samt Pferd versinkt nicht einfach auf freiem Feld.

Bei meinen Streifzügen durch die Höhlen Thüringens bin ich immer wieder solchen Zusammenhängen nachgegangen. Eine wahre Fundgrube sind die Sagensammlungen von Ludwig Bechstein, der den Thüringer Sagenschatz *ohne Ausschmückung, kurz volkstümlich* gesammelt hat und der von sich schreibt: *Ich bin den Sagen viel und lange nachgegangen und nachgezogen; im Thüringer Wald kenne ich so ziemlich jeden Weg und Steg.*

Meschenbach am Eschenbach

Meschenbach am einstigen Kirch- und Pilgerweg nach Stelzen (heute ein beliebter Wanderweg) ist ein kleines Dorf westlich von Sonneberg am Südhang des Thüringer Waldes und gehört seit dem 1. Juli 1994 wie die Ortsteile Döhlau, Effelder, Grümpen, Rabenäußig, Rauenstein, Rückerswind und Seltendorf zur Gemeinde Effelder-Rauenstein. Eine erste urkundliche Erwähnung (Eintrag im Urbanum über die „Neue Herrschaft" Graf Berthold VII. von Henneberg-Schleusingen) datiert aus dem Jahre 1340; damalige Schreibweise *Meßhenbach*. Der Name bedeutet wahrscheinlich soviel wie *Siedlung am Eschenbach*. Ältere Erwähnungen von 1288 und 1289 beziehen sich auf ein Meschenbach im Landkreis Coburg.

Die Sage berichtet, dass die zum Tode verurteilte *Katharina von Schaumberg* vor ihrer Verbrennung auf ein Rad gebunden werden sollte. Das Rad wurde jedoch durch einen Blitz zerspalten. Dieses Wunder führte zu ihrer Begnadigung. Katharina wurde zu einer Wohltäterin der Kirche. Zum Andenken an sie wird ihr Bild mit Schwert und zerborstenem Rad an der aus der zweiten Hälfte des 15. Jahrhunderts stammenden spätgotischen Kanzel gezeigt.

Im Nordosten von Meschenbach steht das *Meschenbacher Katharinenkirchlein.* Die Chormauern, der älteste Teil der Kirche, stammen vermutlich noch von dem im Mittelalter als Wallfahrts- bzw. Stationskapelle erwähnten Bau. Die Kirche wurde 1651/1654 und 1661 ausgemalt.
18 Jahre nach einem großen Brand in Meschenbach, der die Kirche neben einigen anderen Gebäuden verschonte, erhielt sie 1729 eine neue Ausstattung.

Zinselhöhle Meschenbach

Der verschwundene Fluss

Woher der Name Meschenbach kommt, haben wir herausgefunden. Aber was ist Zinsel? Hat ein Herr (oder eine Frau, das wäre doch mal was!) Zinsel die Höhle entdeckt? Musste man für die Nutzung der darüberliegenden Felder einen kleinen Zins zahlen, also einen *Zinsel*? Ist es eine mundartliche Besonderheit, die werweißwas bedeuten kann? Schwierig. Es gibt einen linken Zufluss der Moder in den Nordvogesen. Der hieß im Mittelalter Dinzila, später Zintzila; und das heißt: Zufluss. Vielleicht gibt es eine ganz andere Erklärung, aber die leuchtet mir ein, denn die Entstehung der Höhle hängt mit einem Rinnsal zusammen, einem Flüsschen, dem Retschenbach, der bis zu den Höhlen Lochbach heißt.

Zwischen den südlichen Ausläufern des Schiefergebirges und den nördlichen Rändern der Schalkauer Muschelkalkplatte verläuft die Randstörung des Muschelkalkes. Hier verschwindet das Wasser zwischen Geröll und stürzt auf ausgestrudelten Spalten in die Tiefe. Das Bachbett fällt in wasserarmen Zeiten trocken, nur während der Schneeschmelze und bei starken Regengüssen versickert nicht alles. In unmittelbarer Nähe befindet sich eine trichterförmige Einmündung, ein Erdfall. Etwa acht Meter unter dem ausgetrockneten Bachbett fließt das Wasser weiter und nagt sich immer tiefer in die Erde ein. So hat der „zufließende“ Retschenbach in Jahrtausenden eine 175 Meter lange Tropfsteinhöhle geschaffen. Er verabschiedet sich am Ende der Höhle in einer Bachschwinde, um auf der benachbarten Wiese über Quellen wieder zutage zu treten. Thüringens Höhlenforscher sind noch dabei, den unterirdischen Verlauf des Baches zu erkunden. Wer die Höhle besucht, benötigt sichere Gummistiefel (die ausgeliehen werden), denn er watet im rauschenden, kalten Wasser.

Wenige Meter vor dem Eingang zur Höhle versickert der Lochbach im Geröll. Er fließt unterirdisch in der Höhle weiter. Als Retschenbach tritt er östlich von Meschenbach wieder zutage.

Bereits am Eingang – der Bergmann spricht von Mundloch – befindet sich eine erklärende Tafel. Im **Kassenhaus** erhält der Besucher Gummistiefel und einen wasserabweisenden Umhang.

Linke Seite: Schutzkleidung, Gummistiefel und Lampen liegen im Kasse- und Wartehäuschen bereit.

Die Zinselmännchen

Mitunter ist zu lesen, dass die Höhle ihren Namen von den *Zinselmännchen* hat. Aber woher sollten die ihn haben? Es wird wohl doch andersherum sein. Dennoch ist die poetische Erklärung mit der Sage von den *Zinselmännchen* die schönere. Das ist so mit der Kunst.

„In uralter Zeit", geht eine Sage, „wurde die Zinselhöhle von Zwergen bewohnt." In Thüringen kennt man sich aus mit Zwergen, Gartenzwergen zum Beispiel. Zwerge und Höhlen, das wissen wir von den Brüdern Grimm, haben miteinander zu tun, denn „bei den sieben Zwergen hinter den sieben Bergen…" In der Regel sind die kleinen Kobolde putzige Kerle, oft zu Schabernack aufgelegt, aber meistens ganz freundlich und hilfsbereit. Das erzählt man sich auch von den Zinselmännchen, die den Bauern gelegentlich den Erbsenacker stibitzten. Eines Tages überraschte ein Bauer solch einen Dieb und wollte ihn im Zorn erschlagen. Aber das Zinselmännchen bettelte um Gnade und versprach dem Bauern einen großen Schatz, wenn er ihn laufen ließe.

Den Ort, wo der Schatz vergraben sei, wollte der Zwerg mit einer Rute anzeigen. Das Zinselmännchen war aber gescheiter als der Bauer und steckte den ganzen Acker voll Ruten. Erbost grub der Bauer das Feld um, fand allerdings keinen Schatz, aber er lüftete das Erdreich gründlich und fuhr im Herbst eine reiche Ernte ein. – So oder so ähnlich geht die Sage. Undankbar wie der Bauer war, lauerte er trotz des gewonnenen Segens im Herbst wieder einem Zwerg auf und schlug ihn windelweich. Von den Zinselmännchen ist seither keines mehr gesehen worden.

Im Meschenbacher Walde
wölbt eine Höhle sich,
drinn haust der Bergesalte,
der Zinsel nennt er sich.

Wir stiegen in die Grotte,
die Fackel in der Hand.
Wo ist die Zinselrotte? –
tönt's von der Felsenwand.

Hat denn man uns belogen,
dass sich kein Zinsel fand?
Ach, die sind fortgezogen
längst in ein fernes Land.

Warum sie fortgezogen,
nicht schelte ich sie drum,
man hat sie schnöd' betrogen,
ging schlecht mit ihnen um.

Drum merkt's, ihr guten Leute,
die Grobheit nimmer frommt.
Dies gilt so einst wie heute;
kein Zinsel wieder kommt.

(Überliefert vom ehemaligen Höhlenführer Fritz Schneider)

Das **„Waschbecken"** der Zinselmännchen.

Die **Zinselhöhle** ist eine in den Gesteinen des *Unteren Muschelkalkes* aktive Wasserhöhle und gilt als die am längsten bekannte und am leichtesten zugängliche Höhle des *Schalkauer Muschelkalkplateaus.* 150 m talaufwärts verläuft die Randstörung des Thüringer Schiefergebirges. Die Zinselhöhle weist typische Merkmale einer Karsthöhle auf: Bachschwinden, Höhlenbach, Erdfälle, Karstquelle. ... Bedingt durch die inhomogene Struktur des Wellenkalks (bis 40 % Lehmanteil) kam es in der Vergangenheit zu Deckeneinbrüchen. Durch Niedergang des großen Erdfalles entstand in der Zeit vor 1600 ein Zugang in die Höhle, der heutige Höhleneingang. Wahrscheinlich um 1878/79 kam es im Bereich des jetzigen Höhlenausgangs ebenfalls zu einem Deckeneinbruch. Es wurden viele Tonnen Bachkies in die Höhle geschwemmt, so dass der Zugang zum unteren Teil der Höhle mit einer Länge von 80 m nicht mehr auffindbar ist.

Rolf Babucke

Zur Entdeckung der Höhle

Zweifellos ist die Zinselhöhle eine der am ältesten bekannten Höhlen Thüringens. Sie hat den Bewohnern der umliegenden Ortschaften während des Dreißigjährigen Krieges als Versteck vor der marodierenden Soldateska gedient, weil man sich in ihr relativ sicher fühlen konnte, denn der Zugang war beschwerlich und nur von Kundigen zu finden. Der Coburger Arzt *Johann Sebastian Albrecht* beschreibt das 1782 in einem Bericht sehr anschaulich:

Wenn man aus einem Teil wiederum den Berg hinaufsteigen will, so trifft man ungefähr 15 bis 20 Schritte hoch einen Kessel an, in dem man vermöge einer von Fremden eingehauenen Treppe 12 bis 15 kleine Stufen bis auf den Boden des Kessels steigt. Daselbst ist gegen den Berg hin eine Öffnung in Gestalt eines Backofenloches, welches reichlich drei Ellen weit in der Mitte etwas über eine Elle hoch ist. Hier rutscht man etwa 16 bis 20 Ellen auf einem Fels hinunter, der mit herabgefallenem Laub einen halben Schuh überzogen ist, welche das Herabrutschen erleichtern… Wenn man auf dem Grund dieses Schachtes ist, so kommt man in eine kleine geräumige Galerie oder Gang, welcher anfänglich gegen Mittag (Süden) sich wendet, da man bald in einem Bächlein gehen muss, welches über den Fuß gehet und linker Hand aus dem Fels herauskommt.

Auf Goethes Anraten (es ist nicht sicher, ob er selbst eingefahren ist), der die Höhle *aller Aufmerksamkeit würdig* fand, besuchten am 23. Juni 1782 der Meininger Herzog und sein Bruder, der Landgraf von Hessen-Philippsthal-Barchfeld und Weimars Carl August die Zinselhöhle. Damit soll die Höhlenforschung in Thüringen ihren Anfang genommen haben. Zehn Jahre vorher war die Höhle im kleinen Rahmen der Öffentlichkeit zugänglich gemacht worden. Man hatte Laufbohlen eingezogen, damit die Besucher trockenen Fußes über den Höhlenbach gehen konnten. In den Jahren 1939 bis 1953 sowie 1967 bis 1989 blieb die Höhle geschlossen. Die Ausbauten verrotteten. Mit der Wiedereröffnung 1989 wurde ein zweiter Ausgang geschaffen (Abschluss 1992), sodass nun ein geführter Rundgang möglich ist.

Man muss sich dazu aber auf eine etwas ungewöhnliche Wanderung einlassen. Dazu bekommt man vom Höhlenführer Gummistiefel, eine Regenjacke, einen Schutzhelm und eine Handlampe. Die Kluft ist sehr schmal, wer etwas fülliger um die Bauchgegend ist, muss sich manchmal sogar durchzwängen (ich weiß, wovon ich rede). *Man sieht,* sagt der Höhlenführer, *dass sich mehr Männer als Frauen in die Höhle gewagt haben, denn um die Bauchweite bietet die Bergspalte mehr Platz als um die Brusthöhe. Die Männer haben mit ihren Bäuchen reichlich Gestein abgewetzt.* Ich habe den Humor von Höhlenführern schon kennen gelernt. Es liegt natürlich am stark fließenden Wasser, durch das man die ganze Zeit watet. Wo es nicht hinreicht, kann sich Sintergestein ablagern.

Im Winter suchen Fledermäuse die Höhle durch eine extra für sie angebrachte Einflugsluke in der Tür Quartier. Und die putzigen Siebenschläfer fühlen sich am wohlsten, wenn sie gefilmt werden. Dann plustern sie ihr Fell auf und genießen die Wärme der Scheinwerfer wie Filmstars das Licht der Kamera.

Wenige Meter den Retschenbach abwärts befand sich früher eine weitere Höhle, die *Zinselkirche*, welche Berichten zufolge um 1730 noch schöner gewesen sein soll als die *Zinselhöhle.* Der Eingang ist aber schon vor 1853 eingestürzt.

Das Große Mausohr *(Myotis myotis)* ist (bis zu 80 mm lang, Flügelspannweite bis 43 cm) die größte heimische Fledermaus. Sie kann bis zu 43 g schwer werden. In der Zinselhöhle hat die Fledermaus ideale Plätze für eine ungestörte Winterruhe. Das Rückenfell hat eine graubraune bis rotbraune Färbung, die Bauchseite ist weiß bis weißgrau. Der Name Großes Mausohr bezieht sich auf die etwa 3 cm großen, an der Spitze breit gerundeten Ohren.

Der Siebenschläfer *(Glis glis)* ist ein nachtaktives, mausähnliches Nagetier. Seinen Namen hat er wegen seines bis zu sieben Monate andauernden Winterschlafes, den er gut versteckt auch in der *Zinselhöhle* hält. Man bringt die Tiere, die sowohl gute Hausgeister als auch böse Vorzeichen kommenden Unheils sein können, häufig mit den *Sieben Schläfern* (den *Sieben Märtyrern von Ephesus*) in Verbindung. Mag sein, dass die *Zinselmännchen* auch in diesem Zusammenhang im Volksglauben verhaftet sind.

Im Jahre 1872 bekam der Meschenbacher Holzaufseher Paul Schneider den Auftrag, interessierte Besucher in die Höhle zu führen. Laufbohlen waren eingezogen und der Zugang erweitert worden. Paul Schneider betrieb zudem ein kleines Geschäft und die Gastwirtschaft „Zur Zinselhöhle". 1923 übernahm sein Sohn Wilhelm Schneider die Gastwirtschaft und damit auch die Stelle des Höhlenführers.

Die vorerst letzte Führung erfolgte 1939. Als 1953 der Besuch für Wanderer wieder möglich war, begleitete sie der nächste in der Schneider-Generation, Fritz Schneider. Allerdings musste 1967 der Führungsbetrieb wieder eingestellt werden. Die Höhle blieb den Forschern vorbehalten. Im September 1989 haben mehr als 30 Höhlenbegeisterte mit Schrapper und Förderband etwa 50 m^3 Sediment aus der Höhle geschafft. In den Jahren darauf wurde der Höhlenausgang sicher verbaut und mit Treppe und Betondecke bis zur Oberfläche fertig gestellt.

Für den Massentourismus ist die Zinselhöhle nicht geeignet, aber wer nicht zu ängstlich ist, kann sich wieder auf die Suche nach den Zinselmännchen machen, begleitet von kundigen Höhlenführern, die einem das Waschbecken und die Dusche der Zwerge zeigen, als hätte es sie wirklich gegeben.

Wer gründlich hinschaut, wird aber auch beobachten können, dass es immer noch Leute gibt, die meinen, ein Stück von den zerbrechlichen Stalaktiten abzubrechen könnte vielleicht Glück bringen. Ach, gäbe es doch wirklich noch Zinselmännchen, die dem Frevler dann ordentlich eins auf die Finger klopften! Jedenfalls verstehe ich nun, warum der Zugang zu den besonders schönen Teilen der Höhle Unbefugten verschlossen bleibt.

Der große **Wasserfall** beeindruckt Höhlenforscher und Besucher gleichermaßen.

Der Ausfluss des Wassers oberhalb des großen Wasserfalls konnte erst 1992 bezwungen werden. Der Zugang ist nur 30 cm breit und 60 cm hoch und wird ständig von Wasser durchflossen. Es bedurfte einiger sportlicher Fähigkeiten, sich durchs Gestein zu zwängen, dafür wurde der Einsatz durch die schönsten Sintergebilde der Höhle belohnt, die sich nur wenige Meter hinter einem Gangknick befinden. Dieser Teil der Höhle ist aber für Besucher nicht zugänglich.

Der stärkste Gebirgsschlag bei Völkershausen am 13. März 1989 zählt weltweit zu den energiereichsten seismischen Ereignissen, die durch bergbauliche Tätigkeiten ausgelöst wurden. Die durch den Gebirgsschlag hervorgerufenen Bodenerschütterungen wurden bis in eine Entfernung von mehr als 300 km verspürt.

Aus einem Artikel, veröffentlicht durch die TU-Berlin

Die Auswirkungen dieses heftigen **Gebirgsschlages** sollen auch die etwa 100 km entfernte Zinselhöhle erreicht haben. Die Stalaktiten und Stalagmiten waren über Jahrtausende bereits zu einem Stalagnaten zusammengewachsen. Es heißt, durch die Erschütterungen von Völkershausen trennten sich die beiden Körper wieder, denn sie stehen seither etwa drei Millimeter auseinander.

Rabensteiner Stollen

Um 1100 wurde auf dem heutigen Burgberg in Ilfeld eine Burg von den Bielsteiner Grafen errichtet. Fortan nannten sie sich Ilburger. Graf Elger II. und seine Gemahlin Lutrude bauten 1189 am Ausgang des Beretals ein Kloster. Während die Burg verfiel, bestand das Kloster noch bis 1546, dann ließ der letzte Abt hier eine Klosterschule einrichten.

Johann Wolfgang von Goethe übernachtete 1777 in Ilfeld im Gasthaus „Zur Krone".

1866 kam Ilfeld an Preußen. Nachdem die Harzquerbahn 1898 Ilfeld erreichte, setzte langsam der Fremdenverkehr ein. In der Zeit des Nationalsozialismus diente die Klosterschule als Erziehungsanstalt, ab 1948 stand die Anlage dem Nordhäuser Krankenhaus (bis zu seinem Neubau) zur Verfügung. Ein Jahr später wurde das ehemalige Klosterdorf Wiegersdorf eingemeindet.

Goethe in Ilfeld

Die Nacht verblieb ich in Sondershausen und gelangte des andern Tags so bald nach Nordhausen, daß ich gleich nach Tische weiter zu gehen beschloß, aber mit Boten und Laterne nach mancherlei Gefährlichkeiten erst sehr spät in Ilfeld ankam.

Ein ansehnlicher Gasthof war glänzend erleuchtet, es schien ein besonderes Fest darin gefeiert zu werden. Erst wollte der Wirt mich gar nicht aufnehmen: die Kommissarien der höchsten Höfe, hieß es, seien schon lange hier beschäftigt, wichtige Einrichtungen zu treffen und verschiedene Interessen zu vereinbaren, und da dies nun glücklich vollendet sei, gäben sie heute abend einen allgemeinen Schmaus. Auf dringende Vorstellung jedoch und einige Winke des Boten, daß man mit mir nicht übel fahre, erbot sich der Mann, mir den Bretterverschlag in der Wirtsstube, seinen eigentlichen Wohnsitz, und zugleich sein weiß zu überziehendes Ehebett einzuräumen. Er führte mich durch das weite, hellerleuchtete Wirtszimmer, da ich mir denn im Vorbeigehen die sämtlichen munteren Gäste flüchtig beschaute.

Doch sie sämtlich zu meiner Unterhaltung näher zu betrachten, gab mir in den Brettern des Verschlags eine Astlücke die beste Gelegenheit, die, seine Gäste zu belauschen, dem Wirte selbst oft dienen mochte. Ich sah die lange und wohlerleuchtete Tafel von unten hinauf, ich überschaute sie, wie man oft die Hochzeit von Kana gemalt sieht; nun musterte ich bequem von oben bis herab also: Vorsitzende, Räte, andere Teilnehmende und dann immer so weiter, Sekretarien, Schreiber und Gehülfen. Ein glücklich geendigtes, beschwerliches Geschäft schien eine Gleichheit allertätig Teilnehmenden zu bewirken, man schwatzte mit Freiheit, trank Gesundheiten, wechselte Scherz um Scherz, wobei einige Gäste bezeichnet schienen, Witz und Spaß an ihnen zu üben; genug, es war ein fröhliches, bedeutendes Mahl, das ich bei dem hellsten Kerzenscheine in seinen Eigentümlichkeiten ruhig beobachten konnte, eben als wenn der hinkende Teufel mir zur Seite stehe und einen ganz fremden Zustand unmittelbar zu beschauen und zu erkennen mich begünstigte. Und wie dies mir nach der düstersten Nachtreise in den Harz hinein erGoetzlich gewesen, werden die Freunde solcher Abenteuer beurteilen. Manchmal schien es mir ganz gespensterhaft, als säh' ich in einer Berghöhle wohlgemute Geister sich erlustigen.

Nach einer wohl durchschlafenen Nacht eilte ich frühe, von einem Boten abermals geleitet, der Baumannshöhle zu, ich durchkroch sie und betrachtete mir das fortwirkende Naturereignis ganz genau. Schwarze Marmormassen aufgelöst, zu weißen kristallinischen Säulen und Flächen wieder hergestellt, deuteten mir auf das fortwebende Leben der Natur. Freilich verschwanden vor dem ruhigen Blick alle die Wunderbilder, die sich eine düster wirkende Einbildungskraft so gern aus formlosen Gestalten erschaffen mag; dafür blieb aber auch das eigne Wahre desto reiner zurück, und ich fühlte mich dadurch gar schön bereichert.

aus J. W. von Goethe: *Campagne in Frankreich*

Rabensteiner Stollen

Ein Kauz unter Tage

Steinkohle in Thüringen? Das hat mich doch ein wenig überrascht. Nach zwei Stunden Autofahrt einschließlich serpentinenreicher Überquerung des Kyffhäusers war ich zur vereinbarten Zeit vor Ort.

Zunächst lud der Bergführer seine Gäste zur Rundfahrt durch das Außenrevier ein. Das „Gefährt" rüttelte und schüttelte heftig. Ich erinnerte mich an die „Holzklasse" bei der Reichsbahn. Dann versammelte er seine Gruppe in der Bergarbeiterhütte zum Einführungsvortrag. Die einstige Wetterschutzhütte kann von Urlaubern, die es etwas rustikaler mögen, genutzt werden. Bis zu 30 Personen haben hier schon den Jahreswechsel gefeiert oder von hier aus ihre Berg- und Wandertouren in die schöne Umgebung gestartet. Verpflegung wird auf Wunsch geliefert. Oder man bringt sich sein Essen mit. *Wir berechnen dann nur die frische Luft und die Landschaft mit einem kleinen Aufpreis,* sagt der Bergführer augenzwinkernd.

Entdeckt wurde die Kohle von einem Schäfer, erzählt er weiter. *Der hatte Feuer gemacht und wunderte sich, dass es noch brannte, als das Holz längst zu Asche zerfallen war.* Es gibt zahlreiche ähnliche Sagen. So kann es gewesen sein. Aber bei diesem freundlichen Hünen bin ich mir nie sicher gewesen, wann es stimmte, was er erzählte, oder wann er sich einen Spaß mit den Besuchern erlaubte. *Wir fahren jetzt ein.* Einige

Um einen Überblick über das Außenrevier zu bekommen, fahren die Besucher eine kleine Runde auf einer rumpelnden **Feldbahn**, bevor sie in den Berg einfahren – zu Fuß.

schauten zurück auf die Rundfahrtschüttel. *Also ich fahre, Sie laufen.* Der Bergmann fährt immer. Das geht zurück auf die ursprüngliche Bedeutung des Wortes. Mit „fahren" waren einst alle Arten der Bewegung gemeint, siehe *fahrendes Volk*. Eine Leiter ist keine Leiter, sondern eine Fahrt. Der Beruf des Bergmanns ist sehr alt und hat seine eigene Sprache. *Der Eingang heißt Mundloch. Wie heißt der Ausgang?* Schmunzeln. Einer flüstert, traut sich aber nicht, laut zu antworten. *Auch Mundloch. Oder*

Der Zugangsstollen

Der Tanzteich

Beim Dorfe Sachswerfen an der Straße von Nordhausen nach Ilfeld, dicht unter einem abschüssigen Gipsfelsen, liegt ein Teich, der über sechs Morgen im Umfang hat. Einst stand an dessen Stelle ein Wirtshaus, darinnen ward alle Sonntag getanzt; das wäre nicht sündlich gewesen, aber die Tanzlust der Menschen wuchs so sehr, dass sie auch unter der Kirche schon zu hüpfen und zu springen begannen. Als es das erstemal geschah, kam ein Gewitter und schlug in einen Baum ein; beim zweiten Male erbebte die Erde, dass alle Balken krachten; beim dritten Male, da sich die Tanzenden nicht durch diese Anzeichen irren und warnen ließen, schickte der Herr ein Wetter und ein Erdbeben zugleich; das Wetter schlug in das Haus ein, und das Erdbeben machte es mit allen Musikanten und Tänzern in die Tiefe versinken. An des Hauses Stelle trat ein tiefer Teich, der bis heute der Tanzteich heißt.

Ludwig Bechstein

was haben Sie gedacht? Der Schalk sitzt ihm im Nacken. Wir werden noch genug Gelegenheit haben, das bestätigt zu bekommen.

Gleich im ersten Abschnitt sind verschiedene Gesteinsproben, einige mit deutlichen Abdrücken einer längst vergangenen Pflanzenwelt, zu betrachten. Als Vergleichsstücke auch Steinkohle aus dem Rabensteiner Stollen und aus dem Ruhrgebiet. *So, und jetzt prüfen Sie mal durch Anfassen, welche Kohle wärmer ist.* Er hatte uns bereits erklärt, dass die hiesige Steinkohle nur von geringem Wert ist. Einige prüfen. Tatsächlich, die Rabensteinfelder Kohle ist spürbar wärmer. Das kommt von der unterschiedlichen Dichte. Die Steinkohle aus dem Ruhrgebiet ist fast schon Diamant oder Graphit. *Unsere Ilfelder Asche kann da nicht mithalten. Das Gestein mit der größeren Dichte nimmt die Körpertemperatur auf, die andere Kohle reflektiert sie.* Ganz einfach, wenn man's weiß.

Aber seine Erzählung wird ernst, wenn er vom Leben der Bergleute in den alten Zeiten redet. Und Bergleute waren nicht nur Männer, auch Kinder ab zwölf Jahren mussten mit einfahren. Die Gänge konnten nur im Liegen bezwungen werden. Jedes Stück taubes Gestein brachte dem Grafen Stolberg im Sinne des Wortes keine Kohle. Zwölf Stunden im Liegen, dem Berg nur mit Schlägel und Meißel beikommend. Beleuchtung (er sagt: Geleucht)? Kienspan, Rübsamöllampe. Ein Glühwürmchen macht mehr Licht. Eine halbe Stunde Pause, natürlich unter Tage und im Liegen, die Kinder immerhin eine Stunde. Und wenn sie nach Hause kamen, ist der Tag noch nicht zu Ende gewesen. Ein karges Stück Acker war zu bestellen, die Ziegen zu versorgen. Rechnet man die Wege zur und von der Arbeit hinzu, reichte die Zeit gerade noch für eine Mütze voll Schlaf. Wer älter wurde als vierzig war eine Seltenheit im Revier. Da klingt kein Spaß mehr durch. Oder doch? *Warum haben keine Frauen im Bergwerk gearbeitet? Und kommen Sie mir jetzt nicht mit christlicher Nächstenliebe! Graf Stolberg-Wernigerode behauptete das nur. Frauen, wusste er wohl aus eigener Erfahrung, halten Männer von der Arbeit ab. Nicht mal den Spaß gönnte er seinen Leuten.*

Ganz so martialisch wie im frühen Bergbau ging es im letzten Jahrhundert nicht mehr zu. Die Stollen konnten wenigstens in gebückter Haltung befahren werden. Aber die technischen Neuerungen hatten auch ihren Preis. Der Bergführer demonstriert das, indem er einige

Die im Rabensteiner Revier gefundene Steinkohle ist an der Grenze zum Perm entstanden. In den sumpfigen Niederungen und Lagunen entwickelte sich eine reiche Vegetation, vorherrschend waren Farne und Schachtelhalme enormer Größen. Durch Schlammströme überlagert und luftdicht abgeschlossen, wandelten sich die Pflanzenreste allmählich in Braunkohle. Weiterer Druck entstand durch vulkanische Tätigkeiten im Rotliegenden. Erhöhter Druck auf die Braunkohle bedeutete erhöhte Temperaturen. Die Inkohlung ließ einen bis zu 2 m mächtigen, dreiteiligen Flözkomplex entstehen. In den kohleführenden Schichten sind zahlreiche Pflanzenfossilien eingelagert. Der Besucher kann anhand einiger Ausstellungsstücke im Eingangsbereich verschiedene *Fragmente eines weichlaubigen Farnsamerwedels* betrachten. Auch basale Stammstücke eines *Schachtelhalmbaumes* sind gefunden worden oder die Seitenzweige eines *Calamiten* vom Typ *Annularia stellata*.

Die regulären Führungen unter Tage dauern etwa eine Stunde. Es werden Bereiche aus dem 18., dem 19. und dem 20. Jahrhundert gezeigt. Es sind auch Fossilien aus der Entstehungszeit der Kohle zu sehen. Druckluftbetriebene Maschinen werden vorgeführt. Der Besucher bekommt einen weitgehend authentischen Eindruck vom Leben und der schweren Arbeit der Bergleute.

Geräte, die unter Tage verwendet wurden, in Betrieb setzt. Ein ohrenbetäubender Lärm. *Bergleute sind schwerhörig. Fragen Sie meine Frau.* Aber sie haben ein ganz besonderes Gespür entwickelt. *Wie orientiert sich ein Bergmann unter Tage und wie findet er selbst bei völliger Finsternis wieder nach draußen? Er spürt den geringsten Luftzug auf der Haut und findet so den Weg. Das glauben Sie nicht? Kürzlich war mein Kollege mit einer anderen Gruppe etwa 100 Meter entfernt von mir. Einer von seinen Leuten musste mal… also, ihm entfuhr ein Magenwind. Sie, mir ist fast der Helm vom Kopf geflogen!* Aber das ist noch gar nichts, setzt er einen drauf. *Vor vier Wochen war eine Gruppe im Berg, die hatten wohl vorher Erbsensuppe gegessen. Wir mussten drei Tage wegen schlagender Wetter und Einsturzgefahr schließen.*

Kurz zuvor hatte er uns erzählt, dass die Bergleute Vögel in Käfigen mitnahmen. Nein, nicht die berühmten Harzer Roller. Die züchteten sie als kleinen Nebenerwerb. Sie fingen – Tierschützer mal weghören – Wildvögel. Solange die zwitscherten, war alles in Ordnung. Blieb der Gesang aus, war Alarmstufe eins. War ihnen kein Vogel auf den Leim gegangen, taten es auch Ratten. Die fangen an zu pfeifen, wenn schlechte Wetter im Anzug sind. Dann hieß es: Raus aus dem Berg! *Manchmal haben sie die Ratten in den Hintern gekniffen, um ein bisschen Sonne zu sehen.* Was kann man dem Mann glauben?

In der Gruppe waren einige Schweden. Die werden zu Hause bestimmt sagen, wie lustig deutsche Bergleute sind. Na, da fahren wir doch mal hin!

Der Rundgang unter Tage ging zu Ende. Wir verließen den Berg durchs – natürlich – Mundloch. Glück auf und vielen Dank. *Falls es Ihnen gefallen hat, sagen Sie es weiter. Ist jemand unter Ihnen, dem es nicht gefallen hat, der möge sich anschließend bei mir melden. Wir kriegen das schon hin!*

Feuerfeste Kohle

Im Harz gibt es neben den eher bekannten Erzvorkommen auch zwei lokale Steinkohlenvorkommen. Eines am nördlichen Harzrand (*Meisdorfer Becken*) und eines im Südharz bei Ilfeld. Im Gegensatz zum üblichen Alter der Steinkohle (345 Millionen Jahre, Zeitalter des Karbons) entstand die *Harzer Steinkohle* erst deutlich später vor rund 280 Millionen Jahren (Perm).

Die Kohleentstehung im Harz führte zu einem bis zu zwei Meter mächtigen Flözkomplex, der aus zwei Zwischenschichten und drei Kohlenbänken besteht, deren Mächtigkeit jeweils nur 30 - 40 cm beträgt. Daher wurde oft auch nur in diesen Höhen abgebaut. Die Kohle ist aufgrund ihrer Entstehung sehr stark verunreinigt, weshalb nur 20 - 25 % der Fördermenge als reine Steinkohle abgesetzt werden konnte. Der hohe Aschegehalt der Kohle von bis zu 60 % führte zu der spöttischen Bezeichnung „feuerfeste Kohle". Sie wurde vorrangig für Hausbrand und kleinere Schmiedefeuer in der Region verwendet, teilweise auch für die Schnapsbrennereien im nahen Nordhausen, für einige Salinen und zur Dampfmaschinenbefeuerung. Eine weitergehende wirtschaftliche Bedeutung blieb der Kohle wegen mangelnder Qualität und Menge allerdings versagt.

Die Fördermengen im gesamten Südharzer Steinkohlenbergbau betrugen von 1838 bis 1949 ca. 330.000 Tonnen Steinkohle. Im Vergleich: Heute beträgt die Fördermenge einer Kohlengrube im Ruhrgebiet rund 3 Mio. Tonnen verwertbarer Steinkohle im Jahr.

Quelle: Knappe, H., Gaevert, H., Scheffler, H. „Schaubergwerke im Südharz", Wernigerode 1983

Durch den Gang des einstigen Bergwerkes erfährt der Besucher alles Wissenswerte über den Rabensteiner Stollen. Er bekommt aber auch eine Ahnung, unter welch harten Bedingungen die Bergleute vergangener Jahrhunderte gearbeitet haben. Wenn der Bergführer das Licht wegschaltet und die Maschinen bei dürftiger Beleuchtung laufen lässt, wenn man die Kälte und die Feuchtigkeit auf der Haut spürt und sich der Tiefe im Berg bewusst wird, die oft kaum einen halben Meter hohen Flöze sieht, durch die sich die Menschen damals zwängen mussten, wenn man zudem bedenkt, dass zwölf Stunden unter Tage jahraus jahrein den Rhythmus bestimmt haben, für Kinder ab dem 10. Lebensjahr – dann ist der Besuch des Bergwerkes auch eine Lehrstunde zum Thema Ausbeutung in früheren Jahrhunderten und kaum noch Platz für unverbindliche Nostalgie. Die Lebenserwartung der Bergleute lag unter 40 Jahren. Anfahrt und Heimweg mitgerechnet sahen sie in den Wintermonaten die Sonne nie.

So festlich illuminiert erlebt man den *Rabensteiner Stollen* selten. Und so strahlend hell war es zu jenen Zeiten, als Rübsamlampe oder Karbidlampe als Geleucht dienten wahrhaftig nie. Aber Firmen oder andere Besuchergruppen können sich unter Tage „einmieten“ und feiern, dann erzeugen die vielen Kerzen ein romantisches Bild.

Lebendige Geschichte

Weit über 1000 Jahre wurde im Harz Erzbergbau betrieben. Ein besonderes Kapitel der Geschichte wurde 1737 am Fuß der Rabensteiner Klippen im Ilfelder Tal aufgeschlagen, als mit der Entdeckung von Steinkohle ein ganz neuer Zweig hinzukam. Die Qualität der Steinkohle und die Mächtigkeit der Flöze konnte sich nie mit den großen Steinkohlezentren messen, aber die Ausbeute reichte für 150 Jahre. Selbst nach den beiden Weltkriegen – 1921 bis 1924 und 1946 bis 1949 – wurde Steinkohle gefördert.

Nach Einstellung der Förderung musste der Altbergbau gesichert und verwahrt werden. Das geschah 1980/81 durch die Bergsicherung Ilfeld. Damals wurde der Gedanke geboren, die Einmaligkeit des Steinkohleabbaus in der Region als lebendiges Denkmal in Form eines Schaubergwerkes zu erhalten. Bereits 1982 konnten die ersten 60 Meter für den Besucherverkehr frei gegeben werden. Um den weiteren Ausbau und den Erhalt des Stollens zu sichern, gründete sich 1990 der *Förderverein Rabensteiner Stollen e.V.* Pflege, Unterhalt und Wiederherstellung der Bergwerksanlagen stehen im Mittelpunkt der Tätigkeit. Inzwischen sind mehr als 500 Meter durch teilweise freiwillige Arbeit zugänglich. Mit Kratze, Trog, Schaufel und Schubkarre wurden verfüllte, verbrochene Strecken wieder frei gelegt, Gleise eingebaut, der Ausbau erneuert oder erstmalig eingebracht, selbst verfüllte Abbaue – und das hieß Arbeit bei 60 bis 80 cm Höhe – sind in den ursprünglichen Zustand versetzt worden, um den Wandel von der hölzernen Handhaspel zur modernen Abbautechnik zu zeigen. Schönster Lohn sind die begeisterten Besucher und besonders die staunenden Kinderaugen.

Seit dem Frühjahr 2006 bietet das Besucherbergwerk *Rabensteiner Stollen* eine weitere Attraktion an. Mit viel Eigenleistung und finanzieller Unterstützung aus dem europäischen Förderungsprogramm „Gemeinschaftsinitiative Leader Plus“ ist ein Gebäude, das bis dahin als Wetterschutzhütte für Besucher genutzt wurde, zu einer Bergarbeiterunterkunft umgebaut worden. Sie ist aber mehr als ein Ausstellungsraum. Man kann sogar Ferien in der rustikalen Hütte machen, die bis zu 30 Personen Platz bietet. Und man kann zünftig feiern. Also: Isomatte und Schlafsack einpacken – alles andere wird vor Ort je nach Bedarf geregelt.

Das graue Männchen

Auf der Brücke zwischen Ilfeld und der Johannishütte saß ein kleines graues Männchen, das den Vorübergehenden zuzurufen pflegte: „Helf Dir Gott in's Himmelreich!" Als einstmal ein armer Bergmann aus Ilfeld über die Brücke ging und der kleine graue Mann ihn mit dem gewöhnlichen Gruße: „Helf Dir Gott in's Himmelreich!" anredete, antwortete der Bergmann: „Und Dir auch!" Worauf das graue Männlein verschwand und ein großer Schatz dastand. Der Bergmann nahm denselben an sich und zog mit Frau und Kindern an einen andern Ort, wo keiner was von seinem Reichtum wusste, das graue Männchen aber hat sich seitdem nicht wieder sehen lassen.

Ludwig Bechstein

Nicht nur Bechstein hat Sagen um Ilfeld in seine Sammlungen aufgenommen, auch bei anderen Autoren kommt der Ort vor, so bei Johann Georg Grässe, Heinrich Pröhle und Wilhelm Raabe. Auf Goethe ist bereits verwiesen worden.

Sagenumwobenes Ilfeld

Ilfeld ist ein staatlich anerkannter Erholungsort am Südrand des Harzes. Es liegt an der Bundesstraße 4 am Ausgang des romantischen *Behretals*, rund zehn Kilometer nördlich von Nordhausen. Der beliebte Urlauberort hat etwa 3.000 Einwohner. Das Stadtbild von *Ilfeld* wird von schönen und teilweise denkmalgeschützten Fachwerkhäusern bestimmt. Auf zahlreichen Wanderwegen kann man die nähere Umgebung von *Ilfeld* erkunden. Die Wege führen den Wanderer zu einigen besonderen Attraktionen. Sehenswert sind z.B. die sagenumwobenen Felsen „Mönch" und der „Gänseschnabel" (nebenstehendes Bild). Einst sollen ein Mönch und eine Gänsehirtin in Liebe zueinander entbrannt sein. Eine Hexe habe sie verflucht und in Stein verwandelt, weiß die Sage.

Das Steinkohlen-Besucherbergwerk *Rabensteiner Stollen* und der 600 Meter hohe *Poppenberg* mit seinem Aussichtsturm sind lohnenswerte Ausflugsziele. Die *Ilburg* wurde zu Beginn des 12. Jahrhunderts erbaut, aber nach wenigen Jahrzehnten wieder aufgegeben. Vermutlich wurden die Steine ab 1189 für den Bau des Klosters verwendet. Mit dem Verfall der Burganlage begannen sich Sagen und Spukgeschichten um das verlassene Gemäuer zu legen. Alte Chroniken berichten von Ungeheuern, die in den Ruinen ihr Unwesen getrieben haben. Ein Drache verbreitete angeblich Schrecken unter der Bevölkerung der umliegenden Orte.

(nach: wikipedia)

Die Lange Wand (Ilfeld)

Sprache unter Tage

Bei meinen Ausflügen in die thüringische Unter(tage)welt habe ich zahlreiche sympathische und oft mit hintersinnigem Humor ausgestattete Menschen kennengelernt. Und ich bin immer wieder auf sprachliche Fügungen gestoßen, die ich mir erst einmal übersetzen lassen musste, zum Beispiel: *Muten*. Über das *Kupferschieferschaubergwerk Lange Wand* heißt es, dass bereits im 16. Jahrhundert bergmännische Aktivitäten begonnen haben, was sich periodisch fortsetzte. *Nachweislich wurde 1698 und 1701 Kupferschiefer gemutet.* Das sollte wohl *ver*mutet heißen? Nein, es bedeutet, die Genehmigung zum bergmännischen Schürfen beantragen. Muten, erklärt das Herkunftswörterbuch mit: *seinen Sinn worauf richten, begehren.*

Bis 1760 wurde Kupferschiefer abgebaut. Durch *zusitzende Wässer* kam der Bergbau zum Erliegen. Wässer als Mehrzahl zu Wasser lass ich mir noch gefallen, aber müsste es nicht *zusetzende* heißen? Der Bergmann weiß, dass es sich um eindringendes Grundwasser und Sickerwasser von der Decke und den Seitenwänden handelt.

Der Bergmann *fährt ein,* auch wenn er läuft, das wissen wir schon. Werden Schächte oder Bohrlöcher senkrecht eingebracht, heißt das *Abteufen.* Das *Katzengold* hat nichts mit Katzen zu tun, schon gar nichts mit Gold, aber *Seifengold* ist eine natürliche Goldanreicherung im Sediment. Ich werde gewiss noch einigen Sprachbesonderheiten begegnen und sie mir erklären lassen müssen.

Im Gasthaus *Zur Goldenen Krone* ist **J.W. von Goethe** einst abgestiegen.

Beherrscht wird das Stadtbild durch die **Stiftskirche St. Georg - Marien**, erbaut 1865 bis 1868 auf Geheiß von König Georg V. und Königin Marie anstelle der alten, 1223 der Jungfrau Maria geweihten Klosterkirche. Architekt war der hannoversche Kirchenbaumeister Conrad Wilhelm Hase.

Nächste Seite:
Die Lange Wand von Ilfeld.

Am Aufschluss **Lange Wand** blickt man wie durch ein Fenster der Erdgeschichte in die Zeit des Perms und kann anschließend das eben Gesehene im Inneren des Berges betrachten.

Die **bergmännischen Traditionen** reichen im Ilfelder Revier bis ins 16. Jahrhundert zurück. Im Städtischen Heimatmuseum kann man sich anhand vieler Ausstellungsstücke und Schautafeln informieren.

Rösten, schmelzen, saigern

Kupfer und Eisen wurden, wie an vielen Orten Thüringens, auch am Südhang des Harzes unter oft unsäglichen Schwierigkeiten abgebaut. Man kann sich davon im liebevoll gestalteten *Ilfelder Bergmannsmuseum* eindrucksvoll überzeugen.

Das Kupferschieferflöz streicht horizontal an der Erdoberfläche im Bereich der Langen Wand auf einer Länge von etwa 500 Metern am südöstlichen Ufer der Behre aus, heißt es fachmännisch in einer Broschüre über den Kupferbergbau in Ilfeld. Merke: *es streicht aus.* Es ist, wenn man es denn weiß, an den Umwandlungsmineralen Malachit (grün) und Azurit (blau) leicht zu erkennen. Das ungefähr 70 cm mächtige Kupferschieferflöz gliedert sich in einzelne Zonen (Lagen). Sind 70 cm mächtig? Altgermanisch. Also eher: gemacht.

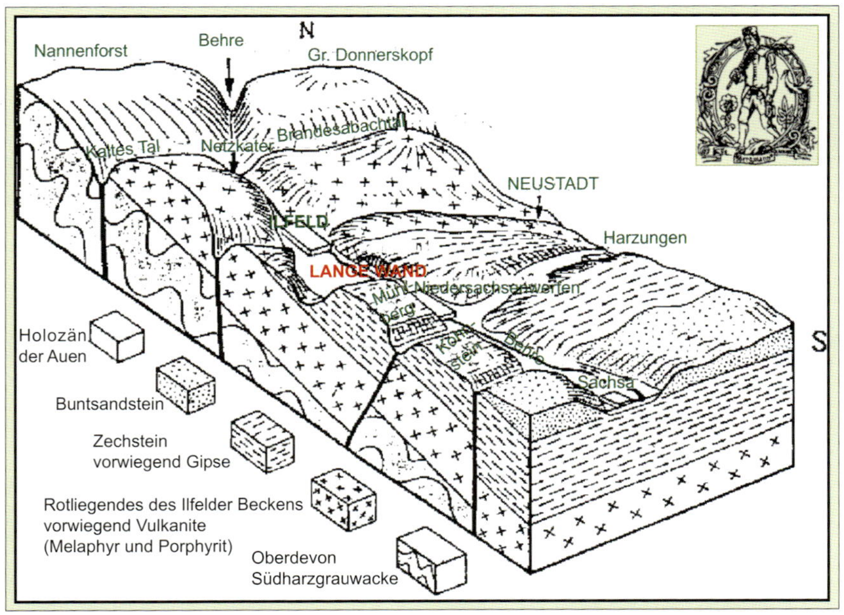

Verhüttet wurde das Kupfer in zwei Hauptschritten. Zunächst musste es geröstet werden. Aus dem zerkleinerten Schiefer wurde im mit einem Blasebalg auf Glut gebrachten Röstfeuer der Schwefel zu Schwefeldioxid verbrannt. Danach kam das Röstprodukt zusammen mit Holzkohle und einigen Zuschlägen (Flussspat) in einen Schachtofen und wurde geschmolzen. Während des Schmelzprozesses trennten sich aufgrund unterschiedlicher Dichte der schwere so genannte *Kupferstein* (eine Kupfer-Eisen-Schwefel-Verbindung) und die metallarme Schlacke.

Die Chronik verzeichnet eine Kupferhütte *oberhalb des Klosters* und eine zweite *unterhalb des Klosters*. Oberhalb des Klosters wurde ab 1512 in einer Saigerhütte (*saigern*: abtrennen, reinigen) Kupfer gewonnen. Das Rohkupfer wurde *entsilbert*. Das Prinzip beruht auf den unterschiedlichen Schmelzpunkten von Kupfer und Blei. Zunächst musste nämlich das silberhaltige Rohkupfer mit einem Anteil Blei im Schachtofen legiert werden. Die in runde Scheiben gegossene Legierung (Saigerstücke) wurde dann in einem Holzkohlefeuer so stark erhitzt, dass das Blei mit dem darin gelösten Silber schmolz und durch eine Rinne in die Pfanne lief. Das Kupfer blieb als poröse Masse in den *Kienstöcken* übrig. Der Vorgang musste mehrmals wiederholt werden, bis das von allen Silberanteilen gereinigte *Garkupfer* verkauft werden konnte.

Das notwendige Blei wurde aus dem nahen Goslar bezogen, die *Behre* lieferte genug Wasserkraft. Unterhalb des Klosters im Bereich des *Wiegersdorfer Mühlbergs* wurde 1524 eine Hütte aufgeführt, eine weitere in unmittelbarer Nähe. Die Ausbeute dieser und anderer Hütten war allerdings nicht besonders groß, zumal der Holzverbrauch Groschen für Groschen den Gewinn schmälerte.

Die Lange Wand zu Ilfeld

An der **Langen Wand** bei Ilfeld ist die Grenze zwischen Rotliegendem und Zechstein in eindrucksvoller Weise aufgeschlossen. Als tiefste Einheit steht der Porphyrit des *Ilfelder Rotliegenden* an. Er ist das Produkt vulkanischer Tätigkeit, die einen bis zu 300 m mächtigen und über 50 km² großen Deckenerguss entstehen ließ. Porphyrit ist eine festländische Bildung. Er stellte bis zum Beginn des Zechsteins die Landoberfläche dar. Durch das vordringende Zechsteinmeer sind die obersten 15 cm des dunkelrotbraunen Porphyrites gebleicht worden. Die Ablagerungen des Zechsteins beginnen mit dem Zechsteinkonglomerat. Es ist als typisches Transgressionskonglomerat ausgebildet, sehr ungleichkörnig und nach den vorherrschenden Korngrößen als fein- bis grobkörniger geröllführender Sandstein einzustufen. Über dem Zechsteinkonglomerat setzt schlagartig der Kupferschiefer ein. Der kohlig-bituminöse schwarzblaue Mergelstein zeichnet sich durch eine schiefrige bis dünnplattige Spaltbarkeit aus. Die Metallgehalte sind durchweg sehr gering und erreichen nur wenige Prozente.

Quelle: www.karstwanderweg.de

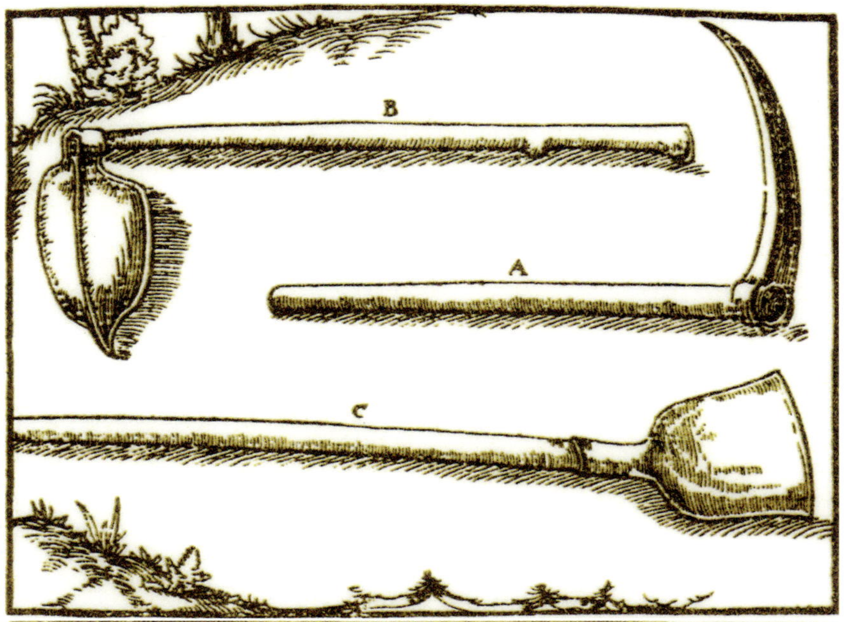

Hacke (A), Kratze (B), Bulgen (C) sowie Hunte, Schlegel und Eisen waren die einzigen Werkzeuge, die im frühen Bergbau (hier gezeichnet von Agricola) verwendet wurden. Es war ein mühsames Geschäft, dem Berg Zentimeter um Zentimenter abzuringen.

Aber stolz auf ihren Beruf und ihre schicke Uniform sind die Ilfelder Bergleute stets gewesen. *(Berginspektor Preu – links, Obersteiger Sprengler – Mitte, Fürstlich Stollbergischer Obersteiger Eduard Worbes – rechts, sitzend ein Berghauptmann)*

Das Mundloch, stets gut gesichert gegen unbefugte Eindringlinge, ist der Ausgangspunkt einer abenteuerlichen Wanderung durch das Innere des Berges.

Der Bergmann nutzt die sich durch Färbung, Spaltbarkeit und Festigkeit unterscheidenden Lagen des Kupferschiefers aus, um unter Verwendung des Gebirgsdrucks zu arbeiten. Das 70 cm mächtige Kupferschieferflöz gliedert sich in die einzelnen Zonen (Lagen):

Schwarze Berge
Schieferkopf
Kammschale
Grobe Lette
Feine Lette
Sanderz

Das Wasser der *Behre,* das als Treibkraft genutzt wurde, gehörte dem Kloster, an das für die Nutzung der Wasserkraft 1 $^{1}/_{2}$ Schock und 6 Groschen im Jahr und 48 Groschen für den Teich, *der des Klosters Wiese gewesen,* gezahlt werden mussten. Zudem war Michaelis (29. September) ein Erbzins in Höhe von 10 Gulden für den Hüttenbetrieb fällig; immerhin noch 4 Schock und 12 Groschen, wenn nicht gearbeitet wurde. Und es musste ein silberner Kelch und ein Samtsessel *in der Ehre der Mutter Gottes* gestiftet werden.

Das *Ilfelder Regesten* verzeichnet, dass *in 10 Feuern in einem unbekannten Zeitraum 1.260 Zentner Kupfer und außerdem wöchentlich für 4 Mark Silber erzielt wurden.* Finanzielle Schwierigkeiten waren der Grund, dass die Kupferhütte in eine Eisenhütte (erste Erwähnung 1618) umgewandelt wurde. 1670 wurde auf dem Gelände des ehemaligen Hüttenstandortes ein Zerrenherd (Eisenhütte) errichtet. Ähnliche Entwicklungen nahmen auch zahlreiche andere Abbaugebiete um Ilfeld.

Über die Geschichte des Bergbaus an der *Langen Wand* liegen nur wenige Zeugnisse vor. Dank der Selektion (nebenstehendes Bild) wurde der Abbau selbst extrem armer Felsteile möglich. Die weichen und schiefrigen drei unteren Lagen wurden mit einer *Keilhaue* herausgebrochen. Dem folgte der Abbau der kompakten oberen Lagen und des Dachklotzes mit *Fäustel, Schlägel und Eisen.* Gesprengt wurde – ähnlich wie beim Feuer setzen der früheren Jahrhunderte – nur bei besonders festem Gestein. Um zu verhindern, dass sich *unbauwürdiges Nebengestein* herauslöste, wurden die *Strebe* (Arbeitsorte) nicht höher als eine Mannesschulter (40 – 60 cm) gehalten, das bedeutete *Krummhälsearbeit,* wie man den schwierigen Abbau in liegender Stellung nannte.

Die entstandenen Hohlräume wurden umgehend mit taubem Gestein versetzt, um ein Zusammenbrechen der Fördergasse zu verhindern. Erschwerend kam als Folge der Klüftigkeit das zusitzende Wasser hinzu, weshalb im tiefsten Punkt des Abbaufeldes eine Förder- und Wassersammelstelle geschaffen wurde.

1979 wurde mit dem Verschließen der oberflächennahen Strecken begonnen. Im *Besucherbergwerk Lange Wand* kann man die Geschichte des *Kupferbergbaus Ilfeld* durch sachkundige Führung nacherleben.

Zu DDR-Zeiten half es manchmal, wenn man wusste: wie. Der Vorraum ist bestens gesichert mit Betonwänden und einem gekachelten Fußboden, selbstverständlich mit Fußbodenheizung. Das „Zauberwort“ Zivilverteidigung machte es möglich, wovon heutige Besucher gern profitieren, zum Beispiel für eine urige Weihnachtsfeier im Bergwerk.

Begeistert sind Kinder beim **Waschen der Steine** und erwerben auf spielerische Weise erste Erkenntnisse über die Geologie ihrer Heimat.

aus Ludwig Bechstein:
Der Teufel ist los oder das Märlein

Seit der Teufel damals fortgegangen und nicht wieder gekommen war, und auch kein Mensch nicht gewußt hatte, wo er hingekommen war, da war nicht eine einzige Seele wieder in die Hölle gekommen. ... Und da stand er, Maus-Mutter-Stern-allein in der Hölle, und wußte seines Leides keinen Rat, wie er's wohl anfinge, daß er wieder arme Seelen bekäme.... Und da stand er und wußte seines Herzeleids kein Ende, und wollte sich die Hörner aus dem Kopfe raufen vor lauter Herzeleid und Jammer. – Da fiel ihm auf einmal etwas ein... Und da packte er auf der Stelle auf und ließ die Hölle Hölle sein, und ging nach Nordhausen und wurde ein Schnapsbrenner und machte Branntwein drein und drauf und schenkte ihn in die Welt hinein. Und er zeigte auch den Nordhäusern allen miteinander, wie der Schnaps gemacht wird, und versprach ihnen viel Geld und Gut, wenn sie's lernten und Branntwein brennten. Und die Nordhäuser ließen sich's auch nicht zweimal sagen, und wurden alle Schnapsbrenner, und machten Branntwein, und schenkten ihn in die Welt hinein.

Die aufblühende Stadt Nordhausen

Nordhausen wird am 13. Mai 927 in einer Schenkungsurkunde *Heinrichs I.* an seine Frau Mathilde erstmalig urkundlich erwähnt. Es muss aber schon 785 eine Siedlung an diesem Platz gegeben haben. 1220 hat *Kaiser Friedrich II.* Nordhausen zur Freien Reichsstadt erhoben. 1430 trat Nordhausen der Hanse bei. Erste urkundliche Erwähnung der Herstellung von Branntwein, der *Nordhäuser Korn,* datiert aus dem Jahre 1507.

Bis zu 100 Brennereien brachten der Stadt viel Geld ein. Auch mit der Herstellung von Kautabak waren viele Manufakturen beschäftigt. Krieg und Pest haben der Entwicklung zeitweise, aber nicht nachhaltig geschadet. Es muss wohl an des Teufels Weihwasser gelegen haben... Am 2. August 1802 besetzten preußische Truppen Nordhausen, das damit seine Reichsfreiheit verlor. Von 1871 bis 1945 gehörte Nordhausen als Kreisstadt des gleichnamigen Landkreises zur preußischen Provinz Sachsen. Ab 1937 bis zum Ende des Zweiten Weltkrieges befand sich bei Nordhausen das Rüstungszentrum der Nazis. Im 1943 errichteten **Konzentrationslager Dora-Mittelbau** haben viele Häftlinge an der von *Wernher von Braun* geleiteten Entwicklung der „Vergeltungswaffe" arbeiten müssen, für viele kam das einer *Vernichtung durch Arbeit* gleich. Am 3. und 4. April 1945 wurde die Stadt durch britische Luftangriffe zu drei Viertel zerstört. Über 8.000 Menschen sind dabei umgekommen. Es wurden fast ausschließlich Wohngebiete bombardiert, kriegswichtige Ziele blieben „verschont". In den 1950/60er Jahren wurde das Zentrum Nordhausens neu aufgebaut. Als 2004 die *Landesgartenschau* Thüringens nach Nordhausen vergeben wurde, blühte die einst reiche, und dann so schwer beschädigte Stadt neu und modern wieder auf.

KZ-Gedenkstätte Mittelbau-Dora

Appellplatz

Ich erinnere mich. 1954 unternahmen wir die damals obligatorische Klassenfahrt nach Weimar. Viel ist mir nicht im Gedächtnis geblieben, weil meine Erinnerungen überlagert sind von einem Bild, das mich sehr geprägt hat. Waren wir im Goethehaus am Frauenplan? Wahrscheinlich. Doch ich weiß es nicht mehr. Schemenhaft taucht Belvedere auf. Also dort waren wir. Aber das Bild, das ich meine, ist ein kleines Foto, aufgenommen mit der billigen Pouva Start, quadratisch, höchstens 6 x 6 cm, schwarz-weiß, der Bildrand nach damaligem Geschmack gezackt. Wir sind in Buchenwald gewesen. An die Führung durch das einstige Konzentrationslager erinnere ich mich nur undeutlich. Es ist für ein Kind wahrscheinlich nicht möglich, das Grauen wirklich zu erfassen. Das Bild: Der riesengroße Appellplatz, grauschwarz vom Schotter, nichts sonst darauf, nur ein toter Baumstumpf, etwa mannshoch. Keine Schatten spendende Krone. An den wurden Häftlinge gebunden, in der prallen Sonne oder bei klirrendem Frost. Diese Vorstellung hat sich in den damals 14-Jährigen eingebrannt. Dieses Bild – ein leerer Platz, ein toter Baum. Grauenvoll.

Als ich Anna Seghers' Roman „Das siebte Kreuz" las, war der Platz immer dabei. Meine Verachtung gegen alles, was auch nur in die Nähe von Faschismus und Rassismus gerückt werden kann, hat sich an diesem Bild festgemacht. Ich hatte das Glück, Anna Seghers kennenzulernen. Die menschliche Wärme dieser Frau, ihre Klugheit und ihre angenehm schleppende Stimme haben die Konturen des Bildes von jenem Platz nur noch geschärft.

Seither sträube ich mich gegen Appellplätze aller Art. Offenes Geviert vor einer Flagge, die gehisst wird. Stramm stehen. Ausgezeichnete oder zu Tadelnde einen Schritt vortreten! Wer, verdammt nochmal, hat das erfunden? Es können nicht Menschen gewesen sein aus einer Generation, die so ein Bild im Kopf hatten. Es waren wohl Leute aus der geistigen Verwandtschaft der Appellplatzfanatiker.

Fünfzig Jahre später hatte ich meine Klassenkameraden nach Weimar eingeladen. Wir sind auch in Buchenwald gewesen. Die meisten hatten ein ähnliches Bild in ihrer Erinnerung behalten. Die sonst fröhliche Truppe war sehr still an diesem Tag.

Ich fahre nach Nordhausen ins ehemalige Außenlager Dora. Das wird kein heiterer Höhlenbesuch, aber dieses Kapitel gehört in dieses Buch – oder ich kann es ganz lassen. Ich wünsche, jedes Kind macht einmal die Erfahrung eines solchen Bildes. Ich glaube, die Menschheit wäre weniger anfällig für die Dummheit und Dumpfheit der neuen Nazis, die man – und da fängt die fatale Verharmlosung an – Neonazis nennt.

Blick in die Dauerausstellung der KZ-Gedenkstätte Mittelbau-Dora

Aus dem Stollen geborgener originaler Grubenhunt.

Abb.: KZ-Gedenkstätte Mittelbau-Dora

Das **Aggregat 4 (A4)** war die erste voll funktionsfähige Großrakete. Sie wurde als ballistische Artillerie-Rakete großer Reichweite konzipiert und gegen Ende des Zweiten Weltkrieges eingesetzt. Am 3. Oktober 1942 gelang ein erfolgreicher Start. Bei diesem Testflug erreichte sie mit einer Spitzengeschwindigkeit von fast Mach 5 (4824 km/h) eine Gipfelhöhe von 84,5 km. Die Rakete war 14 m hoch und hatte eine Masse von 13,5 Tonnen. Die beim Start eingestellte Zeitschaltuhr sorgte dafür, dass der Neigungswinkel über dem Ziel verändert wurde und die Rakete daraufhin abkippte.

Quelle: nach wikipedia

Die „**Wunderwaffe**" wurde trotz unzureichender Probezeiten schon in der Entwicklungsphase eingesetzt. Es musste nicht einmal Sabotage durch die Häftlinge sein, wenn die Raketen schon in der Startphase detonierten.

Foto: Fehlstart einer A4-Rakete auf dem Prüfstand VII in Peenemünde, 1943. (Deutsches Museum München)

Die „Wunderwaffe"

Der Krieg war längst verloren. Er war es eigentlich von Anfang an. Und etwas anderes als ein Verbrechen ist er nie gewesen. Die Schlacht um Stalingrad im Winter 1942/43, bei der eine ganze Armee sinnlos unterging, war nicht die erste verlorene Schlacht im so genannten Russlandfeldzug, aber die wohl kriegsentscheidende. Reichsminister Joseph Goebbels verkündete am 18. Februar 1943 im Berliner Sportpalast während einer Propagandaveranstaltung der Nazis den „totalen Krieg". Die fanatisierten Delegierten im Saal brüllten frenetisch: „Ja! Ja! Jaaa!" – Wenige Tage zuvor hatte meine Mutter die offizielle Mitteilung bekommen, dass ihr Mann, mein und meiner Brüder Vater, vor Monaten für „Führer, Volk und Vaterland" gefallen sei. Wenn sie sich verpflichten würde, ihre Söhne einmal Berufssoldaten oder Wehrmachtsbeamte werden zu lassen, hätte sie Anspruch auf eine monatliche Unterstützung in Höhe von 10 RM. *Das* war der „totale Krieg".

Die Mehrheit der deutschen Bevölkerung hatte, und das mit allen schlechten Gründen, Angst vor der Vergeltung, vor der Rache der möglichen Sieger. Angst, Mitschuld und Unwissenheit waren der ideale Nährboden, auf ein Wunder zu hoffen, auf eine *Wunderwaffe,* mit der alle Not gewendet und der *Endsieg* doch noch errungen werden konnte. Diese „Wunderwaffe" wurde seit 1936 in Peenemünde an der Ostsee entwickelt und gebaut. Eine Rakete, die A4 (Aggregat 4), besser bekannt unter V2 (Vergeltungswaffe), unter der Leitung von Wernher von Braun entwickelt, würde mit einem Schlag das Blatt wieder wenden, hieß es, glaubten viele, hofften die meisten.

In der Nacht vom 17. zum 18. August 1943 griffen britische Bomber die Heeresanstalt Peenemünde auf der Halbinsel Usedom an.

Hitler befahl umgehend die Verlagerung der Raketenproduktion in unterirdische Räume. Die Stollenanlage der reichseigenen Forschungsgesellschaft im Kohnstein bei Nordhausen schienen dafür am besten geeignet. Zwei Fahrstollen, durch 46 Querkammern miteinander verbunden, sicherten rund 100.000 m³. Weitere Gründe für die Verlegung waren die relativ gesicherte Lage im Inland, Anschluss an das Bahnnetz, schützende Wälder und eine bereits eingearbeitete Mannschaft von Architekten, Technikern und Facharbeitern.

Seit 1936 waren gewaltige, etwa zwölf Meter hohe und neun Meter breite Stollenanlagen geschaffen worden – es sind nahezu 15 Kilometer, wenn man sie heute abschreiten wollte – , um ein gegen Luftangriffe gesichertes Treibstofflager einzurichten. Anfangs arbeiteten hier deutsche Bergleute. Nach Kriegsbeginn wurden zunehmend ausländische Zwangsarbeiter eingesetzt. Mit der Umwandlung in eine unterirdische Raketenfabrik begann eine brutale *Vernichtung durch Arbeit*. Dazu wurden KZ-Häftlinge aus dem 90 Kilometer entfernten Weimar herbeigeschafft, um das *Arbeitslager Dora* (die Bezeichnung folgt dem deutschen Buchstabieralphabet) als eine Außenstelle des KZ Buchenwald einzurichten. Als es später darum ging, geeignete Fachkräfte für die komplizierten und aufwändigen Arbeiten zu requirieren, begab sich auch Wernher von Braun, immerhin SS-Angehöriger im Rang eines Sturmbannführers, nach Buchenwald.

Baracken oder geeignete Unterkünfte standen nicht zur Verfügung. Die Häftlinge wurden von der SS im Stollen, zunächst in der Kammer 39, später in den „Schlafstollen“ 43 bis 46 unter unmenschlichen Bedingungen eingepfercht.

Die unterirdischen Unterkunftsblöcke.

Holzschnitt des ehemaligen Dora-Häftlings Dominik Černý, 1953.

Abb.: KZ-Gedenkstätte Mittelbau-Dora

Der Franzose Jean Michel, einer der wenigen Überlebenden, schrieb später: *Ankunft in den Schlafstollen … wir versuchen nicht einmal die Bettgestelle zu erreichen. Vollkommen erschöpft sinken wir auf die Felsen, auf den Boden nieder. Von hinten stoßen uns die Kapos weiter. Die Hinteren stolpern über die Körper ihrer Kameraden weiter. Bald liegen tausend verzweifelte Männer da, am Rand ihrer Kräfte angelangt und von Durst geplagt, und warten auf einen Schlaf, der nie kommt.*

Der Tunnel
Aquarellzeichnung des ehemaligen Häftlings Maurice de la Pintière, um 1946

Im Juli 1944 gelang es der illegalen Organisation im KZ Dora-Mittelbau, sich ein Funkgerät zu verschaffen und es im Krankenbau zu verstecken....

Die SS erhielt durch einen von ihnen eingeschleusten Spitzel im Herbst 1944 von der Existenz der Widerstandsorganisation im Lager Kenntnis. Daraufhin wurde ein großer Teil der französischen, sowjetischen, tschechischen und deutschen Antifaschisten verhaftet und viele von ihnen umgebracht...

Als im März 1945 die todgeweihten sowjetischen Häftlinge versuchten, aus dem Bunker auszubrechen, wurden sie von den Wachen zusammengeschossen.

Quelle: Deutschland im zweiten Weltkrieg (6 Bde.), Akademieverlag Berlin

Vernichtung durch Arbeit

Während der Umrüstung der Stollen in eine unterirdische Fabrik wurden aus Peenemünde die demontierten Montagevorrichtungen und Maschinen angeliefert. Mit ihnen kamen 600 Häftlinge und deutsches Personal. Im November wurden auch Gefangene aus den *Rax-Werken* bei Wien herangeschafft.

Was die Häftlinge nun erlebten, übertraf alles Grauen, das sie bereits erfahren hatten, und sie dachten, sie seien schon durch die Hölle gegangen. Die vierstöckigen Holzpritschen waren mit Ungeziefer und Fäkalien völlig verdreckt. Am besten war noch dran, wer es schaffte, bis in die obere Etage zu klettern. Dort war es durch die Ausdünstungen der Kameraden wenigstens etwas wärmer. Die normale Temperatur betrug zu allen Jahreszeiten ca. 8° C bei hoher Luftfeuchtigkeit. Wer es nur noch in die unterste Pritsche schaffte, war eigentlich schon tot. Gearbeitet wurde zwölf Stunden, ständig angetrieben und getreten und gedemütigt durch das Wachpersonal. Waschen konnte man sich nicht. Wer heimlich Wasser trank, musste mit schlimmsten Strafen rechnen. Seine Notdurft musste man irgendwo verrichten. Latrinen, wenn man das überhaupt so nennen kann, bestanden aus abgesägten Benzinfässern mit einem einfachen Brett als Sitzgelegenheit, die von speziellen Kommandos – sie nannten sich sarkastisch 4711 in Anspielung auf das Parfüm – entsorgt werden mussten. Die Kleidung bestand aus dünnen Jacken und Hosen. Schuhe, wenn überhaupt, waren klobige Holzpantinen. Sonst band man sich Streifen aus dem Stoff der Zementsäcke um die wunden Füße. Manche hatten nicht einmal diesen dürftigen Schutz gegen die Kälte und Nässe und die spitzen Steine.

Während der Sprengungen durften die Gefangenen die Stollen nicht verlassen. Beißender Gestank erfüllte die kaum zu lüftende Höhle, ein abscheuliches Gemisch aus Kot, Staub, Moder und verwesenden Leichen, die zum Teil zwischen den noch Lebenden auf ihren Pritschen oder in allen Winkeln der unterirdischen Anlage verendet waren. Vier bis acht Wochen – länger hielt das selbst der „Kräftigste" nicht aus, zumal eine medizinische Betreuung für Häftlinge nicht vorgesehen war. Im Winter 1943/44 starben fast mehr Häftlinge als Nachschub herbeigebracht werden konnte.

Die SS nahm es mit der Registrierung der Toten nicht so genau. Sie zählten etwa 3.000, weitere Opfer wurden nach Lublin-Majdanek und Bergen-Belsen abgeschoben. Wer den Transport überlebte, starb dort. Anfangs wurden die Leichen per Lkw nach Buchenwald ins Krematorium transportiert. Im März 1944 ließ die SS ein mobiles Krematorium bauen und gleichzeitig eine feste Anlage, die sie ab September 1944 betrieben. Zwischen Januar und Anfang April 1945 starben in Mittelbau-Dora mehr als 6.000 Häftlinge. Die Kapazität der Krematorien reichte nicht mehr aus. Aus Dachpappe und Eisenbahnschwellen wurden Scheiterhaufen errichtet, auf denen die Toten verbrannt wurden.

Die Montage der Raketen musste unter diesen Bedingungen leiden. Mit Todgeweihten kann man keine technische Hochleistung erbringen. Deshalb gingen SS und Werksleitung dazu über, neben den *Bauhäftlingen* so genannte *Fertigungshäftlinge* auszubilden. Dazu gehörte aber auch, dass diese Häftlinge besser gestellt werden mussten. Im Frühjahr 1944 wurde ein oberirdisches Barackenlager errichtet, durch einen elektrischen Zaun und 18 hölzerne Wachtürme gesichert. Außer einem massiven Wirtschaftsgebäude, dem Krematorium und einem „Bunker" (Arrestzellen) entstanden bis September 70 Holzbaracken, die als Verwaltungs-, Kranken- und Unterkunftsblöcke dienten. Die Baracken wurden mit Latrinen und Waschgelegenheiten ausgestattet. Es war trocken und relativ warm, das Essen zwar immer noch nicht reichlich, aber ausreichend.

Doch auch mit einer etwas verbesserten Lage war noch nicht erreicht, dass die Fertigungshäftlinge mit der notwendigen Akribie und Geschicklichkeit zu Werke gingen. Anreize wurden geschaffen. Es gab Wertgutscheine für Lebensmittel, Besuche im lagereigenen Kino waren möglich, selbst der Zugang zum Lagerbordell, in dem die SS Frauen zur Prostitution zwang, wurde in Aussicht gestellt. Einen Teilerfolg brachten diese Maßnahmen, aber längst nicht den erhofften. Häftlinge sind keine besonders motivierten Facharbeiter, zumal die Waffen, die sie produzieren mussten, gegen die eigenen Landsleute eingesetzt werden sollten. Sabotage blieb nicht aus. Aber es kam auch sonst zu Blindgängern, denn die Rakete war noch längst nicht serienreif. Wahllos wurden dann Häftlinge hingerichtet.

Mehr und mehr ging die Werksleitung dazu über, die Zahl der deutschen Zivilbeschäftigten zu erhöhen. Waren es 1943 noch acht Häftlinge und ein Zivilarbeiter, wuchs das Verhältnis bis April 1944 auf 2.500 Zivilarbeiter zu 4.900 Häftlingen. Damit erhöhte sich der Bewachungsdruck auf den einzelnen Häftling deutlich.

Unter der Tarnbezeichnung „Nordwerk AG" haben die Junkers Werke, denen die nördliche Hälfte der Stollenanlage zugeteilt wurde, im Sommer 1944 begonnen, Strahltriebwerke für ihre Flugzeuge zu bauen. Die Folge der nun sehr beengten Produktionsstätte war allerdings ein drastischer Produktionseinbruch von 430 A4-Raketen (Mai 1944) auf nur noch 86 (Juli 1944).

Nach der Befreiung

begannen die amerikanischen Besatzungstruppen in Zusammenarbeit mit der UNRRA (*United Nations Relief and Rehabilitation Administration*), die Lager Dora und Harzungen als Unterkünfte für „Displaced Persons" (DP's) einzurichten, um die Rückkehr der befreiten Häftlinge in ihre Herkunftsländer zu organisieren. Mitte Mai 1945 warteten allein im Lager Dora 14.000 DP's auf ihre Rückführung – die meisten von ihnen waren ehemalige zivile Zwangsarbeiter von den vielen Baustellen des „Unternehmens Mittelbau-Dora". Die geschwächten KZ-Häftlinge, die von den Amerikanern aus dem Revier des Lagers Dora und aus der Boelcke-Kaserne befreit worden waren, wurden unter amerikanischer Aufsicht in Behelfskrankenhäuser in Ilfeld und im nahegelegenen Kurort Sülzhayn gepflegt. Fast die Hälfte der 500 befreiten Häftlinge waren jedoch schon so geschwächt, dass sie die ersten Wochen nach der Befreiung nicht überlebten.

Quelle: Jens-Christian Wagner, Zwangsarbeit für den „Endsieg"

Die Spitzeningenieure um **Wernher von Braun** und **Arthur Rudolph** arbeiteten mit 100 weiteren Peenemünder Fachleuten seit dem Herbst 1945 für das amerikanische Raketenprogramm. Zunächst ging es auch hier um die Entwicklung von Waffen. In den Sechzigerjahren leitete von Braun das amerikanische Mondflugprogramm und gelangte nach dem ersten bemannten Raumflug zum Mond zu Weltruhm. Ein Eingeständnis seiner Verantwortung für die mörderischen Zustände im Mittelwerk war von ihm nie zu hören. Auch das sowjetische Raketenprogramm profitierte vom Technologietransfer. Seit Sommer 1945 ließen sowjetische Militärs mehrere Hundert deutsche Fachleute unter der Leitung von **Werner Gröttrup**, der in Peenemünde enger Mitarbeiter von Wernher von Braun gewesen war, die A4-Rakete nachbauen – zunächst noch im Südharz, seit dem Herbst 1946 in der Sowjetunion.

Quelle: Jens-Christian Wagner, Zwangsarbeit für den „Endsieg"

Brot und Möhren

Mitunter hört man von Menschen, die diese Zeit bewusst erlebt haben: *Das habe ich nicht gewusst.* Und oft wird ein *wirklich nicht!* beschwörend hinzugesetzt. Die Gründe mögen vielfältig sein und ich möchte keinen Generalverdacht erheben. Ich weiß ja nicht einmal, wie ich mich damals verhalten hätte. Die meisten haben von dem Lager und den Zuständen gewusst. Das steht fest. Mittelbau-Dora unterschied sich von den vielen anderen Konzentrationslagern nämlich dadurch, dass sehr viele Zivilangestellte an der Produktion der Raketen beteiligt waren, also täglich Umgang mit den Häftlingen hatten. „So viel Brot und Möhren, wie heimlich für die vorbeikommenden Häftlinge an den Straßenrand gelegt wurden, da müssten sie aber anders ausgesehen haben", sagt die Führerin beim Gang durch die Stollen.

„Kümmern Sie sich nicht um die menschlichen Opfer", hatte der Lagerkommandant Kammler zu seinen Untergebenen gesagt. „Die Arbeit muss vonstatten gehen, und das in möglichst kurzer Zeit."

Neben der Produktion der Wunderwaffe brachte Mittelbau-Dora auch noch Geld ein, und nicht einmal wenig. Firmen, die Häftlinge beschäftigten, zahlten für einen Facharbeiter nur 6 RM, für einen Hilfsarbeiter 4 RM pro Tag. Die Einnahmen wurden an den Reichshaushalt abgeführt. Die Firmen haben auf diese Weise überdurchschnittlich hohe Gewinne erwirtschaftet, also nicht nur an der Kriegsproduktion verdient, sondern auch an der im großen Stil betriebenen Sklavenhalterei der Nazis. Außerdem haben einige SS-Leute Häftlinge privat an Bauern oder Haushalte „vermietet" und privat kassiert – für mehr als Brot und Möhren.

Photo 1:
Large jig in plant, on which stringers are welded to the skin.

Photo 2:
Inside view of half-section after completion.

Photo 3:
Tail or „Hex“ assembli line.

Unmittelbar nach der Befreiung des KZ Mittelbau-Dora haben amerikanische Soldaten die unterirdischen Anlagen dokumentiert.

Massaker und Befreiung

Je näher die Rote Armee vorrückte, umso nervöser und hektischer reagierten die Nazis. Die Lager Auschwitz und Groß-Rosen wurden in aller Eile evakuiert. 16.000 Häftlinge verschleppte man nach Mittelbau-Dora. Mit ihnen kamen auch mehr als 1.000 SS-Leute und der gesamte Auschwitzer Kommandanturstab in den Südharz. Die Situation im Lager verschlimmerte sich wieder dramatisch.

Mit dem Angriff britischer Geschwader am 3. und 4. April 1945 begann die Auflösung des KZ Mittelbau-Dora. 4.000 sowjetische Häftlinge wurden mit der Bahn in Viehwagen nach Bergen-Belsen verbracht. Die Lager wurden in aller Eile geräumt. Massenweise verließen bis zum 6. April 1945 die Transporte den Südharz. Viele Kolonnen völlig erschöpfter Häftlinge wurden Richtung Norden getrieben. Wer liegen blieb, wurde erschossen oder erschlagen. Eines der brutalsten Massaker veranstalteten die Wachmannschaften, bestehend aus SS, Wehrmacht, Hitlerjugend und Volkssturm, am 13. April 1945 in der Isenschnipper Feldscheune bei Gardelegen. Sie trieben die Gefangenen in die Scheune und setzten sie in Brand. Mehr als 1.000 Menschen verbrannten.

In den Lagern des KZ Mittelbau-Dora überließen die Nazis Hunderte Kranke und Sterbende ihrem Schicksal. Sie wurden am 11. April 1945 von amerikanischen Soldaten befreit. Es gab nicht viele, die ihre Befreiung noch lange genießen konnten. Die Zerstörungen, welche SS und Wehrmacht in Europa angerichtet hatten, sind im Laufe der letzten sechzig Jahre vernarbt. Die Verbrechen an der Menschheit, millionenfach begangen, dürfen nicht vergessen werden. Dafür steht auch die Gedenkstätte bei Nordhausen.

Französische Überlebende des KZ Mittelbau-Dora pflanzten diese „Barbara“-Rose am 11. April 2007, dem 62. Jahrestag der Lagerbefreiung, als Zeichen der deutsch-französischen Versöhnung.
Mehr als 2.000 Franzosen starben von 1943 bis 1945 im KZ Mittelbau-Dora. Die Rose ist nach der französischen Sängerin Barbara benannt, deren Lied „Göttingen“ in den 1960er-Jahren zum Symbol der deutsch-französischen Freundschaft wurde.

Die Schatzgräber

In Sondershausen lebte vor langer Zeit ein lustiger Musikant, Namens Sauerbier, der ging auch in einer Himmelfahrtsnacht mit einem Kameraden auf den Kiffhäuser. Beide wollten einen Schatz gewinnen, allein sie blieben aus und kamen nicht wieder, so daß die Weiber und Kinder großes Wehklagen erhoben. Endlich nach acht Tagen kam Sauerbier wieder an, aber in zerrissenen Kleidern, bleich und still und verschlossen, während er früher einer der lustigsten Brüder gewesen war. Die Blüthe seiner Wangen war einer Erdfarbe gewichen. Drei Tage später wurde auch der Gefährte Sauerbier's auf einem Karren in Stroh gepackt und tödtlich krank nach Sondershausen gebracht. Niemand brachte heraus, was ihnen zugestoßen sei, doch ging bald die Rede, daß sie Kaiser Friedrich gesprochen, also im Innern des Kiffhäusers gewesen seien. Viel Wunderliches sollen sie da erlebt haben, doch sprachen sie nie gern davon. Sauerbier blieb blaß und bleich bis an seinen Tod und sein Kamerad behielt ein lahmes Bein, das ihm die mit Gewalt bei ihrem Ausgange zufallende Kellerthür geschlagen hatte.

Johann Georg Theodor Grässe (1814–1885)
Sagenbuch des Preußischen Staats

Berg- und Musikstadt Sondershausen

Sondershausen liegt im Norden des Freistaates Thüringen im Tal der Wipper zwischen den Höhenzügen *Hainleite* im Süden und *Windleite* im Norden. Sie ist die Kreisstadt des *Kyffhäuserkreises.* In Sondershausen befindet sich ein *Schlossmuseum* mit umfangreichen Sammlungen, z.B. der „Goldenen Kutsche". Unter der Stadt liegt das zum *Besucherbergwerk* umfunktionierte Kalibergwerk. Unter der Galerie am Schlossberg wurde 1999 ein *jüdisches Bad (Mikwe)* aus dem 14. Jahrhundert ausgegraben.

Sondershausen führt die Beinamen „Bergstadt" und „Musikstadt". Die *Hofkapelle* ist erstmals 1637 erwähnt. Sie wurde 1918 in *Loh-Orchester Sondershausen* umbenannt. Hier wirkten Musiker wie Max Bruch, Gottfried Herrmann, Franz Liszt und Max Reger. Als berühmteste Tochter der Stadt gilt die 1966 hier geborene Eisschnellläuferin *Gunda Niemann-Stirnemann.*

Die Umgebung bietet mit ihren Wäldern in der *Hainleite* (hauptsächlich Buchenwald) südlich von Sondershausen und der *Windleite* nördlich von Sondershausen eine umfangreiche Artenvielfalt von Pflanzen. Besonders Orchideen kann man hier finden, wie den *Frauenschuh, Fuchs' Knabenkraut* und das *Weiße Waldvöglein.* Ebenfalls häufig zu finden sind geologische Aufschlüsse. Gelegentlich werden dort *Ammoniten* gefunden.

Quelle: wikipedia

Erlebnisbergwerk Sondershausen

Salz – das weisse Gold

Fährt man nach Sondershausen, erkennt man schon von Weitem einen Berg in der Landschaft, der nicht ganz zur Gegend zu passen scheint. Es ist die mächtige Abraumhalde des Kalibergwerkes. Riesige Hohlräume sind 480 bis 1050 Meter unter Tage entstanden. Aus den Tiefen des Berges wurde im ältesten Kalibergwerk der Welt seit 1893 das „Weiße Gold" abgebaut und zu Kali-Düngemittel verarbeitet. Die jährliche Fördermenge betrug bis zu 2,5 Millionen Tonnen. Führe man alle Stollen des weitverzweigten Netzes ab, müsste man sämtliche Straßen Erfurts in einem Stück bewältigen. Das ist zu Fuß kaum noch zu machen. Deshalb stehen für die Besucher des Bergwerkes Lastautos mit fest verschraubten Bänken bereit, um die Unterwelt von Sondershausen zu erkunden. Der Bergführer behauptete zwar, dass er 30 Stundenkilometer kaum überschritten habe, aber der Tunneleffekt und die nicht unbedingt ebenen Straßen lassen einen vermuten, dass er das pro Rad oder wenigstens pro Achse gemeint haben könnte.

Die Geschichte des Kali-Abbaus Sondershausen endete im Juni 1991. Die Differenz bei einer Kosten-Nutzen-Rechnung unter globalen Bedingungen ging zum Nachteil des Unternehmens aus. Aber das muss nicht das endgültige Aus bedeuten, wie man inzwischen vermuten darf, denn es wäre nicht das erste Bergwerk, das wieder angefahren würde. Bleibt es beim jetzigen Zustand, darf man aber sicher sein, dass die Arbeit der Bergleute von Sondershausen nicht in Vergessenheit gerät. Wie die vielen Besucher inzwischen bewiesen haben, ist das Interesse daran groß. Außerdem hat man sich vor Ort eine Menge einfallen lassen. Wovon die Rede sein soll. Und vielleicht erfüllt sich einmal die Vision von Dr. Springer, tief unter der Erde ein Hotel der Extra-Klasse zu eröffnen…

Märchen beginnen mit dem Satz: Es war einmal. In Sondershausen sagt man: Es wird einmal sein.

Mit einem Förderkorb bei etwa 4 m/s fährt man in 680 m Tiefe ins Bergwerk ein.
Die Geschwindigkeit ist verträglich und der Förderkorb langsamer als moderne Fahrstühle in anderen Bauwerken. Im Bergwerk werden zirka 15 km in offenen LKW gefahren. Eine Grubenfahrt dauert bis zu drei Stunden.

Was man unter **Schwerer Technik** verstehen muss, wird mit der Ausstellung einstiger Förderge-räte demonstriert. Die mächtigen Fahrzeuge mussten allerdings über Tage erst einmal demontiert und dann stückweise unter Tage wieder zusammenge-baut werden. Man hätte sie anders nicht vor Ort bringen können.

Auf seine Weise relativierend wirkt dieser Salzbrocken, den ich mir aus Sondershausen mitgebracht habe. Was ist Zeit? Jahrmillionen oder der nächste Termin?

Rückblick mit Ausblick

Im Jahre 1891 wurde nach Erteilung der Schürfrechte die erste Tiefbohrung niedergebracht mit dem Ergebnis, dass bereits ein Jahr später bei 616 Meter Kalisalz gefunden wurde. Und noch ein Jahr später, am 1. Mai 1893, konnte die neu gegründete *Gewerkschaft Glückauf* mit dem Teufen des Brügemabschachtes beginnen. Die Lagerstätte erwies sich als sehr ergiebig. Da lohnte es, 1898 eine Chlorkaliumfabrik in Betrieb zu nehmen.

Systematisch wurden im Laufe der Jahre weitere Schächte eröffnet, die Schächte V und VI 1914. Zu diesem Zeitpunkt wurde allerdings die Förderung in den Schächten II und III eingestellt. Als Folge des Ersten Weltkrieges mussten einige Betriebsteile stillget werden, dennoch wurde weiter gefördert. Neuer Eigentümer wurde 1926 die *Wintershall AG*, mit der Zweigniederlassung *Glückauf Sondershausen*.

Wie bei vielen anderen Bergwerken vornehmlich in Thüringen, entdeckte man in der NS-Zeit auch hier in Sondershausen die Vorzüge einer unterirdischen Produktionsanlage für die *Heeresmunitionsanstalt* als Vorbereitung auf den Zweiten Weltkrieg. Eine 2007 eröffnete Ausstellung im Bergwerk dokumentiert diesen Abschnitt anschaulich.

Nach dem Krieg wurde die Kaliproduktion wieder aufgenommen. Neuer Eigentümer war zunächst die SDAG, dann das Land Thüringen, seit 1948 als VEB firmierend. Ab 1966 wurde auf gleislose Förderung mit dem Einsatz von Schwerlastfahrzeugen umgestellt. Bei der Fahrt durch die Stollen gewinnen die Besucher einen Eindruck davon, was unter *Schwerlastfahrzeug* verstanden werden muss.

Rutschen wurden schon im historischen Bergbau benutzt. Zum Schutz des Gesäßes wurde das so genannte *Arschleder* eingeführt. Aus dieser Tradition wurde eine Touristenrutsche im untertägigen Salzbergwerk in etwa 600 Meter Tiefe errichtet.
Sie besteht aus einem kreisrunden Bohrloch mit einem Meter Durchmesser im Steinsalz. Das Bohrloch weist ein Gefälle von 40 % auf und ist 36 Meter lang. In 4 Sekunden werden 28 Höhenmeter überwunden.

Sport frei!

Mountainbikerennen bei 27 °C und 20 % Luftfeuchtigkeit in einer Tiefe von 500 bis 700 m ist eine besondere Herausforderung und brachte u.a. einen Eintrag ins *Guinness-Buch der Rekorde* ein.
1998 etablierte sich der **Kristall-Lauf**, der jedes Jahr im Dezember hunderte Läufer ins Bergwerk lockt.
Wem das nicht zusagt oder genügt, der kann sich auch für **Kegeln** unter Tage anmelden.

Die **Kalilagerstätte**, die innerhalb der *Staßfurt-Folge* im Flöz Staßfurt abgebaut wurde, ist durch eine hell- bis dunkelrote Farbe gekennzeichnet. So können die Besucher recht deutlich erkennen, wann der Wechsel von den Hauptstrecken im Steinsalz in ein ehemaliges Abbaurevier im Kalisalz erfolgt. Kalisalze, die im Bergwerk abgebaut wurden, sind anhydritisches Hartsalz und Carnallitit. Über den Salzhorizonten lagern im Bergwerk mächtige Gesteinsschichten aus Grauem Salzton und unterem Buntsandstein, die auch das Bergwerk vor Wasserzuflüssen schützen. Die weiter südlich gelegenen Grubenbaue sind z.T. auch noch mit dem dort über Tage anzutreffenden Muschelkalk überdeckt. Den Buntsandstein trifft man regional auf dem Höhenzug *Windleite,* den Muschelkalk auf dem Höhenzug *Hainleite* wieder. Die Anhydrithorizonte stehen, bedingt durch die Heraushebung des im Norden gelegenen Harzes im Tertiär, am Südharzrand teilweise an der Tagesoberfläche und werden an einigen Standorten industriell abgebaut (Niedersachswerfen).

Quelle: EBBG. Betreibergesellschaft mbH

Im letzten Jahr der vollen Produktion des Bergwerkes, das war 1989, wurden 2.299.400 Tonnen Rohsalz gefördert.

Die politische Wende mit der Einheit Deutschlands brachte es mit sich, dass wirtschaftliche Entscheidungen ideologische Konzepte verdrängten, wie sie zu DDR-Zeiten praktiziert wurden (und unter den RGW-Bedingungen werden mussten). Kurzarbeit mit dem Produktionssortiment Brom und $MgCl_2$ war angesagt. 1991 wurde auf Verfügung der Treuhand der Betrieb stillgelegt. Mit Versatzmaßnahmen im Ostfeld I, das unter Sondershausen liegt, wurde zur Vermeidung von Bergschäden begonnen. Das liest sich aus heutiger Sicht recht unspektakulär, für die Menschen aber, die das seinerzeit betraf, war es eine scheinbare Katastrophe; denn natürlich hatte ein Jahrhundert Kalibergbau nicht nur die Landschaft verändert und die sozialen Strukturen geprägt, sondern auch ganz persönliche Geschichte über Generationen hinweg bestimmt.

Eine Seefahrt, die ist lustig...

Was tun? Die Entscheidung, ein Besucherbergwerk einzurichten, war zweifellos richtig. Die Skeptiker haben nicht recht behalten, denn die Ideen sprudelten. Außer der Attraktivität, die ein Bergwerk allemal für Besucher hat, wollten die Betreiber weitere Höhepunkte (man sagt neudeutsch *Highlights,* was ich nicht mag) schaffen. Die ungewöhnlichste Idee war vermutlich die, Spreewaldkähne anzuschaffen und mit ihnen Kahnpartien auf dem Salzsee zu veranstalten. Wasser im Salzbergwerk? Das ist ein Widerspruch in sich; denn das würde bedeuten, dass sich die in 220 Millionen Jahren entstandenen Salzlagerstätten langsam aber sicher auflösen würden. Tatsächlich handelt es sich bei dem See nicht um Grundwasser, sondern um eine gesättigte Salzlösung, entstanden durch den Spülversatz und die Verarbeitung von Mischsalzen (Hartsalz und Carnallitit) während des Kalisalzabbaus bis in die Mitte der 80er Jahre des letzten Jahrhunderts.

Fische werden Sie in diesem See nicht finden, erzählte der Bergführer. *Wir haben es mit Salzheringen versucht, aber das klappte auch nicht.* Dann empfahl er, mal kurz den Finger in den See zu halten und zu kosten. *Das Tote Meer ist ein Süßwasser dagegen, gelle?* Die Strecke ist nur 130 Meter lang, aber den Spaß, auf einem siebeneinhalb Meter langen Spreewaldkahn unter Tage spazieren gefahren zu sein, behält man länger in Erinnerung.

Auf **Spreewaldkähnen** mehrere hundert Meter unter der Erde über einen Salzsee zu schippern – das ist ein Spaß, den man nicht allerorten findet.

Der imposante **Konzertsaal** in 650 Meter Tiefe (Länge 26 m, Höhe 9 m, Breite 9 m) war eine besondere Herausforderung für die Projektanten. Anhand verschiedener Modelle musste zunächst die Geometrie des Raumes errechnet werden, denn das Ziel lautete, eine perfekte Akustik zu ermöglichen. 12.000 t Salz wurden unter Beachtung aller Sicherheitsbestimmungen auch für die Zukunft im 3-Schicht-System abgebaut und transportiert. Für die Zufuhr von Frischluft sind vier Großbohrlöcher aufgefahren worden, über die mittels schallgedämpfter Ventilatoren die notwendige Luft gesaugt wird. 7,5 Kilometer Kabel für alle elektrischen Anlagen sind verlegt worden... Als nach 17 Monaten Bauzeit das erste offizielle Konzert im **Klang-Schacht** veranstaltet wurde, da brandete am Schluss der Beifall nicht nur für die Künstler auf, sondern mit gleicher Begeisterung für alle, die von der Idee bis zur letzten Schraube an diesem herrlichen Saal samt Foyer und Nebenräumen – gegen manche Skeptiker auch – gewirkt hatten.

Sport und Spiel – das ist nicht nur eine eingängige Alliteration. Sie gehen auch sonst eine gute Verbindung ein. Die Sondershäuser Bergleute hatten ein gutes Konzept, wie die unendlich langen Stollen und überdimensional großen Hallen sinnvoll zu nutzen sind.

Allerdings muss, wer sich dem Genuss einer Veranstaltung hingeben will, reichlich Zeit einplanen, denn der Zugang ist einzig durch ein Nadelöhr möglich. Ein Förderkorb ist kein Schnellzug und er fasst auch nur eine begrenzte Anzahl von Besuchern.

Der **Festsaal** wurde im so genannten *Staßfurt-Steinsalz* aufgefahren. Der First (bergmännisch für Decke) ist kuppelförmig ausgeprägt. Hier können bis zu 60 Personen unter einem beeindruckenden Kronleuchter mit drei Meter Durchmesser für Veranstaltungen aller Art Platz nehmen: Hochzeiten, Tagungen, Firmenfeiern, Lichtbildervorträge… Eigentlich sind die Betreiber auf alle Eventualitäten vorbereitet, selbstverständlich einschließlich einer vorzüglichen Bewirtung.

Etwas mehr als drei Minuten benötigt man, um einzufahren. Der Konzertsaal bietet Platz für 400 Personen. Und die Veranstaltungen sind oft über Monate ausgebucht. Aber was ist das bisschen Warten von maximal drei Stunden, wenn man dafür eine solch fabelhafte Akustik in einem einzigartig schönen Raum geboten bekommt. Ein wenig habe ich mir gewünscht, dass die Bergleute von einst erfahren könnten, auf welch wunderbare Weise ihre schwere Arbeit einmal gewürdigt wird. Verdient haben sie es allemal.

Ich bin ein Weimaraner!

Weimar ist eine kreisfreie Stadt, die vor allem für ihr kulturelles Erbe bekannt ist. Weimar liegt an einem Bogen der Ilm südöstlich des Ettersberges, der mit 478 m der höchste Berg im Thüringer Becken ist. Sie ist nach Erfurt, Gera und Jena die viertgrößte Stadt Thüringens, außerdem ist sie jene mit dem höchsten Bevölkerungswachstum im Freistaat. Weimar ist seit 2004 offizielle *Universitätsstadt* (Bauhausuniversität und Hochschule für Musik Franz Liszt). Zum kulturellen Erbe der Stadt gehören neben der dominierenden *Weimarer Klassik* auch das *Bauhaus* und die Gründung der *Weimarer Republik* (1919). Weimar war seit 1572 Hauptstadt von Sachsen-Weimar bzw. Sachsen-Weimar-Eisenach, der erste Staat Deutschlands, der sich eine Verfassung gab (1816). Von 1920 bis 1948 war Weimar die Hauptstadt des Landes Thüringen, 1999 *Kulturhauptstadt Europas.*

Quelle: wikipedia

Weimar überirdisch

Diese Überschrift wollen wir wörtlich als das Gegenteil von unterirdisch und nicht im übertragenen Sinne verstehen, worüber in diesem Kapitel zu reden ist. Weimar über Tage.

Schöne Stadt. Ich lebe seit Jahren hier. Ich lebe sogar gern hier. Ein bisschen angestaubt, ein bisschen vergoethet. *Ich und der Geheimrat sind der Meinung…* Aber gemütlich. Und nette Leute. Die meisten jedenfalls.

Heißen die Einwohner von Weimar nun *Weimarer* oder heißen sie *Weimaraner?* Grammatikalisch richtig ist *Weimaraner* (siehe Hannover und Hannoveraner). Ich und der Geheimrat – also bleiben wir bescheiden: Goethe sagte Weimaraner. Aber, geht die Fama, *unsere Menschen,* soll ein führender Genosse gesagt haben, der es mit der Grammatik nicht so hatte, *sind doch keine Hunde nicht;* denn es gibt diese eleganten Hunde, Weimaraner genannt. Seither nennen sich die Bürger von Weimar grammatikalisch falsch – und das in der Stadt Goethes! – Weimarer. Hoffentlich kommt in Hannover mal keiner auf die Idee, dass es doch diese wunderbaren Pferde gibt, diese Hannoveraner, aber unsere Menschen…

Weimar ist eine Kulturstadt, nicht erst seit 1999. Man weiß viel über die Vergangenheit, einiges über die Gegenwart, manches verdrängt man lieber. Mitunter blicke ich in fragende Gesichter, wenn ich von Höhlen in Weimar spreche. Die schönste Frage lautete: „Meinen Sie die Fürstengruft?" Meinte ich nicht. Es gibt aber wirklich seit 1794 ein Stollensystem unter dem Ilmpark, das allerdings keines natürlichen Ursprungs ist, wenn man nicht den natürlichen Durst des Großherzogs nach gut gelagertem Porterbier meint.

Weimar ist eigentlich ein Park, in welchem eine Stadt liegt, notiert der Schriftsteller Adolf Stahr 1852. Recht hat er – noch immer.

Parkhöhlenmuseum Weimar

Der Herzog hatte Durst

Gegen Ende des 18. Jahrhunderts machte ein Getränk im Herzogtum Furore, ein besonders würziges, sehr kräftiges dunkles Bier: das 1720 als *Entire* in London gebraute Bier war bei den englischen Lastträgern (*Porter - daher Porter Bier*) sehr beliebt. Herzog Carl August muss es so gut geschmeckt haben, dass er beschloss, eine Brauerei zu gründen, wozu die erforderlichen Lagerstätten für das Bier gehörten. 1794 bis 1797 wurde ein Stollen mit Lichtschacht aus einem Felsenkeller an der heutigen Belvederer Allee 4 bis zum Mundloch am Nadelöhr im Park an der Ilm aufgefahren. Das Brauchwasser sollte über eine mit Steinen abgedeckte *Rösche* (so nennt der Bergmann den überbauten Teil eines Grabensystems) in die Ilm geleitet werden. Aus der Brauerei wurde allerdings nichts.

Zu Beginn des 19. Jahrhunderts diente der untere Stollen als unterirdischer Wandelgang. *Franz Ludwig Güssefeld* hat in seinem *Plan des Herzoglichen Parks bey Weimar* exakt *Ein- und Ausgang und Lichtloch des Unterirdischen Ganges* eingezeichnet. Am *Nadelöhr* plätschert seit 1817 ein dünner Wasserstrahl. Angelegt wurde dieser Felsenbrunnen, indem man eine unter Tage befindliche Schichtquelle durch den Hauptstollen zu dessen Ausgang am *Nadelöhr* führte.

Als 1778 unter Goethes Mitarbeit der Park an der Ilm angelegt wurde, fand man an der Floßbrücke die Leiche eines 17-jährigen Hoffräuleins, das sich aus Liebeskummer in der Ilm ertränkt hatte. Der damals 29-jährige Goethe, der unweit davon im Gartenhaus am Stern wohnte, fühlte sich insofern mitschuldig am Unglück des Mädchens, als man bei ihr seinen Roman *Die Leiden des jungen Werther* fand. Gemeinsam mit dem Hofgärtner Gentzsch entwarf er zur Erinnerung an der Unglücksstelle ein Felsentor in einen kleinen aufgelassenen Steinbruch, wo die *Naturbrücke* über die Ilm führt, das so genannte *Nadelöhr*.

Es plätschert wieder!
Einige Zeit schien es, dass das Wasser versiegt sei. Aber die Erde hat sich beruhigt nach den vielen Bauarbeiten, der Grundwasserspiegel ist gestiegen. *Alles fließt.*

Unter der Ruine des **Tempelherrenhauses** im Ilmpark, das bei einem Luftangriff am 31. März 1945 stark zerstört wurde, führt ein steiler Schacht als Fluchtweg aus der Tiefe nach oben.

Johann Wolfgang von Goethe – natürlich, wir befinden uns in Weimar! – und mit ihm sein Sohn August, nahmen 1823 das geologische Profil und die Fossilfunde der Travertinlagerstätten an der Belvederer Allee auf. Die 18.000 Stücke umfassende geowissenschaftliche Sammlung Goethes verzeichnet 105 Exemplare aus Weimarer Travertinen.

Während des Zweiten Weltkrieges wurden Teile des Stollensystems als Luftschutzkeller ausgebaut. Die Stadt ist durch Bombenangriffe schwer beschädigt worden, wie in der Ausstellung in den Vorräumen der Parkhöhle mit Fotos dokumentiert wird; viele Menschen fanden hier Zuflucht.

Ende der 1970erJahre wurden die *Kleine Höhle* und die Stollen westlich der Belvederer Allee verfüllt. Erhalten geblieben ist die *Große Parkhöhle*. Die Ausbauarbeiten zu einem *Untertagemuseum* wurden 1992 begonnen. Fünf Jahre später konnte bereits ein Teilbereich eröffnet werden. 1999 folgten die noch fehlenden Abschnitte. Der Zugang zur *Parkhöhle* wurde bereits 1945 in der Nähe des *Liszt-Hauses* (Marienstraße 4) hinter der Mensa angelegt, wo sich der zeitweise zugeschüttete Treppengang befand. Der Stollenbereich sollte als Bunker der Gau-Befehlsstelle ausgemauert werden. Dieses Bunkersystem ist 1946 auf Befehl der Alliierten gemäß den Verfügungen des Potsdamer Abkommens gesprengt und der Zugang verfüllt worden.

In den Nachkriegsjahren hatte es verschiedene geologische Untersuchungen und Beschreibungen gegeben. Zeitweise wurden die Stollen auch als Winterquartiere für die Kübelpflanzen der Gartendirektion der *Nationalen Forschungs- und Gedenkstätten* (im Volksmund *VEB Goethe* genannt – heute Klassik Stiftung Weimar) genutzt. Seit 1980 werden die im Stollen lebenden Fledermäuse sporadisch – und in den letzten Jahren regelmäßig – durch elektronische Zählsysteme erfasst und beobachtet.

Das **Stollenmundloch** des *Unteren Stollens* am *Nadelöhr* mit *Felsenquelle* und *Carl August's Clause*.

Kupferstich eines unbekannten Künstlers, nach 1817.

Wer ruft mir?

Mit ein bisschen Phantasie kann man sich Goethes Mephisto unter Tage vorstellen.

Die unterschiedlichen Schichtungen von Seekreide, lockeren Travertinschluffen und Travertinsand lassen sich gut erkennen.

Ein bisschen Geologie muss sein

Fangen wir einmal damit an, dass die *Parkhöhle Weimar* eigentlich gar keine Höhle ist, sondern ein bergmännisches Stollensystem. Aber *Parkbergwerk* klingt nicht und in einer Stadt wie Weimar muss man den Musen Tribut zollen.

Schon der Name Weimar (die ältesten Aufzeichnungen reichen ins Jahr 899 zurück) gibt einen Hinweis auf die Bodenverhältnisse, die die ersten Siedler hier antrafen. 1925 wurde das Skelett des Ehringsdorfer Urmenschen gefunden, dessen Alter auf 200.000 Jahre geschätzt wird. Weimar: *Wih* (altgermanisch) für *heilig* oder *geheiligt* und *mar* (althochdeutsch) für *See, Sumpf, Moor.*

Beim Gang durch die unterirdischen Anlagen kann man die Travertine und die sie unterlagernden Lockergesteine gut beobachten. Beim Travertin handelt es sich um relativ junge Süßwasserkalke, die an stark ausschüttenden Quellen vor etwa 200.000 Jahren aus hydrogenkarbonatreichen Wässern ausgefällt wurden. Die gut aufgeschlossenen Travertine des Ilmtals (sehr schön zu beobachten im Ehringsdorfer Steinbruch) waren wichtig für die Erforschung des Pleistozäns in Mitteleuropa.

Beim Gang durch die Parkhöhle wandert man gewissermaßen unter den Relikten eines einstigen Sees. Dem Besucher können anhand der Lagerung des Travertins über Auelehm und Kies die Untergrundverhältnisse Weimars anschaulich demonstriert werden. Braune Wurzelbahnen einstigen Röhrichts reichen weit in die Auenlehme und sogar bis in den Ilmschotter hinein. Sie sind charakteristisch für den Talbereich in den Stollen und Abbauen der Großen Parkhöhle.

Im bräunlich-gelb gefärbten **Festtravertin** verraten fossil erhaltene Röhrichtreste den Entstehungsort - einen eiszeitlichen See, der von den kalkreichen Quellwässern gespeist wird.

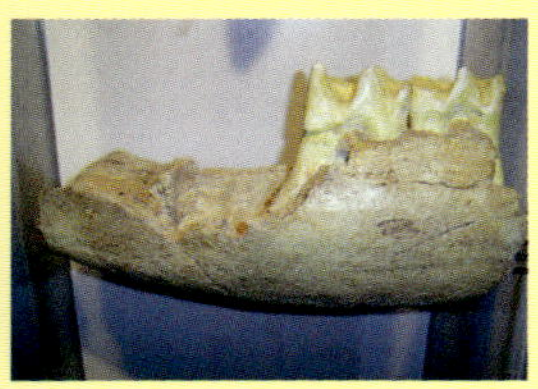

Zahlreiche **fossile Funde** einstiger Großsäuger, aber auch Versteinerungen von Pflanzen und Kleinlebewesen werden im Ausstellungsbereich der Parkhöhle präsentiert.

Die Entstehung der für Weimar typischen Travertine erklärt **Walter Steiner** in seiner Schrift „Die Parkhöhle in Weimar", auf die wir uns als sachkundigen Ratgeber beziehen. Steiner beschreibt die geologischen, tektonischen, hydrologischen und klimatischen Ursachen der Gesteinsbildung.

Im Ilmtalgraben liegen tonige Gesteine des Keupers zwischen klüftigen Felsgesteinen des Muschelkalkes der so genannten Ilm-Saale-Platte, durch die Randverwerfungen des Grabenbruchs voneinander getrennt. Daraus resultiert eine von diesem tektonischen Bauplan abhängige Morphologie, indem die harten randlichen Muschelkalke Erhebungen (Hochflächen) und die weichen Keupergesteine der Grabenfüllung eine Talsenke bilden, in der die Ilm ihren Lauf genommen hat.

Aus dieser Situation erklärt Steiner den besonderen Wasserkreislauf während der Eiszeit. Regenwasser und Ilmwasser versickerten ilmaufwärts zwischen Mellingen, Öttern und Bad Berka. Es lösten sich unterirdisch Kalk und Gips. Wo sich das Wasser staute, drückte es an die Oberfläche und trat in Karstquellen (zum Beispiel Leutraquelle) zutage. Durch chemische Fällungsvorgänge und biologische Einflüsse wurden die Kalke aus den Karstgewässern wieder ausgeschieden. So entstanden die mächtigen Travertine von Taubach und Ehringsdorf und das Travertinlager Belvederer Allee.

Im Gestein eingelagert fanden und finden sich zahlreiche Reste fossiler Großsäuger. Der bedeutendste Fund (1925) aber dürfte der *Ehringsdorfer Urmensch* sein. Dabei handelt es sich um die Überreste einer etwa 20- bis 30-jährigen Frau aus der Altsteinzeit. Neuere Forschungen gehen von einer etwa 200.000 Jahre zurückreichenden Datierung aus. Es handelt sich um einen Typus des archaischen *homo sapiens*, der gleichzeitig mit dem *Neandertaler* lebte.

In den *Weimarischen Nachrichten*, einer viel gelesenen Wochenzeitung, findet man unter dem 11. Februar 1734 diese „Anmerkungen und neuen Erfindungen":

Unter den Gelehrten sonderlich Naturkündiger ist ein alter Streit, ob die in Steinen erbrochenen und gefundenen Gehörne, Beine und andere Figuren, von der künstlich nachahmenden Natur, oder der Sünd-Fluth, und denen in selbiger überschwemmten Thier-Cörpern herrühren. Allhier in Weimar sind ohnlängst bey dem Steinbrechen im Tophstein angetroffen worden:
1. Zwey grosse Back-Zähne, oder dentes morales, mit ihren Wurzeln,
2. der gantze Unter-Kiefer-Kinnback, oder Maxilla,
3. die zwey Schulter-Blätter, alles vom Elephanten. Ingleichen
4. vom Hirsch ein Gehörne mit Enden seiner Stein-Mutter,
diese Stücke sind in hiesiger Fürstlicher Naturalien- und Kunst-Cammer aufbehalten und zu finden. Man will dieses den Physicis und Historicis zur Untersuchung überlassen, und sonderlich zu bedencken geben, wo doch in hiesiger Gegend der Elephante, und zwar schon vor langer Zeit, herkommen müsse?

Welche Bedeutung Goethe den geologischen Forschungen beimaß, wird in seinem Haus am Frauenplan anschaulich demonstriert. Stoßzahnreste und Molaren vom Waldelefanten, Mandibelbruchstücke und Zähne vom Waldnashorn, Zähne und Knochenreste vom eiszeitlichen Bison, vom Wildpferd, vom Braunbären und vom Rothirsch. Besonders interessant ist ein fossiles Ei von einem Kranich mit teilweise erhaltenem Eikörper. Bei der wissenschaftlichen Zuordnung und Etikettierung wurde Goethe von seinem Sohn August unterstützt, der zum Beispiel die *Tuffgruben vor den Toren der Stadt* beschrieb und Gesteinsproben entnahm.

Stabile Hölzer und gelegentlich auch Pfeiler aus Quellbeton stützen die Gänge. An einigen Stellen sichern Drahtgitter vor abbrechendem Gestein.

Ronneburg wird rekultiviert

Ronneburg liegt östlich der kreisfreien Stadt Gera. Ronneburg wurde 1209 als Besitz der Vögte von Weida erstmals erwähnt, gehörte ab 1244 zu Plauen und erhielt 1304 Stadtrecht. 1766 wurden die ersten der bereits 100 Jahre zuvor entdeckten *Heilquellen* erschlossen. Der Kurort verlor jedoch noch vor dem Beginn des Uranerzbergbaus durch die SDAG Wismut 1953 an Bedeutung.

Von gewisser regional- aber auch wirtschafts- und sozialgeschichtlicher Relevanz ist der *Ronneburger Schnallensturm* von 1841, ein Aufstand der Ronneburger Weber gegen die zunehmende Automatisierung ihres Gewerbes.

Während der DDR-Zeit war der *Uranabbau* der wichtigste Wirtschaftszweig der Region. Die Stadt Gera und die Umgebung verdankt ihm einen nicht unerheblichen Teil ihres Wachstums. Zeitweise wurden elf Prozent des weltweit abgebauten Urans in Ronneburg gefördert. 1990 wurde der Uranabbau eingestellt. Es wurde mit der Flutung der Stollen und der Rekultivierung der Tagebaue begonnen. Diese Rekultivierungsmaßnahmen waren sogar EXPO-Projekt im Jahr 2000. Kennzeichen der Landschaft um Ronneburg waren die vier inzwischen eingeebneten Spitzkegelhalden. Ziel der Rekultivierungsmaßnahmen war es, die Uranerzbergbaufolgelandschaft zu sanieren. Auf einem Teil der ehemaligen Bergbauflächen wurde die *Neue Landschaft Ronnburg* geschaffen, gemeinsam mit dem ebenfalls neu gestaltetem Stadtpark Bestandteil der *Bundesgartenschau 2007*. Auf diese Weise ist ein Gürtel von Grünflächen entstanden, der sich vom Zentrum Geras bis ins Zentrum von Ronneburg erstreckt.

(Quelle: wikipedia)

Ronneburger Schnallenlied

Seht ihr auf jenem Hügel
die alte Hütte stehn?
Da drinnen stehn Maschinen
solln von sich selber gehen.

Die wollen wir nicht haben,
die von sich selber gehn,
drum woll'n wir sie zerschlagen,
das könn' wir frei gestehn.

Am sechsundwanz'gen abends,
im kühlen Monat März,
das Bier, das war so labend,
wir alle hatten Herz.

Es schlug die Uhr halb neun,
da war'n wir alle da.
Wir stellten uns in Reih'n,
und was, ach was geschah!

Nun ging's mit Axt und Hammer
nach jeder Hütte hin.
Oh weh! Oh weh! Welch Jammer,
die guten, schön' Maschin'!

... Da hörte man ein Krachen,
ein Bravorufen auch,
so mancher musste lachen,
doch manchen ärgert's auch.

Schaubergwerk Ronneburg

Die Wismut

Wenigstens im Süden der DDR wusste man, wovon die Rede war, wenn man über *die Wismut* sprach. Jedenfalls hatte man klare Vorstellungen, die zwar mit der Wirklichkeit nicht viel zu tun hatten, aber so genau wollte es gar keiner wissen. Die Russen, oder wie man mit einem halb ironischen, halb freundlichen Unterton sagte: *die Freunde* verstanden da keinen Spaß. Wismut war quasi sowjetisches Territorium. Mir sind die mächtigen Plakate gut in Erinnerung, auf denen ein von der Arbeit unter Tage eingestaubter, doch optimistisch in die Zukunft blickender Bergmann abkonterfeit war und mit einer seltsamen Mischung aus Stolz und Dünkel verkündete: *Ich bin Bergmann. Wer ist mehr?* Der hatte allerdings wenig mit den Wismutkumpels zu tun, die ich in meiner vogtländischen Heimat kennengelernt habe. Die waren von der schweren Arbeit unter Tage und dem Deputatschnaps über Tage gezeichnet. Die hatten, was man damals nur unter vorgehaltener Hand flüsterte, den Tod längst im Leib. Sie strahlten nicht vor Stolz, sie waren verstrahlt von dem unheimlichen Zeug, wonach sie in mehreren hundert Metern Tiefe gruben. Aber sie bekamen eine Lebensmittelkarte erster Klasse. Und das war in den Nachkriegsjahren scheinbar mehr wert als das bisschen schwerer Husten.

Letzter Zeuge einstiger Fördertürme ist der denkmalgeschützte 38 Meter hohe Turm vom **Materialschacht 407** unmittelbar am Ortsausgang von Ronneburg.
Der ehemalige Schacht diente der Versorgung der drei Bergbaubetriebe in Schmirchau, Reust und Paitzdorf, die von hier aus mit den erforderlichen Materialien und Ausrüstungen versorgt wurden.

Zum Nachrechnen

Mit meiner Frage, in welchen Schacht ich denn einfahren dürfte, hatte ich mich als von allem Wissen unbeleckter Laie erwiesen. *Natürlich in keinen,* lautete die freundliche Antwort. *Sie wollen doch nicht als strahlender Dichter wieder herauskommen.* Na klar, hätte ich mir eigentlich denken können. Uran. Da tickt doch jeder Geiger-Müller-Zähler. *Übrigens,* wurde ich wie zur Beruhigung vorsorglich unterrichtet, *keines der Geräte, die wir hier ausstellen, war je unter Tage. Das ist alles zusammengetragen aus Lagerbeständen und nicht kontaminiert.* Das Bergwerk, welches man besichtigen kann, sind die Kellerräume in der Ronneburger Bogenbinderhalle, mit viel Liebe zum Detail ausgestattet und mit reicher Berufserfahrung in Szene gesetzt von den Mitgliedern des Bergbauvereins Ronneburg e.V.

Die Geschichte des Ronneburger Reviers beginnt in den Jahren 1948/49 mit ersten Erkundungsarbeiten. Insgesamt fünf Bergbaubetriebe (Schmierchau, Reust, Paitzdorf, Beerwalde und Drosen) von der SAG/SDAG Wismut (Sowjetische bzw. Sowjetisch-Deutsche Aktiengesellschaft) wurden im Revier aufgelassen, zusätzlich noch mehrere Tagebaue. Die größte Teufe wurde mit 881,10 m im Bergbaubetrieb Drosen niedergelassen. Die Wismut war der drittgrößte Uranproduzent der Welt. Allein in der Ronneburger Lagerstätte wurden bis zur endgültigen Einstellung der Produktion im Jahre 1990 insgesamt 950 Mio Tonnen Gestein gebrochen, 154 Mio Tonnen Uranerz gefördert und daraus 177.000 Tonnen Uran gewonnen und ausschließlich in die Sowjetunion geliefert. Wirtschaftlich betrachtet (versuchen Sie es einmal mit dem Taschenrechner) war das alles andere als ein gewinnbringendes Unternehmen, aber das interessierte den Empfänger nicht. Deutschland hat den Krieg verloren. Die DDR hat ihn bezahlt.

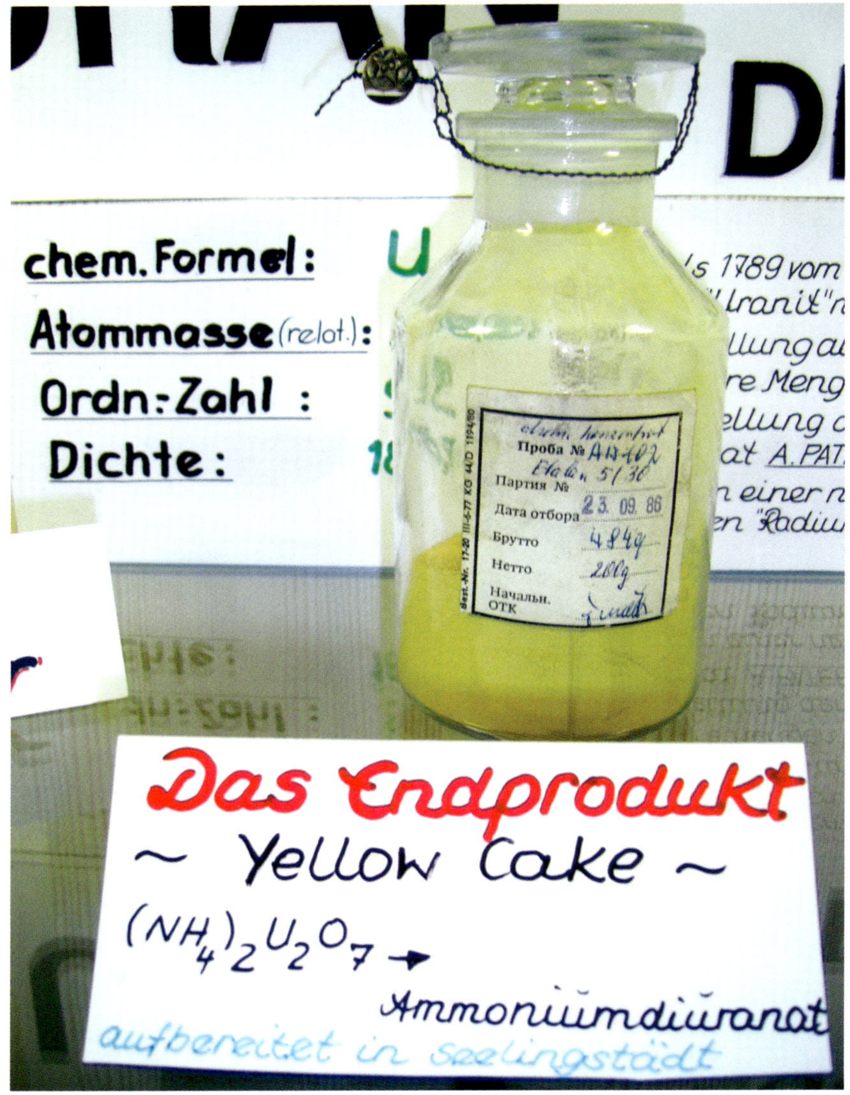

Yellowcake (dt. *gelber Kuchen*) ist pulverisiertes Uran, das wegen seiner Farbe so benannt wurde. Aus zwei Tonnen abgebautem Erz wird in Uranmühlen ungefähr ein Kilogramm Yellowcake gewonnen. Es besteht zu 70 bis 80 % aus Uran- Verbindungen wie Triuranoktoxid (U_3O_8), hinzu kommen Ammonium- oder Magnesiumdiuranat. Yellowcake dient als Grundlage für die Weiterverarbeitung des Urans zu Brennelementen. Die nächsten Verarbeitungsschritte hängen davon ab, in welchem Reaktortyp das Uran eingesetzt werden soll.
Die Rückstände aus der Urangewinnung sind trotz der Uranabtrennung noch radioaktiv und müssen daher geordnet beseitigt werden. Aufgrund ihrer großen Menge und der langen Halbwertzeit der verbleibenden Uran-Isotope stellen sie auf lange Zeit ein Umweltproblem dar.

Quelle: nach wikipedia

Vielleicht spielt ein bisschen Nostalgie und Traurigkeit auch eine Rolle bei den Mitgliedern des Vereins, aber vor allem ist es wohl die Liebe zum Detail und zum Beruf, weshalb sie mit Akribie zusammengetragen haben, was einmal wesentlicher Teil ihres Lebens war.

Sicherheit muss sein, keine Frage. Aber die sowjetische Bürokratie erinnerte heftig an die von Nikolai Gogol beschriebene Engstirnigkeit eines Arkaki Arkakewitsch. **Propusk** für alles, möglichst viele Stempel und Unterschriften. Die Ausstellung des *Bergbauvereins Ronneburg e.V.* gibt auch dazu Auskunft.

Eine Sammlung unterschiedlicher **Bohrköpfe** gibt Einblick in die komplizierten Erkundungsvorgänge in der Tiefe der Erde. Die gewonnenen Bohrkerne wurden gründlich untersucht und ausgewertet. Das Ergebnis galt als Staatsgeheimnis.

In diesem Raum (*Zutritt für Unbefugte strengstens verboten!*) residierte der **Maschinist**. Sein Kontakt zur Außenwelt waren zwei Telefone. Niemand durfte diesen Raum betreten. Von hier aus wurde über eine gewaltige Winde das sechs Trossen starke Stahlseil dirigiert, mit dem die Förderkörbe, in denen sich entweder die Kumpel oder Baumaterial oder das abgebaute Gestein befanden, in die Tiefe gelassen bzw. aus ihr heraufgezogen wurden. Je nach Schacht handelte es sich dabei um mehrere, mitunter bis zu achthundert Meter.

In den **Förderkörben** wurde auch das Langholz für die Bergsicherung unter Tage gefahren. Die sechs Meter langen Fichten- oder Kiefernstämme mussten vorsichtig eingebracht und dann senkrecht abwärts dirigiert werden.

Die ersten Schritte zum **Uranbergbau** auf dem Gebiet der Sowjetischen Besatzungszone Deutschlands erfolgten unmittelbar nach dem Ende des Zweiten Weltkrieges… Vorhandene Bergwerke wurden mit Besatzungsrecht requiriert und später auf Reparationskonto in das Eigentum der Sowjetunion überführt. Die Erkundungs- und Bergarbeiten standen unter der militärischen Leitung des sowjetischen Volkskommissariats für Inneres (NKWD). Aus einer geologischen Erkundungsgruppe, die Archivunterlagen auswertete, in Betrieb befindliche und abgeworfene Bergwerksanlagen einschließlich ihrer Halden im sächsischen Erzgebirge untersuchte, entwickelten sich Such- und Erkundungsarbeiten auf einer Fläche von 50.000 km^2. In 20 Erkundungsgebieten wurde die SBZ/DDR von der Norddeutschen Senke bis ins Görlitzer Schiefergebirge auf Uranlagerstätten untersucht, 27 Uranlagerstätten … wurden gefunden. Die bedeutendsten Uranlagerstätten waren dabei die Ronneburger Lagerstätte und die Lagerstätte Niederschlema-Alberoda.

Quelle: Chronik der Wismut, CD-ROM

Ein halbes Jahrhundert

Als am 3. Juni 2000 das *Schaubergwerk im Informationszentrum Bogenbinderhalle* eröffnet wurde, rechnete wohl niemand mit einem so regen Zuspruch, wie er sich über die Jahre gehalten hat. Die Ausstellung war als Projekt „Revitalisierung der Uranerzbergbaufolgelandschaft Ostthüringen“ im Rahmen der EXPO 2000 Hannover mit umfangreicher Unterstützung der WISMUT GmbH unter Leitung des Bergbauvereins Ronneburg e.V. entstanden.

Fast ein halbes Jahrhundert lang hatte der Abbau von Uranerz große Gebiete im Süden der DDR bis ins Leben der Familien hinein beherrscht. Ganze Landstriche änderten ihr Aussehen. Große Abraumhalden wurden zu weithin sichtbaren Wahrzeichen. Wer heute um die fünfzig ist, kennt die Gegend nicht anders und muss sich nun neu orientieren. Wie aufwändig und erfolgreich die Rückkehr zur natürlichen Landschaft betrieben wird, lässt sich besonders gut im geschundenen Ronneburger Land beobachten. Der viel belächelte, häufig fehlinterpretierte Begriff von den *blühenden Landschaften* – hier hat er bereits Gestalt angenommen. Freilich, die sozialen Einbrüche der ehemaligen Bergarbeiterfamilien – und das heißt fast aller hier Lebenden – sind mit Rekultivierungsmaßnahmen allein nicht zu bewältigen. Es braucht schon sehr viel Optimismus, mit Zuversicht die Zukunft anzugehen. Noch gehen die jungen Leute weg aus der Stadt, ziehen dorthin, wo sie Arbeit finden. Ungeduld freilich ist ebenso schädlich wie wohlfeile Rede von Aufschwung und *es wird schon werden.*

Mich hat beeindruckt, mit welcher Liebe zum Detail und mit welcher Energie die Mitglieder des Bergbauvereins ans Werk gegangen

sind – meist ehemalige Wismutleute – , um den Nachgeborenen zu zeigen, wie ihr Leben gewesen ist, wie sie gearbeitet haben und wie sie sich nicht unterkriegen lassen. Wismutkumpel sind keine Weicheier. Sie schwelgen aber auch nicht in billiger Nostalgie. Sie agieren als Zeitzeugen und bewahren Zeitzeugnisse vor der Verschrottung und dem Vergessen. *Glück auf!* – kann man nur sagen.

Auf einer Ausstellungsfläche von über 400 m² erhalten die Besucher unter fachkundiger Führung einen umfassenden Einblick in die **Abbautechnologie zur Urangewinnung** in der Ronneburger Lagerstätte. Der Einsatz der im Laufe von vier Jahrzehnten verwendeten Technik wird eindrucksvoll demonstriert.

Man muss gar nicht viel Phantasie aufwenden, schon gar nicht, wenn die Aggregate dröhnend laufen, um sich die schwere **Arbeit der Bergleute** vorzustellen. Schnell vergisst man, dass alles „nur" nachgebaut und in den weitläufigen Kellerräumen der Bogenbinderhalle zu Ronneburg installiert worden ist.

Merkers am Rande der Rhön

Das Rhönlied
von Andreas Fack

Ich weiß basaltene Bergeshöh'n/ Im Herzen der deutschen Gau'n,/ Nicht riesenhoch, doch bezaubernd schön,/ Möchte immer und immer sie schau'n!/ Und kennst du die herrlichen Berge nicht,/ Gehorche dem Freunde, der zu dir spricht:/

Auf hohen Matten den Sonnenschein/ Die kühlenden Lüfte umwehn,/ Und frei der Blick in die Welt hinein/ Wie wonnig, da droben zu gehn!/ Und kennst du die herrlichen Matten nicht,/ Gehorche dem Freunde, der zu dir spricht:/

Ich weiß wohl Bächlein fließen klar/ Durch Wälder und Wiesenflor,/ Da springt so keck die Forellenschar/ Zur Freude der Angler empor!/ Und kennst du die Rhönforelle nicht,/ Gehorche dem Freunde der zu dir spricht:/

Ich könnte viel noch erzählen dir/ Und singen von Berg und von Tal,/ Doch nein, viel Worte erspar' ich mir/ Und frage nur eins noch einmal:/ Ja, kennst du die herrliche Rhön noch nicht,/ Gehorche dem Freunde, der zu dir spricht:/

Refrain: Zieh an die Wanderschuh,/ Und nimm den Rucksack auf,/ Und wirf die Sorgen ab,/ Marschier zur Rhön hinauf!

Merkers ist ein Ortsteil der Gemeinde *Merkers-Kieselbach* im Wartburgkreis im Westen Thüringens. Die an der Werra gelegene Ortschaft hat etwa 1.500 Einwohner. Merkers liegt am Rande des thüringischen Teils der *Rhön*. Im Norden befindet sich der 431 m hohe *Krayenberg*. Der Dichter des *Rhönliedes* Andreas Fack kam am 1. März 1863 in Merkers zur Welt.

Merkers ist bekannt durch sein Salzbergwerk, in dem 1945 große Teile des Nazi-Goldes und viele Kunstgegenstände durch amerikanische Truppen entdeckt wurden. Nach Ende der Förderung 1993 dient der Schacht heute als *Erlebnis Bergwerk* und zu Sicherungsarbeiten im Grubenrevier Merkers. Er ist einer der größten Besuchermagneten der Region. Das Erlebnisbergwerk Merkers ist Ankerpunkt der *Europäischen Route der Industriekultur (ERIH)*.

Das Salzbergwerk hat ein Tunnelnetzwerk von ca. 4.460 Kilometern. Die Teufe beträgt ca. 500 Meter, wobei dort eine Temperatur von etwa 28 °C herrscht. In dieser Tiefe befindet sich neben einer „Kristall-Bar" auch eine sehr beeindruckende Kristallgrotte mit einmaligen Kristallen sowie ein alter Salzbunker, in dem Salz gelagert wurde, der heute ein Konzertsaal ist. (Quelle: wikipedia)

Erlebnis Bergwerk Merkers

Anders als anderswo mit Andres

In Merkers ist (fast) alles anders gewesen als in den Höhlen und Bergwerken, die ich vorher besucht habe. Von der Ausnahme rede ich gleich. Anders war, dass wir diesmal nicht nur auf bergmännisch „einfuhren", sondern richtig im Förderkorb 507 Meter abwärts in 90 Sekunden. *Sollte es schneller gehen*, sagte Bergführer Andres, *haben wir ein Problem – dann müssen wir nämlich ein neues Seil auflegen.* Anders war auch, dass nicht klamme Kälte herrschte, sondern mehr als 20 Grad. Und anders waren die Dimensionen: Die Besuchergruppen müssen mit Autos durch das Bergwerk gefahren werden, 35 km/h Höchstgeschwindigkeit. Wie anders will man auch 4.600 km Strecke bewältigen. Frankfurt am Main hätte im Bergwerk Platz. Das wäre in mehr als zwei Stunden unter Tage gar nicht zu bewältigen. Schon der erste Abschnitt ging über acht Kilometer. Dazu die Kommentare des Bergführers: *Machen Sie sich keine Sorgen, falls jemand runterfällt, wird er natürlich wieder eingesammelt. Wir machen das in der besucherarmen Zeit, also im Januar, Februar.* Es war August. Diesen trockenen Humor habe ich eigentlich bei allen seiner Zunft angetroffen, insofern *kein* Unterschied zu den anderen Höhlen und Bergwerken. Und natürlich auch kein Unterschied in der Kompetenz. Der Mann weiß, wovon er spricht.

Er hat den Beruf von der Pike bis zum abgeschlossenen Hochschulstudium gelernt. Teil der Ausbildung muss auch das Autofahren unter Tage gewesen sein. Die Frauen kreischten ein bisschen, die Kinder jubelten: Geil!

Der Mann hat Witz und Wissen. Man merkt ihm an, dass er seinen Beruf von der Pike auf gelernt und Freude an der neuen Aufgabe als Bergführer gefunden hat.

Innerhalb weniger Jahre krempelte der Unternehmer **August Rosterg** das Armenhaus Rhön in das wichtigste Kali-Abbaugebiet Deutschlands um. Wie bis dahin noch fast alles per Hand gemacht werden musste, schwere körperliche Arbeit die Bergleute zermürbte, das zeigt eine kleine Ausstellung im Schacht.

Goldrauschstimmung

Die Rhön ist eine Landschaft, deren eigener Reiz sich nicht gleich beim ersten Blick auftut. Man muss schon bereit sein, sich der Poesie dieses herben Landstriches hinzugeben. Die Böden sind mager, die Hanglagen schwer zu bewirtschaften. Eisenbahntrassen umfuhren die Region, gut ausgebaute Straßen kamen fast nicht vor. Das Land galt über Jahrhunderte als eines der Armenhäuser Deutschlands. Vielleicht war das der Grund, weshalb der Geologe *Carl von Ochsenius* (1830–1906) annahm, diese Armut setze sich auch unter Tage fort, jedenfalls war er überzeugt, dass Kalisalz südlich des Harzes nicht vorkäme.

Im Jahre 1891 ist man in *Kehmstedt* bei Bleicherode auf eine *kalkfündige Bohrung gestoßen*. Bleicherode liegt südlich des Harzes. Also doch? Die Industriellenfamilie *Hadra* aus Berlin, nicht unerfahren in diesem Geschäft, zog die richtigen Schlüsse. Nach Kehmstedt ließen sie bei Salzungen Bohrungen niederbringen und wurden 1893 fündig. Mit der Teufe des Schachtes *Kaiseroda* 1895 setzte eine regelrechte Goldgräberstimmung im Revier ein. 1900 nahm das *Kaliwerk Bernhardshall* die Produktion auf. Bis 1914 waren es schon 20 Schächte im Werra-Revier.

Fast über Nacht war mit der Industrialisierung in der Rhön die Neuzeit angebrochen. Eisenbahnstrecken wurden verlegt, Straßen gebaut, Zulieferbetriebe für den Bergbau entstanden. Die Bevölkerung der wichtigsten Produktionsorte vervierfachte sich fast von etwa 10.000 auf nahezu 37.000. Ein Boom, wie man neudeutsch sagt, der das Land und die Menschen in kürzester Zeit veränderte. Da brach der Erste Weltkrieg aus.

Deutschland verlor den Krieg. Deutschland verlor auch das Welt-Kalimonopol. Dem Rausch folgte die Ernüchterung. Nur wenige Werke überlebten den Absturz. Bestehen blieb die *Gewerkschaft Wintershall.* Ihr Vorsitzender *August Rosterg* (1870–1945) bewies nicht nur Mut und Umsicht, er hatte auch das erforderliche Kapital, um sein Unternehmen neu zu organisieren, weitere hinzuzukaufen, moderne Maschinen einzusetzen und mit Nachdruck die Konzernbildung zu betreiben. Weg von kleinklein, hin zu großen Strukturen, weg von Allesfertigen, hin zu Spezialisierung.

In den 20er Jahren des letzten Jahrhunderts baute er gleichsam auf die grüne Wiese bei Merkers ein neues Werk von bisher ungekanntem Ausmaß. Hatte man bis dahin noch immer mittels mühsamer *Handförderung* gearbeitet, führte Rosterg die amerikanische *Schrappertechnik* ein. Neue Bohrtechniken, leistungsfähigere Fördertechnik… Das Armenhaus von einst war zum wichtigsten Kali-Abbaugebiet Deutschlands, ja der Welt geworden.

Die Ausgangsstoffe für wertvolle Mineraldünger, Arzneimittel, Lebensmittel oder Auftausalze sind vor rund 250 Mio Jahren entstanden, als große Teile des Zechsteinmeeres verdunsteten. Da mehr Wasser verdunstete als durch Niederschläge zurückkam, stieg der Salzgehalt des Meeres rapide an, bis die gelösten Mineralien (Karbonate, Sulfate und Chloride) am Meeresboden kristallisierten. Die verschiedenen Schichten lassen sich noch heute gut nachweisen. Mitunter mutet es an, als sei von einer großen Hand ein skurriles Gemälde geschaffen worden. Wasserundurchlässige Schichten haben die Salze vor Wiederauflösung geschützt. Die rund 300 Meter mächtigen Steinsalzschichten sind von zwei bis zu 14 Meter mächtigen abbauwürdigen Kaliflözen durchzogen.

Ob die berühmte Plastik von **Nofretete** wirklich in Merkers eingelagert wurde oder ob anderslautende Berichte stimmen, ist hier nicht so wichtig. Aber dass neben Geld, Gold und Wertpapieren auch zahlreiche Kunstwerke vor den Alliierten versteckt werden sollten, ist erwiesen und in einer beeindruckenden Demonstration in der *Schatzkammer* ausgestellt.

Die reichste Gemeinde

Wieder war es ein Weltkrieg, den Deutschland vom Zaun gebrochen hat, der auch der Rhön schweren Schaden zufügte. Kriegswichtige Produktionen wurden in die Reviere und ihre Schachtanlagen verbracht, die aber – mit einer Ausnahme – nicht von der Kali-Industrie betrieben wurden. Wie in vielen Gegenden Thüringens – erinnert sei zum Beispiel an das Konzentrationslager Dora Nord – wurde die Herstellung von Waffen in die Bergwerke verlegt. Aber die trockenen, über gleichmäßige Temperatur verfügenden Anlagen eigneten sich noch für andere Zwecke.

Aus dem ganzen Reich verfrachteten die Nazis wertvolle Buchbestände bedeutender Bibliotheken, Archivalien des Reichspatentamtes und wertvolle Kunstgegenstände aus Berliner und Weimarer Museen in die riesigen Hallen. Schließlich wurden die Devisenreserven, enorme Geldmengen und die Gold- und Silberbestände der Deutschen Reichsbank in Merkers eingelagert. Hätten es die Einwohner des Ortes gewusst, sie hätten behaupten können, in der reichsten Gemeinde der Welt zu leben.

Eindrucksvoll wird dieser Abschnitt der Geschichte von Merkers unter Tage demonstriert. Um sich eine Vorstellung machen zu können von dem, was die Amerikaner, als sie 1945 als Erste hierherkamen, vorgefunden haben, sind Nachbildungen der Geldsäcke, Goldbarren und Kunstgegenstände in der *Schatzkammer* aufgebaut worden. Viel hatte Merkers also nicht von seinem Reichtum.

Allerdings wird noch von einem Schatz zu reden sein, der den Besuchern den Atem verschlägt. Und dabei handelt es sich wahrlich nicht um Attrappen à la Goldbarren aus der Nazizeit.

In einer Vitrine werden die verschiedenen Kaliumchloride präsentiert.

Hartsalz
Kaliumchlorid (KCl),
Natriumchlorid (NaCl),
Kieserit ($MgSO_4 \cdot H_2O$)

K_2O-Gehalt: 10 – 15%
MgO-Gehalt: 3 – 12%

Carnallit
Kaliumchlorid (KCl),
Natriumchlorid (NaCl),
Magnesiumchlorid ($MgCl_2$)

K_2O-Gehalt: 10 – 12%
MgO-Gehalt: 7,5 – 15%

Sylvinit
Kaliumchlorid (KCl),
Natriumchlorid (NaCl)

K_2O-Gehalt: 15 – 25%

Im **Großbunker** ist ein Konzertbesuch nicht nur wegen des besonderen Ambientes 500 Meter unter der Erde, sondern auch wegen der ausgezeichneten Akustik ein einmaliges Erlebnis.

Andersens Märchenwelt

Man könnte an Hans Christian Andersens Märchen von der Eisprinzessin denken, wenn man die Kristallgrotte betritt. Es blinkt und glitzert und strahlt – aber es ist nicht Eiseskälte, was einem begegnet, sondern ein reiches Spiel von Farben und extra für diese Schau komponierten Klängen. Zur allgemeinen Überraschung erzählt der Bergführer, dass es erst wenige Jahre her ist, als dieses Wunder der Natur, nämlich 1981, zufällig entdeckt wurde.

Oder war es wie bei Ali Baba? Sesam öffne dich! Aber da hätte er sich 800 Meter unter die Erde begeben müssen, wo vor 200 Mio Jahren die Geschichte der Salzlagerstätte begann. Wo das Wasser des Zechsteinmeeres verdunstete, blieb das Salz zurück, wieder und wieder. So bildeten sich Lagerstätten von bis zu 400 Meter Mächtigkeit auf einer Fläche von 1.000 km² aus.

Im Tertiär vor 15 bis 20 Mio Jahren, als sich die Alpen bildeten, geriet die Erde im Gebiet der heutigen Rhön in Turbulenzen. Die Wissenschaftler sprechen von *Rhönvulkanismus.* Aufsteigende Gesteinsschmelze durchschlug das Salz. Die Erde riss. Wasser drang ein und löste das Salz teilweise. In aller Regel brachen die Höhlen wieder ein, aber in diesem besonderen Fall sorgten steil stehende Flanken für die notwendige Stabilität. Kristalle wuchsen – bis zu einem Meter Kantenlänge! –, weil Wasser mit verschiedenen gelösten Salzen aufeinander trafen. Außer den wuchtigen Kristallen wuchs an den Wänden und Flächen ein *Kristallrasen* aus eng stehenden Kristallen (bis 40 cm).

Man steht und staunt und freut sich. Eine Attraktion solcher Art dürfte weltweit einzigartig sein. Merke: Auf nach Merkers!

Am Rand einer **Sylvinitkuppe** wurde 1981 auf der 2. Sohle des Bergwerkes Merkers ein mit Salzlösung und riesigen Steinsalzkristallen bis zu 1 m Kantenlänge gefüllter Hohlraum von 4.000 bis 5.000 m³ angefahren. Er entstand im Vorfeld des miozänen Basaltvulkanismus durch die Umbildung einer Anstauung (Kuppe) des aus Carnallitit bestehenden Kaliflözes Thüringen. Über Spalten aufsteigende Wässer führten zur Volumenreduktion und damit zur Hohlraumbildung. Der Hohlraum wurde durch einströmende Salzlösung stabilisiert. Aus der Salzlösung konnten sich in großem Umfang Steinsalzkristalle bilden. Durch das Eindringen von Basalt wurde das Zufuhrspaltensystem verschlossen. Das Geotop **Kristallsalzschlotte** dokumentiert auf spektakuläre Weise die im Zusammenhang mit dem Basaltvulkanismus stehenden Umbildungsvorgänge in den Kaliflözen des Werra-Kaligebietes. Besonders bemerkenswert ist dabei die natürliche Entstehung über viele Millionen Jahre.

Quelle: K+S Gruppe

Schaubergwerk Am Aschenberg

Die **Burg Liebenstein**

wurde vermutlich während der fränkischen Landnahme, also nach der Unterwerfung des Thüringer Königreiches, im 10. Jahrhundert von den fränkischen Eindringlingen zur Landsicherung erbaut. Von 1406 an wurde die Burg als „Lybenstein“ bezeichnet, was so viel bedeutet wie „von einem dichten Wald umgeben“. Burgherr *Hermann von Stein* setzte 1599 die teilweise zerstörte Burg wieder in Stand. Er empfahl *Herzog Casimir von Coburg* die Heilquellen der Umgebung. Damals entstand die Siedlung *Sauerborn*. Die Burg war bis 1667 bewohnt, wechselte mehrmals den Besitzer und verödete. Um 1800 erwarb *Herzog Georg I.* die Burg. Er vereinigte die beiden Orte *Grumbach* und *Sauerborn* unter dem Namen *Liebenstein*.

Quelle: www.bad-liebenstein.de

Liebenstein – aus zwei mach eins

Das Heilbad Liebenstein enstand 1801 aus den benachbarten Orten *Grumbach* und *Sauerborn*. Die Herzöge von Sachsen-Meiningen führten Bad Liebenstein im 19. Jahrhundert zu einer Blütezeit. 1800 wurde *Schloss Altenstein* zum Kurhaus umgebaut. Schon im Jahre 1610 hatte man die heilsame Wirkung des „fürtrefflichen Casimirianischen Brunnens“ entdeckt. In der Goethezeit entwickelte sich Liebenstein zum Modebad.

Noch heute haben die kohlesauren (daher die Ortsbezeichnung *Sauerborn* für „saurer Brunnen“) Quellen des ältesten Heilbades von Thüringen wegen ihrer erwiesenen Wirkung bei Erkrankungen von Herz, Kreislauf und Bewegungsapparat einen guten Ruf. Aus der Gründungszeit stammen klassizistische Bauten wie Fürstenhaus, Pfarrkirche, Brunnentempel, Trinkhalle und mehrere herzogliche Villen. In der *Villa Feodora* kann man Fresken nach Entwürfen von Ludwig Richter aus dem Jahre 1860 betrachten.

Die **historische Post** (Foto rechts) steht im Zentrum von Bad Liebenstein, zwischen den 1800 vereinigten Siedlungen *Grumbach* und *Sauerborn*. Das Fachwerkhaus wurde 1895 im hennebergischen Stil eines Landsitzes des 17. Jahrhunderts erbaut und sogar auf einer Briefmarke abgebildet. Es zählt zu den beliebtesten Objekten auf den Erinnerungsfotos der Gäste von Bad Liebenstein.

(nach „Thüringer Städte-ABC“, Sparkassen Kulturstiftung 1996)

Schaubergwerk Am Aschenberg

Klein und fein

Das *Schaubergwerk Am Aschenberg* ist überschaubar. Der Wahrheit die Ehre: Es ist ziemlich überschaubar. Aber wie so oft im Leben, ist es nicht immer die Größe, die überzeugt. Was mir besonders gefallen hat, ist die Liebe zum Detail in der umfangreichen Mineraliensammlung und vor allem – davon wird mehr zu berichten sein – die vermutlich größte Sammlung von bergmännischem Geleucht, die die Betreiber des Unternehmens, *Familie Schönau*, über Jahre zusammengetragen haben. Im 19. Jahrhundert wurde das Bergwerk im Kalksteinmassiv „umgewidmet" und ausgebaut in einen Eiskeller einer ortsansässigen Brauerei.

Es ist dem unternehmerischen Geist der Familie Schönau und der Unterstützung durch die Stadtverwaltung sowie dem Liebensteiner Bergbauverein zu verdanken, dass 1995 dieses Besucherbergwerk zugänglich gemacht wurde. Hier kann man die mehr als eintausendjährige Bergbautradition der Region nachvollziehen, die Suche nach Silber-, Kobalt- und Kupfererzen des Kupferschiefers, zuletzt auch nach Spat und Eisenerz, die wegen geringer Wirtschaftlichkeit eingestellt werden musste.

Bemerkenswert ist auch die umfangreiche Schau verschiedener Grubenlokomotiven und Förderwagen, die auf 280 Meter Gleisanlagen durch den Schönau'schen Garten zuckeln.

Familie Schönaus Sinn für hintergründigen Humor macht schon die skurrile **Wetterstation** deutlich, für die das berühmte Eselsbarometer Pate gestanden haben dürfte.

Geleucht ist ein Begriff aus dem frühen Mittelalter als Bezeichnung für Leuchtmittel des Bergmanns: Kerzen, Kienspan, Öllampen etc. Obwohl die Bezeichnung sehr alt ist, nennt der Bergmann auch heute noch seine Lampe Geleucht. Die ersten metallenen Öl-Lampen wurden als *Frosch* bezeichnet, da sie eine gewisse Ähnlichkeit mit Fröschen hatten. Danach kamen die Karbidlampen auf. Das waren 2-Kammer-Gefäße.
In die untere Kammer wurde Karbid gefüllt.
In der oberen Kammer befand sich Wasser.
Mittels Drehventil wurde das Wasser dem Karbid zugegeben. So entstand Azetylen-Gas. Dieses Gas wurde an dem auf der Lampe befindlichen Brenner gezündet. Um die Leuchtwirkung zu erhöhen, hatten viele Karbidlampen hinter dem Brenner einen Spiegel. Da offene Flammen häufig zu Explosionen von Methangas in Kohlebergwerken führten, schrieben Grubenbesitzer einen hoch dotierten Preis zur Erfindung einer explosionssicheren Lampe aus. So wurde die *Davy-Lampe* entwickelt.

Es werde Licht

Wahrscheinlich stimmt die Zahl schon nicht mehr, wenn dieses Buch erscheint, denn die Sammlung wird ständig um neue, interessante Exemplare bereichert. Also sage ich: Viele.Oder: Sehr viele Geleuchte hat Herr Schönau gesammelt. Und weil mich die Sammlung animiert hat, Licht ins Geleucht zu bringen, habe ich mich ein wenig umgesehen und mich schlau gemacht. Ich würde mich aber ins falsche Licht setzen, wenn ich nach dem Motto *„Wo alles klaut, kann ich allein nicht dichten"* mit Wissen prahlte, dass ich bei anderen abgeschrieben habe. Also zitiere ich ehrlich und verweise ansonsten auf die Schönau'sche Sammlung.

Kopflampe

Handakkulampe Polnische Benzinsicherheitslampe

Westfälischer Frosch

Mansfelder Doppelkopfschelle

Das Geheimnis war ein simples, engmaschiges, Drahtgitter um die offene Flamme. Dieses Gitter verhindert, durch Wärmeableitung, die Entzündung von Gas außerhalb der Lampe. Die Weiterentwicklung war der Einsatz von wieder aufladbaren Akkus statt Gas. Da auch Elektrizität durch Funkenüberschlag die Schlagwetter auslösen konnte, ähnelten die elektrischen Lampen immer noch den Gaslampen. Das Gewicht der Lampen betrug mehrere Kilogramm. Die Weiterentwicklung führte letztendlich zu den heute gebräuchlichen *Helmlampen*. Diese explosionsgeschützten Lampen trägt der Bergmann an einem Hüftgürtel. Über ein Kabel wird der Strom an die Helmleuchte übertragen. Diese modernen Lampen können vom Bergmann nicht geöffnet werden. Komplizierte Magnetvorrichtungen in den geschlossenen Gehäusen verhindern dies, um die größtmögliche Sicherheit zu gewährleisten. Trotz aller Entwicklungen und moderner Technik aber spricht der Bergmann immer noch von seinem *Geleucht*.

nach: www.mineralienatlas.de

Der Eingangsstollen

Technische Geräte wie sie zur aktiven Bergwerkszeit eingesetzt wurden, werden dem Besucher anschaulich erklärt und vorgeführt.

Steine leben

Als Kind bin ich oft und gern bei meinem Onkel Paul gewesen. Onkel Paul war Obersteiger und ein heiterer Mensch. Er hatte viele Bücher, in denen ich gerne las und blätterte. Aber etwas anderes faszinierte mich noch mehr: Im Mittelteil eines mächtigen Schrankes befanden sich hinter geschliffenem Glas unterschiedlich große, glitzernde, strahlende und bizarr geformte Minerale. Ich habe oft davor gestanden – herausnehmen durfte ich sie natürlich nicht – und zu ihnen gesprochen. Warum ich das tat, weiß ich nicht mehr. Jedenfalls hatte ich das Gefühl, sie hörten mir zu und verstanden mich. Seither bin ich fest überzeugt, dass Steine lebendige Wesen sind.

Steine sind jedenfalls nichts Totes. Sie wachsen und wirken, sie strahlen Schönheit und Ruhe aus, sie heilen sogar, auch wenn das gern belächelt wird. Der Probant deute das nur in sie hinein, sagen die Phantasielosen. Ach, da halte ich es mit Shakespeare: *Es gibt mehr Ding' im Himmel und auf Erde, als eure Schulweisheit sich träumen lässt.*

Über viele Jahre hinweg und in vielen Gebieten sind die Minerale zusammengetragen, aufbereitet, exakt beschriftet und übersichtlich präsentiert worden, die nun von den interessierten Besuchern in den Vitrinen bewundert werden können. Dank der Leihgabe von Dipl.-Mineraloge Rolf Scharf aus Steinbach ist daraus eine ansehnliche Sammlung geworden.

Zu guter Letzt: Wer nach dem Ausfahren sich nicht vom Duft aus Frau Schönaus Küche verführen lässt und ungerührt von dannen geht, dem ist wahrscheinlich nicht mehr zu helfen.

Die Vitrinen sind dicht gefüllt mit phantastisch gebildeten Minerale, die aus dem näheren Umfeld, aber auch aus allen Teilen der Welt stammen.

links unten:
Barytstufe

rechts oben:
Baryt

rechts unten:
Fluorit

Bohrmaschine NKR 100 Stahlausbau und Überkopflader

Bohrwagen Eigenbau aus dem Werk Schmalkalden

Loks und Loren locken

Bevor die Besucher ins Bergwerk einfahren, können sie erst einmal eine kleine Runde mit der alten Bergwerksbahn durch den Garten – immerhin 280 Meter – drehen. Die Lok und der Mannschaftswagen stammen aus dem Jahr 1954 und sind liebevoll gepflegt. Bei dieser Gelegenheit kann man weitere Grubenloks und historische Förderwagen betrachten.

Die nächste Station ist ein kleines Museum, in dem 1000 Jahre Bergbaugeschichte des Liebensteiner Raumes präsentiert werden. Über viele Jahre hat der Besitzer, ein leidenschaftlicher Speläologe, Ausrüstungsgegenstände, Werkzeuge, Uniformen und Helme sowie zahlreiche Abbildungen zusammengetragen, die er dem Besucher sachkundig erläutert.

Der Faszination der umfangreichen Sammlung von Mineralien, Erzen, Fossilen – darunter auch der Knochen eines Höhlenbären – kann man sich schwerlich entziehen. Und von der Vielfalt der Geleuchte, die in den Vitrinen ausgestellt werden, war schon die Rede.

Von der Bergmannskaue aus geht es ins eigentliche Bergwerk, das problemlos zu befahren ist. Die Führung dauert etwa 45 Minuten. Wie gesagt, das Bergwerk ist überschaubar. Dennoch gewinnt man einen nachhaltigen Eindruck über die Arbeit und das Leben unter Tage. Werkzeuge, Maschinen und unterschiedliche Techniken werden vorgestellt, wie sie in Liebenstein verwendet wurden. Dazu gehören die unterschiedlichen Typen von Bohrgeräten, Grubenbahnen und Aufzügen sowie die unter Tage und zur Außenwelt den Kontakt ermöglichenden Kommunikationsanlagen.

Im Freigelände des Schaubergwerkes befindet sich eine Grubenbahn, die in einer kleinen Parklandschaft fährt. Diese Bahn ist bei schönem Wetter von April bis Anfang Oktober in Betrieb. Die Lok und der Mannschaftswagen sind Baujahr 1954 und im Originalzustand.

Neben dem Biergarten im Grünen befindet sich eine **Freilandmodellbauanlage** von LGB. Ein Spielplatz mit Schaukel und Rutsche sowie eine Spiellok zum Klettern stehen Kindern zur Verfügung.

Besucherbergwerk Hühn

Was rauscht denn da?

Nein, es ist nicht das Meer. Es ist der *Trusetaler Wasserfall.* Diese touristische Attraktion ist allerdings eine Erfindung des Baurats Specht aus dem Jahre 1865. Durch eine Stauanlage wird das Wasser der *Truse* unterhalb von *Brotterode* abgeleitet und mittels eines Wasserfallgrabens etwa 3,5 km durch eine idyllische Waldlandschaft bis zum *Öhmigshauk* geleitet. Dort ergießt sich das Wasser zunächst über zwei kleinere Fälle und stürzt dann fast wie im Hochgebirge über Granitfelsen 50 Meter in die Tiefe. Von einem Sammelbecken aus fließt das Wasser wieder zurück in die Truse. In der kalten Jahreszeit ist das Wasser zwar abgestellt, aber als ein bizarres Gebilde kann man das zu Eis gefrorene Wasser nunmehr bewundern. Mit einem kleinen Trick wurde so eine Attraktion geschaffen, die zahlreiche staunende Besucher immer wieder anlockt.

Der Ort *Trusetal* selbst ist auch eine Erfindung. Er entstand 1950 durch die Zusammenlegung der Orte *Herges-Auwallenburg, Trusen, Elmenthal* und *Laudenbach.* Diese Dörfer zählen zu den ältesten Siedlungen im Kreis Schmalkalden-Meiningen. Erste Erwähnung finden diese Orte bereits 933. Für das 12./13. Jahrhundert gibt es Hinweise auf Bergbau, Eisenverarbeitung und Scharschmiede. Im Mittelalter hat ein Vogt in Herges die Gruben im Auftrag des Klosters Breitungen verwaltet und das Erz an die umliegenden Hütten verkauft. Spat wird seit 1870 abgebaut.

Eine andere Attraktion von *Trusetal* ist der 28 m hohe *Wallenburger Turm,* von dem aus man weit ins *Werratal* und in die *Vordere Rhön* blicken kann.

Truse war der Mittelpunkt des Trusegrundes, Kirchdorf, Beerdigungsplatz und Sitz der Obervogtei Herrenbreitungen. Auch *Heßles* und *Nüßles* gehörten zum Kirchenspiel. **Herges-Vogtei** war Sitz des Hünenvogts. **Auwallenburg**, bis 1185 *Gerdrode*, 1249 als *Gernotshagen* erwähnt. Mit dem Bau der Wallenburg 1247 wurde die Siedlung in *Auwallenburg* umbenannt. 1103 sollen Bergwerke im *Leimbach* und 1185 an der *Erzschwinde* bestanden haben. Neben Bergbau war die Zigarrenmacherei ein wichtiger Wirtschaftsfaktor. **Elmenthal** wurde im 17. Jh. von der Pest heimgesucht. Der Legende nach hat nur ein Einwohner überlebt. Der Ort wurde aufgegeben und an den heutigen Standort verlegt. **Laudenbach** gehörte dem Minnesänger *Otto von Botenlauben,* kam an die *Frankensteiner* Grafen und 1330 an die Grafen *von Henneberg*. **Wahles** blieb ein Bauerndorf und hatte im Mittelalter einen herrschaftlichen Hof. Anfang des 19. Jahrhunderts wurde hier Torf gestochen.

Besucherbergwerk Hühn

1000 Jahre Bergbaugeschichte im Revier

Der *Trusetaler Wasserfall* ist nicht die einzige Attraktion des Ortes. Seit einiger Zeit gibt es einen *Zwergenpark.* Weniger bekannt, aber deswegen nicht weniger attraktiv, ist das *Besucherbergwerk „Hühn"*, in dem noch bis vor wenigen Jahren – ursprünglich Eisenerz und Mangan, später Schwer- und Flussspat abgebaut wurden. Und angesichts der wachsenden Weltmarktpreise für Flussspat ist nicht ausgeschlossen, dass die reichlichen Lagerstätten wieder an Bedeutung gewinnen könnten.

Für einen Besucherstrom größeren Ausmaßes ist das bereits ein Jahr nach Einstellung der Förderung als Schaubergwerk eröffnete Stollensystem allerdings nicht eingerichtet. Es empfiehlt sich schon, vorher anzufragen und Karten zu bestellen, denn viel größer als 20 Personen auf einmal kann eine Gruppe aus Platzgründen nicht sein. Doch falls man bis zur nächsten Führung warten muss, kann man sich in der reizvollen Umgebung umsehen, zum 800 Meter entfernten *Wallburger Turm* wandern und von da einen weiten Blick über Thüringen zu werfen oder sich im nahen *Kräutergarten* den Duft der Minze um die Nase wehen lassen. Oder man verkürzt sich die Wartezeit mit einer guten Tasse Kaffee im Restaurant.

Das Warten lohnt sich unbedingt. Auf einem Abschnitt von etwa 550 Meter unter Tage durchwandert der Besucher die Geschichte des 1000-jährigen Bergbaus der Region. 18 verschiedene Stationen sind eingerichtet, um die Arbeitsweise, Abbaumethoden und Lebensumstände der Bergleute kennenzulernen. Sogar eine kurze Fahrt in den nicht unbedingt für längere Urlaubsreisen eingerichteten Transportwagen, gezogen von der akkubetriebenen Grubenlok, gehört ins Programm der Führung. Wenn schließlich der mit Pressluft betriebene Bohrhammer in Betrieb gesetzt wird, nur für wenige Sekunden und mit stark gedrosselter Kraft, bekommt man auch einen annähernden Eindruck von dem im Sinne des Wortes ohrenbetäubenden Lärm, der während der Schicht geherrscht hat.

Die **Lagerstättenbildung** steht im Zusammenhang mit der saxonischen Mineralisation, während der entlang von Klüften, Spalten und Störungen mineralisierte Lösungen aufstiegen und zu einer hydrothermalen, teils auch metasomatischen Eisenerz-Baryt-Fluorit-Mineralisation führten. Eine derartige Struktur ist die Stahlbergverwerfung, die den Unteren Buntsandstein des südlichen Gebirgsvorlandes vom Trusetalgranit im Norden trennt. Parallel zu dieser Struktur verlaufen zahlreiche mineralisierte Fiederspalten, an die die Lagerstätte Hühn gebunden ist. Im Revier Hühn wiesen sechs dieser Mineralgänge eine Bauwürdigkeit auf. Besondere Bedeutung kommt dem ca. 500 Meter langen und zwei bis zehn Meter mächtigen Hauptgang, dem etwa 1.000 Meter langen Turmgang sowie dem Buchenberggang zu. Im oberen Bereich der Gänge steht meist Baryt, im tieferen Bereich Fluorit an.

Quelle: Thüringen Untertage

Jahrmillionen Erdgeschichte

Der Thüringer Wald ist als Teil des *Variskischen Gebirges* ein Faltengebirge, das vor 320 Millionen Jahren weite Teile Mitteleuropas überzog. Er bestand aus Schwellen (wie das *Ruhlaer Kristallin*) und Mulden. Die Schwellen erodierten stark während des *Rotliegenden* (untere Stufe des Perm).

In den Mulden sammelte sich über mehrere Millionen Jahre die *Molasse* (Gebirgsschutt). Die Gesteinsmasse wurde bis zu 1.000 Meter abgetragen, das Faltengebirge wandelte sich in eine Ebene. Man kann bei der *Drachenschlucht* nahe Eisenach gut beobachten, wie sich Geröllmassen und Schuttströme zu regelrechten Konglomeratfelsen verfestigt haben.

Durch die Verschiebung der Erdschollen, durch Erdbeben und vor allem vulkanische Aktivitäten wurde die Erdkruste aufgerissen. Lavaströme ergossen sich über das Land, die schnell erkalteten. Es entstanden besonders verwitterungsbeständige Härtlingskuppen aus Quarzporphyr, die das Grundgebirge zum Beispiel am *Großen Inselsberg*, am *Großen Beerberg* oder am *Schneekopf* überragten.

Vor allem schwerspathaltige Lösungen waren es, die an die Oberfläche gelangten. So entstanden Mineralgänge (Baryt und Fluorit), zum Teil eng verwachsene Mineralaggregate aus Schwerspat und Eisenerz, denn das unter hohem Druck meist flüssige, auch gasförmige Erdinnere drang in jede Ritze und Spalte, die durch die Erdbewegungen entstanden war, füllte sie aus, erkaltete und bildete eine feste Verbindung.

Allmählich beruhigte sich die Erde. Die Rotliegend-Landschaft mutierte zu einer lebensfeindlichen Wüste. Das vom Norden her vordringende Zechsteinmeer überflutete die ausgetrockneten Gebiete in großen Teilen Europas. Bizarre Riffkalkfelsen bildeten sich in flachen Meeresteilen und in Küstennähe, wie man es zum Beispiel bei Bad Liebenstein noch sehen kann.

In den tieferen Meeresteilen bildeten sich unter dem hohen Druck des Wassers Kupferschiefer sowie Kali- und Steinsalzlagerstätten. Außerdem entstanden mächtige Kalk- und Tonsteinsedimente.

Vor 40 Millionen Jahren wurde der Thüringer Wald durch die Bildung der Alpen um nahezu 1.000 Meter herausgehoben, während gleichzeitig der Prozess der Erosion einsetzte. Diese tektonischen Vorgänge sind bei weitem nicht abgeschlossen, auch wenn unsere Lebenszeit nicht ausreicht, das ständige Vergehen und Werden wahrzunehmen. Welche Kräfte am Wirken waren und noch immer sind, kann man im Bergwerk unter kundiger Führung immerhin ahnen.

Fünf Gänge, aber kein Menü

Noch bevor man in das Besucherbergwerk einfährt, kann man sich auf der Freifläche davor ein Bild von der schweren Arbeit des Bergmannes machen. Und die Technik ist relativ jüngeren Datums, denn bis 1990/91 war das Bergwerk noch in Betrieb, bevor die Gewinnungsarbeiten eingestellt wurden.

Der Rundgang beginnt wie immer mit einem zünftigen „Glück auf!“ – zünftig jedenfalls vom Bergführer, die Besucher sind meist noch etwas verhalten. Das ändert sich bis zum Ausfahren meistens, da ist man schon etwas „bergmannisiert“.

Und begrüßt wird man auch auf gespenstische Weise, sobald man eingefahren ist. Da steht ein Berggeist, eher freundlich winkend als Schrecken verbreitend, neben einer mit Gestein gefüllten Lore. Das war übrigens das einzige Zugeständnis an das Gruselbedürfnis der Besucher. Ansonsten gibt das Bergwerk ein sehr realistisches Bild von der Arbeit unter Tage.

Das Bergwerk leitet den Namen von dem in der Nähe befindlichen Bergmassivs *Hühn* ab. Es gehörte bis zu seiner Stilllegung im Jahre 1990 zum damaligen *VEB Fluss- und Schwerspatbetrieb – Werk Schmalkalden.*

Mit dem Abbau von Schwerspat wurde im Jahre 1900 begonnen. Die nahegelegene *Grube Mommel*, wo neben Eisenerz auch Schwerspat gefördert wurde, war zu diesem Zeitpunkt schon 20 Jahre in Betrieb. Fünf selbstständige Gänge wurden von der Talsohle her aufgeschlossen und abgebaut. Die wichtigsten Minerale in der linsenförmigen Vererzung, die hier vorkommen, sind Baryt, Fluorit, Anhydrit und Quarz.

Der Berggeist begrüßt die Besucher. Bergleute sind oft abergläubig und wissen, dass sie der Berggeist bestraft, wenn sie sich nicht an seine strengen Regeln halten, ansonsten beschützt er sie bei Gefahr. Ob es da zur Heiligen Barbara Interessenkollisionen gibt, war nicht zu erfahren.

Lampenflora hat sich in der Nähe der elektrischen Beleuchtung angesiedelt.

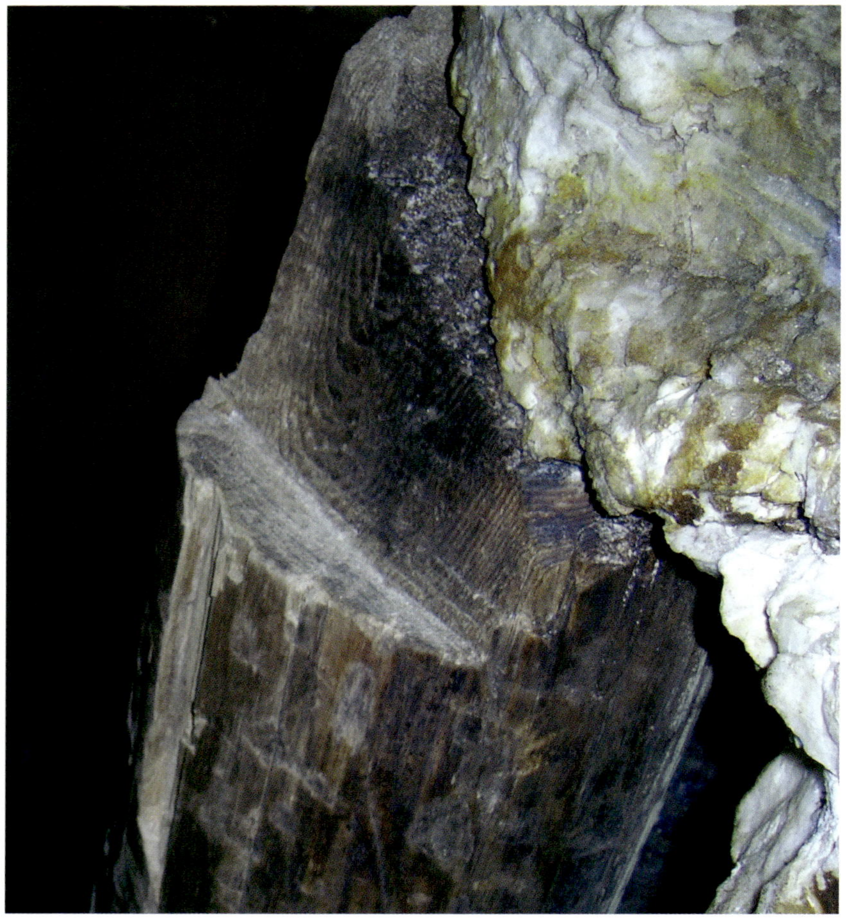

Kräftige Stempel aus Kiefernholz wurden eingesetzt, um den First zu stützen. Kiefernholz hat die Eigenschaft zu flüstern, sagen die Bergleute; denn bevor es bricht, knistert es und warnt damit bei drohender Gefahr.

Der Spat wurde von oben nach unten abgebaut. Von der Talsohle aus wurden die Gänge aufgeschlossen. Sie schwenkt nach ungefähr 1.500 Meter in den *Turmgang* ein und endet bei einer Gesamtlänge von 1.500 Meter. Der Spat wurde unterhalb der Talsohle über drei Tiefbausohlen (35-m-, 80-m- und 128-m-Sohle) abgebaut. Der *Buchenberggang* wurde über einen Querschlag von der Talsohle über einen Gang bis zur 35-m-Sohle noch bis in die 60er Jahre des vorigen Jahrhunderts genutzt, zehn Jahre später baute man den *Turmgang* ab.

Flussspat wurde auf einem Niveau der 128-m-Sohle seit den 80er Jahren des letzten Jahrhunderts abgebaut. 1998 wurde die *Grube Hühn* über die Nebenrampe, 128-m-Sohle, an das Fördersystem Schrägstollen angebunden. Damit war die Möglichkeit geschaffen, am Schrägstollen bei Lauterbach, einem Ortsteil von Trusetal, ins Bergwerk zu gelangen und die Gruben *Mommel* und *Hühn* zu befahren, um am *Gieselbergschacht* am Stahlberg bei Arterode, einem Ortsteil von Seligental, wieder auszufahren.

Die Jahresförderung der *Grube Hühn* wird für die letzten Jahre mit 22.000 Tonnen Schwerspat (darin 2.000 Tonnen Flussspat) angegeben. 72 Bergleute haben in der Grube gearbeitet, hinzu kamen vier Elektriker, sechs Schlosser, ein Schmied, zwei Küchenfrauen und eine Mitarbeiterin für die Materialbeschaffung. Die Aufsicht lag in der Verantwortung eines Reviersteigers, unterstützt von drei Steigern. Die wöchentliche Arbeitszeit betrug 40 Stunden.

Mit dem Beitritt der DDR zur Bundesrepublik Deutschland galten neue wirtschaftliche Prinzipien. Der Abbau „rechnete“ sich nicht mehr. Am 31. Juli 1990 wurde die Spatgewinnung nach 90 Jahren in der *Grube Hühn* eingestellt.

Abbau und Verarbeitung

Überwiegend als Abbauverfahren wurde in den letzten Jahren der so genannte *Scheibenbruchbau* (Scheibe = Lagerstättenabschnitt von abbaugünstiger Höhe) mit künstlichem Dach angewendet, das aus Holzstangen oder Maschendraht bestand und durch Kappen und Stempel abgestützt wurde. Die Abbaubetriebspunkte wurden über 300er Luttenleitungen sonderbewettert. Die Abbauflügel wurden in der Regel nicht länger als 30 Meter aufgefahren. Dazu wurde vertikal im Einfallen des Ganges von 50° bis 85° ein *Sturz- und Fahrtrum* und im Anschluss eine Kopfstrecke dem Gangverlauf folgend aufgefahren. Im Allgemeinen hatten die Scheibenbruchbaue nur einen Zugang von der unteren Sohle.

Hohe Aufmerksamkeit wurde vom **Maschinisten** verlangt, der das Ein- und Ausfahren der Förderkörbe zu überwachen hatte.

Besonders gemütlich war es vielleicht nicht, unter Tage sein Brot einzunehmen, aber eine Wärmeplatte im Hintergrund sorgte wenigstens für etwas Wohlbefinden.

Bergleute vor dem neuen Mundloch

Das neue Mundloch

Aussortieren am Klaubeband

Eine Trockentrommel

Die Gewinnungsarbeiten erfolgten in Abhängigkeit von der bauwürdigen Gangmächtigkeit in streichendem bzw. querschlägigem Verhieb mit Hilfe der Bohr- und Sprengarbeit.

Für die Abförderung des *Haufwerkes* (Gemisch aus festen Partikeln, die lose vermengt oder fest miteinander verpresst oder verbacken sind) auf dem Abbau sind Schrapper vom Typ S 1000 eingesetzt worden. Die Einleitung des Bruches bzw. des Nachziehens bereits vorhandener Bruchmassen oder Bergemassen erfolgte durch das Rauben bzw. Zubruchschießen des Ausbaues im ausgeerzten Abbauraum. Erforderlichenfalls war das Hangende und Liegende mit anzubohren und durch Sprengarbeit zu aktivieren.

Die Trennung des Schwerspates vom Flussspat und vom tauben Gestein sowie die Sortierung nach Qualitätsmerkmalen in Weiß-, Hell-, Grau- und Dunkelspat erfolgte in der Setzwäsche der *Mommel.* Das zu Feinspat (Körnung unter 20 mm) zerkleinerte Material wurde zur *Prallmühle* und danach zu den *Glasiertrommeln* transportiert, wo die Einteilung nach Korngröße bis 1,5 mm, von 1,6 bis 3 mm, von 4 bis 5 mm und schließlich von 6 bis 8 mm vorgenommen wurde. Die verschiedenen Korngrößen wiederum wurden den *Setzmaschinen* und die Korngröße < 1,5 mm dem *Gegenstromaggregat* zugeführt. Hier wurde der Spat durch die Setzungsprozesse noch einmal in bestimmte Korngrößen und in Hell-, Mittel-, Grau- und Dunkelspat, abhängig vom Vermischungsgrad mit taubem Gestein, aussortiert. Die dabei anfallenden Korngrößen < 1,5 mm wurden erneut zum Gegenstromaggregat geleitet.

Unter Zusatz von Wasser wurden durch Gegendruck im Gegenstromaggregat die Spatkörner von den leichteren Materialien ausgefällt. Von der Stärke des Gegenstroms und von dem aufgegebenen Haufwerk hing die Qualität des Spates als Endprodukt ab. Im letzten Arbeitsprozess wurde der sortierte Spat schließlich getrocknet.

Quelle: www.besucherbergwerk-trusetal.de

Das Außengelände vermittelt einen Eindruck über das Bergwerk. Schwere Technik, Transportanlagen und Aufbereitungsstätten erinnern an viele Jahre bergmännischer Geschichte.

Besucherbergwerk Finstertal

Die **Schmalkaldischen Artikel** sind neben dem *Kleinen* und *Großen Katechismus* die einzige Bekenntnisschrift aus *Luthers* Feder. Sie wurden im Auftrag des sächsischen Kurfürsten Johann Friedrich im Jahr 1537 verfasst. Später wurden sie Teil des *Konkordienbuches*, in dem die Grundlagen des evangelisch-lutherischen Glaubens niedergelegt sind.
Sie enthalten insbesondere eine Auseinandersetzung mit den Lehren und Praktiken der römisch-katholischen Kirche, die die Lutheraner ablehnen. Themen sind Erlösung, Messe, Papsttum, Heiligen- und Reliquienverehrung, Ablass und ähnliche Themen. Die Sprache ist deutlich und einprägsam. Die *Schmalkaldischen Artikel* wurden von insgesamt 43 führenden Gelehrten unterzeichnet, u.a. von *Philipp Melanchthon* und *Georg Helt*.

Quelle: wikipedia

Schmalkalden im Bunde

An einem schmalen, kalten Fluss, der *Schmalkalde*, die am Südhang des *Großen Jagtberges* (Rennsteig) entspringt und nach 25 Kilometern bei *Niederschmalkalden* in die Werra mündet, liegt die Stadt, der sie den Namen gegeben hat: *Schmalkalden*. Da fällt uns doch gleich der *Schmalkaldener Bund* ein. Wie war das? Ach ja, 1531 haben sich hier die protestantischen Fürsten und Reichsstände gegen den mit dem Papst verbündeten *Kaiser Karl V.* zusammengeschlossen. Und 1537 fasste *Martin Luther* in den *Schmalkaldischen Artikeln*, dem Bundesprogramm der fürstlichen Gruppierung, die Hauptlehre noch einmal zusammen. So war das. Die verbündeten Truppen wurden 1547 bei Mühlberg vom kaiserlichen Heer besiegt. Erste Erwähnung fand der Ort schon 874. Die Besitzer wechselten mehrfach. Mitte des 11. Jahrhunderts kam Schmalkalden zu *Würzburg*, dann zu den *Ludowingern*, schließlich an die *Henneberger*, die dem Ort 1335 das Stadtrecht verliehen. 1521 fiel Schmalkalden an die *Landgrafen von Hessen*, 1866 wurde sie preußisch und erst seit 1945 ist Schmalkalden wieder eine Stadt in Thüringen. Die verkehrsgünstige Lage, Eisenerzbau, Schmieden und Waffenschmieden führten Schmalkalden im 15./16. Jahrhundert zu hoher Blüte. Der hessische *Landgraf Wilhelm IV.* errichtete 1584-1590 im Stil der Spätrenaissance seinen Jagd- und Sommersitz, die sehenswerte *Wilhelmsburg* mit Festsaal und Schlosskapelle. Zahlreiche Fachwerkhäuser prägen den denkmalgeschützten Altstadtkern. Viel Geschichte lebt in dieser Stadt. Und viel Zukunft ist ihr zu wünschen.

Besucherbergwerk Finstertal

Asbach unterirdisch

Schon in frühgeschichtlichen Zeiten waren die Vorkommen von Eisenerz in den Asbacher Bergen Anlass für die Ansiedlung von Bergleuten. Im 16. Jahrhundert wurde dann auch Kupfererz und von 1722 bis 1847 Kobalterz, später auch Schwerspat abgebaut. In den Jahren 1858 bis 1934 konzentrierte sich die Arbeit der Bergleute im Asbacher Gebiet auf die Gewinnung von Roteisen und Manganerz in der Grube von Finstertal.

Seit 1959 ist die einstige Grube als Lehr- und Besucherbergwerk zu besichtigen. Bereits in einer kleinen Ausstellung liegen verschiedene Mineralien der Region aus. Der Besucher erhält auch Einblick in die Arbeitswelt der Bergleute. Das ausgestellte Gezähe (Werkzeug) macht deutlich, unter welch harten Bedingungen im Berg gearbeitet wurde. Interessant ist auch die Präsentation der verschiedenen Geleuchte, wie der Bergmann die Lampen nennt, mit denen er einfährt.

Auf einer Strecke von etwa 350 Meter Stollen und Querschlägen bekommt der Besucher eine beeindruckende Lehrstunde zur Geologie des Gebirges. Beeindruckend auch, was an fluoreszierenden Mineralien aufleuchtet. Durch einen Zufall wurde vom Bergführer Hauck mit einer Schwarzlichtlampe entdeckt, was sich bei normaler Beleuchtung nicht erkennen lässt.

Die Bergbaupyramide wurde 2007 vom Verwalter Karl Hauck nachgebaut. Das Original stammt aus dem 17./18. Jahrhundert. Die Abkürzung AR auf den Hutblechen weist darauf hin, dass die Vorgesetzten eine gute Ausbildung in Freiberg hinter sich hatten.

Bei diesem Geleucht handelt es sich um eine **Zittauer Kugel**. Frisch aufgefüllt mit Öl hält sie bei kleiner Flamme bis zu 36 Stunden. Sie wurde auch oft in einem Gehäuse als „Kukuk“ gefahren.

Es waren *Philipp Holland* und *Valentin Preiss* aus Asbach, die im Jahre 1858 die Abbaurechte der Grube Finstertal erwarben. Ein besonders lukratives Geschäft kann es nicht gewesen sein, denn zusitzende Grubenwässer erlaubten nur einen sporadischen Abbau. Verschiedene Asbacher Familien werden genannt, bis 1891 die Kaufleute *Sandel* und *Fink* aus Eisenach bzw. Nesselröde als Besitzer firmieren. Die *Gebrüder Fink* erwarben bis 1918 noch 15 weitere Gruben des Asbacher Raumes. Unter nicht ganz geklärten Verhältnissen – die Konsolidierung konnte wegen des Fehlens eines Eigentumsnachweises rechtlich nicht vollzogen werden – traten ab 1919 die Nachbargruben *Julian* und *Finstertal* – bald *Vereinigte Julian und Finstertal* – auf. Noch zweimal wechselten die Grubenbesitzer, bis die mangelnde Ergiebigkeit und die ständig zusitzenden Grubenwässer im Jahre 1934 einen weiteren Betrieb wirtschaftlich nicht mehr zuließen.

Die *SDAG Wismut*, in deren Auftrag damals die halbe Republik durchsucht wurde, stellte ihre 1950 aufgenommenen Bohrungen nach uranhaltigem Erz bald wieder ein. Eine weitere Erkundungsbohrung wurde 1956 niedergebracht und führte zu einem ebenfalls unbefriedigenden Ergebnis – ein Glück für die schöne Landschaft, die damit erhalten blieb.

Es ist der Initiative Asbacher Bürger zu verdanken, die aus Liebe zu ihrer Heimat und deren Geschichte den Mut und die notwendige Bereitschaft aufbrachten, aus dem still gelegten Bergwerk ein Lehr- und Schaubergwerk zu machen, das am 4. Oktober 1959 der Öffentlichkeit übergeben wurde. Seither kommen zahlreiche Besucher nach Asbach, um zu staunen und zu lernen und Entspannung zu finden.

Vorsicht! Sprengkammer!

In der *Grube Finstertal* sind die Bergleute einem Gang gefolgt, der Ankerit, Roteisenerz und vor allem Braunstein führte. Also gut, dass sie nicht gesagt haben: „Hier graben wir mal ein bisschen den Berg an", ist mir schon klar. Umfangreiche Kenntnisse und vor allem Erfahrungen musste einer schon mitbringen, wenn er sich ans Werk machte. Dennoch, von außen sieht man dem Berg nicht an, welche Schätze er in sich birgt – oder? Das sieht man vielleicht mit der Multispektralkamera aus dem Weltraum, aber die hatten die Bergleute damals nicht zur Verfügung. Oft haben sie auch über Monate Gänge vorgetrieben in der Hoffnung, auf erzhaltiges Mineral zu stoßen, was sich dann als trügerisch erwies, wie in der *Grube Finstertal* zu sehen ist. Und alles wurde früher mit der Hand vorgetrieben. Sprengen, sagt der Bergführer, kam erst viel später.

Wir standen vor der Sprengkammer, die mit einer schweren Tür etwas abseits eingerichtet war, ein kleiner Stollen gegenüber, um im Ernstfall den Druck nicht gleich in den Berg zu treiben.

Die Tür klemmt ein bisschen, sagte der Bergführer, *drücken Sie ordentlich dagegen.* Ich wollte mich nicht blamieren und stieß die Tür mit einem kräftigen Ruck auf, um gleich erschrocken zurückzufahren. Ein Skelett! Der Bergführer hatte seinen Spaß.

Die Kammer hatte er erst einmal gründlich aufräumen müssen, denn der Boden lag voller verdorbener Tierfelle. Was es damit auf sich hat, fand er erst später heraus. Mindestens vier Zentimeter hoch musste die Sprengkammer mit Tierfellen ausgelegt sein, kein Nägelchen durfte in ihr liegen und mit eisenbewährten Schuhen durfte niemand eintreten. Grund: *Das im Berg gelagerte Sprengmaterial war hochexplosiv und leicht entzündlich. Ein kleiner Funke hätte genügt, und der ganze Laden wäre in die Luft geflogen.* Mag sein, dass dieser Gedanke die Idee mit dem Skelett hervorgebracht hat. Das ist vielleicht nicht ganz im Sinne der Speläologen, aber bierernst ist es unter Bergleuten wohl nie zugegangen. Ich denke an den letzten Satz eines Sprengmeisters. *Was iss' das für'n Draht?*

Der Gangstrecke 1 folgend kommt man in den angeschlossenen Querschlag Süd, der als Gezähekammer ausgebaut wurde. In ihr befindet sich seit 1997 auch ein **Kompressor** aus dem Jahre 1919.

Zu besichtigen sind auch Maschinen und Werkzeuge, die unter Tage eingesetzt wurden. Die Spitzen der Bohrer bestanden aus einem besonders gehärteten Stahl; eine Kunst, die heute kein Schmied mehr beherrscht, behauptet der Bergführer.

Es gibt größere Bergwerke als die 350 Meter lang für Publikum erschlossene *Grube Finstertal*, zu empfehlen ist der Besuch dennoch. Ich verrate auch keinem, was hinter der Tür zur Sprengkammer steckt.

Schwerspat
mit Pseudometamorphose Quarz zu Calzit (Grube Finstertal).

Bergkristall
Druse mit Calcit in jüngerem Oberhöfer Porphyr (Grube Finstertal)

Stein auf Stein

Die Geschichte muss nicht unbedingt wahr sein, aber dann ist sie wenigstens schön. Vermutlich ist sie auch wahr. Eines Tages nutzte ein Besucher des Bergwerkes die Gelegenheit, dass seine Frau mal schnell wohin musste, um den Bergführer zu fragen, ob man bei ihm auch Steine kaufen könne. Und er hatte auch einen bestimmten Wunsch: Aventurin. Der Bergführer zeigte ihm eine Schale, in der diese Steine lagen, Stückpreis eine Mark damals. Der Mann nahm einen Stein, und legte ihn wieder zurück, er nahm einen zweiten, den er auch zurücklegte. Der dritte war es, den er suchte und also gefunden hatte. Der Bergführer war neugierig geworden. *Es ist so,* erzählte der Gast leise, damit niemand mithören konnte, *meine Frau hatte starke Schmerzen im Schulterbereich. Ich bin Orthopäde, Professor. Aber ich habe sie zu einem Kollegen geschickt. Der konnte nicht helfen, ein zweiter auch nicht. Gegen meine ausdrückliche Bitte suchte meine Frau einen Heilkundigen auf. Der riet ihr, auf die schmerzende Stelle einen Aventurin aufzulegen. Was soll ich Ihnen sagen? Die Schmerzen ließen bald nach und verschwanden gänzlich.*

Der Bergführer amüsierte sich und wollte wissen, ob seine Frau nun Schmerzen an der anderen Schulter habe. *Nein,* sagte der Professor, *ich selbst habe welche und kriege sie mit nichts weg. Aber werde ich vor meiner Frau zugeben können, dass die Quacksalberei mit dem Stein geholfen hat?*

Wie gesagt, es kann eine erfundene Geschichte sein. Bei Bergführern bin ich mir da nicht mehr ganz sicher. Aber es ist eine schöne Geschichte – und vielleicht stimmt sie wirklich.

Anschliffe im Ausstellungsbereich:

1.
Jaspis und Quarz auf Porphyr (Hirschberg)

2.
Bergkristall auf Porphyr (Hackegraben)

3.
Amethyst und Jaspis auf Porphyr

4.
Jaspis Brekzie (Burkliete)

5.
Grüner Achat (Hirschberg)

6.
Achat (Kohlberg/Kristallstein)

Als **Lochstein** bezeichnet man im Bergbau einen Grenzstein, der die Eigentumsgrenze an einem Bergwerk über Tage markiert. Lochsteine wurden bis ins 19. Jahrhundert oberirdisch nach einer markscheiderischen Vermessung „eingefällt" und zeigen an, wie weit der unterirdische Abbau gehen durfte. Sie zählen zu den letzten über Tage sichtbaren Zeugen eines frühen Bergbaus.

Lochstein der ältesten Form (Dörnberg/Asbach). Deutlich ist das Loch auf der Oberseite zu erkennen, das den Steinen den Namen gab.

Loch im Stein

Zitiert aus K. Hauck: Die Asbacher Berge – geologisch gesehen ein Sauhaufen; in: Glückauf Thüringen, H. 2, Sondershausen.

Der Abbau in diesem Revier [Asbacher Bergbau -U.V.] basiert auf der vom Hessischen Landesherrn in den Jahren 1536 und 1537 erteilten Bergfreiheit. …Grundlage dieser Bergfreiheit ist die *Kursächsische Bergordnung.* Um in Zukunft nicht mehr weiterhin genötigt zu sein, fremde Ordnungen zugrunde zu legen, entschließt sich der Landgraf Moritz von Hessen mit der am 21. März 1616 verkündeten Bergfreiheit auch eine eigene Bergordnung zu erlassen.

Im Artikel 12 … steht: *Vom Schweren* [schwören] *zum Vermessen, und Vorgehen der Schnur und Lochstein.* Danach wird vom Bergmeister, nach dem leiblichen Eid durch den Lehnträger oder Vorsteher der Zeche, den er mit *aufgehobenen Finger schweren, dass der Gang darauff er sich vermessen lassen, sein rechter belehnter Gang sey,* die Fundgrube mit *42 Lachter* und einer *Massen mit 28 Lachter Feldes* vermessen. Dabei musste der Lehnträger oder Vorsteher der Schnur vorgehen. Das so vermessene Grubenfeld musste der Lehnträger anschließend durch die anwesenden Berg-Geschworenen *verlochsteinen* lassen. Dies wurde anschließend beim *Berckmeister* eingezeichnet. Die Lochsteine über Tage und die Erb- und Markscheidestufen in den Gruben mussten jedem neu hinzukommenden Steiger und Schichtmeister von den alten Steigern oder Schichtmeistern der Grube im Beisein der Geschworenen gezeigt werden. Wer versuchte, die Lochsteine vorsätzlich aufzureißen oder zu verrücken, bzw. die Erbstufen *betrüglicherweise aufzuhauen, zu verschmieren, zu verzimmern oder gar zu verstürzen,* wurde peinlich bestraft. Die aufwändige Arbeit der Setzung von Lochsteinen nebst *Zeugen* (nur den Geschworenen bekannter Gegenstand, meist eine Münze, später auch Scherben oder Flaschen, die unter dem Stein vergraben werden, um den ehemaligen Standort auch nach dessen Beseitigung wieder zu finden) auf den Grubenfeldern konnte erst mit der Einführung des Katasters im 19. Jahrhundert entfallen. Die genaue Lage der Grubenfelder war mit Einführung der neu erstellten Karten problemlos darzustellen.

Die meisten Lochsteine bestehen aus dem anstehenden Material und wurden wahrscheinlich vor Ort bearbeitet. Das Grubenfeld im *Bärental* ist mit der Abkürzung BT versehen, zusätzlich hatte der einzige bisher gefundene Stein unter der Abkürzung BT noch die Bezeichnung N 3.

Anschliff links:
Schwerspat und Himbeerspat mit einem Braunsteingängchen durchsetzt (Grube Finstertal)

Anschliff rechts oben:
Gangstück Roteisen mit Braunsteingängchen durchsetzt mit Salband aus Schwerspat/Kalkspat (Grube Finstertal)

rechts unten:
Reste der Gangstrecke 1 (Finstertal)
Pyrolusith im Salband aus Schwerspat

Ist Asbach uralt?

Ungefähr drei Kilometer südöstlich der Stadt Schmalkalden in einem Seitental am Südwesthang des Thüringer Waldes liegt die kleine, inzwischen eingemeindete Ortschaft Asbach. Wann genau sich die ersten Siedler hier niederließen – ob bereits im 12. Jahrhundert oder 1340 oder 1358 – ist noch nicht belegt. Sicher ist aber, dass die Besiedlung im Zusammenhang mit der Gewinnung und Verarbeitung von Erz steht. Strittig ist auch die Herkunft des Ortsnamens, denn der das Tal durchfließende Bach hieß früher *Stille* oder *Dürre Stille*. Wahrscheinlich um Verwechslungen mit einem anderen Flüsschen gleichen Namens zu vermeiden, ist 1770 vom *Asbacher Wasser* die Rede. Erst in der Mitte des 19. Jahrhunderts heißt der Bachlauf Asbach. Asbach ist jedenfalls alt, wahrscheinlich uralt, aber mit dem bekannten Cognac hat es nichts zu tun. Schade eigentlich, der Vermarktungseffekt würde wahrscheinlich viel Licht ins Finstertal bringen.

Das Wasser läuft über drei Steine – schon ist es reine. Gut gefiltert durch den darüber liegenden Buchenwald und fast 55 Meter Deckgebirge lässt das hier aufgefangene kristallklare Wasser sich besonders gut für das Ansetzen von Obstwein und vor allem für einen guten Kaffee verwenden. Abgefüllt um Mitternacht und bei Vollmond (allerdings nur von einer 18-jährigen Jungfrau – die zu finden schwierig ist) wird daraus das *Original Finstertaler Grubenwasser* mit 35 %. Der Besucher ahnt das Problem.

Es geht die Sage, dass sich die Forellen regelmäßig mit einem Krückstock bewaffnet auf dem Bürgermeisteramt wegen des zunehmenden Wassermangels beschwerten. Das sickerte nämlich in die zahlreichen Bergwerke ab, allerdings auch auf Grund der geologischen Struktur. Es kam häufig zu Erdfällen und Bacheinbrüchen, wovon in der *Historica Schmalcaldica* zu lesen ist. 1591: *Ueber dem Dorff Aspach unter der ersten Schleifkotten geschah ein Erdfall, man warff Leinkotten Hinein, die kamen im Gespring bey Weidenborn wieder hervor.*

Über solche und weitere Bacheinbrüche liegen auch Zeugnisse aus den Jahren 1900, 1913 und 1959 vor. Nach dem letzten Einbruch des Bachbettes im Jahre 1968 im Bereich des Lindenplatzes in Asbach mussten die Einwohner von Schmalkalden und Umgebung, die ihr Trinkwasser aus dem Flüsschen bezogen, über mehrere Tage per Spezialtankwagen versorgt werden.

Der Bergführer macht sich das Versickern des Bachwassers auf seine Art zunutze. Ich hielt es erst für einen Scherz, als ich die Plasteflasche entdeckte, in der sich das vom First tropfende Wasser sammelte. *Mein Kaffeewasser,* sagte er. *Und weiter hinten ist das für den Tee. Ob Kaffee oder Tee hängt vom Härtegrad ab.* Leider habe ich vergessen, mich zu einer Tasse Kaffee einladen zu lassen. Auf jeden Fall werde ich mir, wenn ich wieder einmal ins Finstertaler Bergwerk komme, je eine Flasche gut gefiltertes weiches Tee- und hartes Kaffeewasser abfüllen lassen. Man gönnt sich ja sonst nichts. Da machen wir mal ein Malteserkreuz hinter.

In der **Schwarzlichtkaue** im Ausstellungsraum verblüffen den Betrachter die ausgestellten Asbacher Mineralien mit ihrer faszinierenden Farbenvielfalt. Übertroffen wird dieses Farbspiel in der Gangstraße 1.

Die **Kirchenburg Walldorf** ist das beherrschende Bauwerk des Ortes. Sie wurde im 16. Jahrhundert auf früheren Anlagen errichtet. Wahrscheinlich war der Kirchturm einst Burgfried gewesen. Die Wehrmauer besitzt fünf Rundtürme und ist vier bis acht Meter hoch. Innerhalb der Wehrmauern besaß jeder Bauernhof einen so genannten *Gaden,* einen Schuppen, in dem für den Notfall Vorräte eingelagert wurden. Verschiedene Baustile lassen sich nachweisen: Romanik, Gotik und Renaissance. Die Innenausstattung ist einheitlich der Renaissance nach 1650 zuzuordnen. Die Orgel ist ein Neubau aus dem Jahr 1963. Die Kirchenburg ist auch ein wertvolles Bodendenkmal. Bei Ausgrabungen wurden unter anderem Werkzeuge aus der Steinzeit und eine Hakenspirale aus der Bronzezeit gefunden, auch gut erhaltenes Getreide aus dem 12. bis 14. Jahrhundert. Die Restaurierungsarbeiten begannen 1991, das Kirchendach ist inzwischen „fledermausfreundlich“ gedeckt.

Walldorf an der Werra

Eine erste urkundliche Erwähnung von Walldorf an der Werra, zwischen Rhön und Thüringer Wald in einer Höhe von 280 bis 300 Meter gelegen, datiert aus dem Jahre 982. Am 1. Oktober hat Otto II. von Meiningen Walldorf an die Peterskirche von Aschaffenburg übergeben. Zu dieser Zeit muss laut Urkunde der Michaelismarkt an der Werrafurt abgehalten worden sein. Funde aus der jüngeren Steinzeit belegen allerdings schon eine frühere Besiedlung der näheren Umgebung. Spuren auf dem Kirchberg weisen auf eine keltische Besiedlung hin. Und auch germanische Spuren lassen sich bei den Herpfer Hügelgräbern nachweisen.

Nach der Zerstörung des Thüringischen Königreiches (531) fiel der Ort an Franken und ging 1008 an die Bischöfe von Würzburg über. Ansässige Adelsgeschlechter der Ritterschaft verwalteten Walldorf. Am 27. Februar 1221 findet die Kirche von Walldorf eine erste urkundliche Erwähnung. Um 1500 muss es in der Scheerengasse Badestuben gegeben haben. 1582 wurde durch die Familie Marschalk von Ostheim ein Spital gestiftet. Ein Jahr später ging der Ort an die Herzöge von Sachsen.

Walldorf verfügt über zwei Attraktionen, die den Ort weithin bekannt gemacht haben: die imposante Kirchenburg Walldorf und die sehenswerte Sandstein- und Märchenhöhle.

Sandstein- und Märchenhöhle

Eine Märchenwelt unter Tage

Das ist ein Paradies für Kinder, denn noch immer glaube ich, dass die Märchen, wie sie die Brüder Grimm, Ludwig Bechstein oder Hans Christian Andersen geschrieben haben, Kinder nachhaltiger und positiver beeinflussen als alle Gespenster-, Saurier- und schießwütigen Stories der Gegenwart. Nun sind die Geologen nicht sonderlich glücklich über die Ausstattung der Sandhöhle zu Walldorf mit bunt bemalten Styropor-Figuren aus der Märchenwelt oder Phantasiegebilden. Aber es sind ja auch nur wenige Wissenschaftler, die übers Jahr Eintritt zahlend nach Walldorf kommen.

Die Betreiber mussten sich wirtschaftlich orientieren. Und sie haben, scheint mir, nicht völlig daneben gegriffen, als sie eine bunte Bilderwelt für Kinder schufen, die auch auf Erwachsene ihren Reiz ausübt. Jedenfalls war der fröhliche Lärm, der die Unterwelt erfüllte, als eine Schulklasse durchgeführt wurde, ein beredtes Zeugnis für die Richtigkeit der Entscheidung. Da fing ein heiteres Figurenraten an. *Das ist die Hexe aus Hänsel und Gretel!* Und der Nächste entdeckte Aschenputtel oder Gulliver und die Liliputaner. *Ist das die Eiskönigin?* Zwischendurch mal ein schlafender Höhlenbär oder ein furchterregender Saurier. Schließlich entdeckten sie neben Pittiplatsch und Frau Elster, Schnatterinchen und Herrn Fuchs – das Sandmännchen; klar: Sandhöhle. Oder nicht?

Die **Märchenfrau** sitzt in ihrem großen Ohrensessel und liest aus dem Märchenbuch vor. *Es war einmal vor langer, langer Zeit…*

Seit dem Märchen der Brüder Grimm von **Schneewittchen** werden Zwerge immer wieder in Zusammenhang mit dem Bergbau gebracht. Die Gründe sind unterschiedlich. Häufig mussten bereits Kinder mitarbeiten. Die Gänge wurden möglichst klein gehalten, um den Abbau tauben Gesteins zu verringern. Kindern fiel es weniger schwer, das gewonnene Erz aus dem Berg zu transportieren. Eine andere Interpretation des Zwergenmythos' geht davon aus, dass in der Bronzezeit kleinwüchsige Menschen aus dem Mittelmeerraum in den Norden gezogen sind, um Zinn für die Herstellung von Bronze abzubauen. Für diese Theorie spricht, dass Zwerge die einzigen Fabelwesen sind, die einer geregelten Arbeit nachgehen und dass es – jedenfalls in den Märchen – keine weiblichen Zwerge gibt. Durch die schwere Tätigkeit in gebückter Haltung kam es häufig zu Verkrüppelungen und Wachstumsschäden sowie einem Buckel. Die Zipfelmützen waren mit Wolle ausgestopft und dienten als Kopfschutz.

Man kann über den künstlerischen Wert der Figuren streiten. Manche reden von Kitsch. Aber solche Einwände verblassen spätestens dann, wenn staunende und aufgeregt ratende Kinder in der Höhle vor den Figurengruppen stehen, um herauszufinden, welches Märchen dargestellt ist. Ob nun Aschenputtel oder Gulliver und die Liliputaner, ob Sandmännchen oder Saurier – die Besucher freut es. Und es bleibt in jedem Fall die Erinnerung an einen schönen Tag. Und wer richtige Kunst sehen will, der geht eh ins Museum

Der Sandmann ist da,
der Sandmann ist da!
Er hat so schönen
weißen Sand,
ist allen Kindern
wohlbekannt.
Der Sandmann ist da!

Der Sandmann ist da,
der Sandmann ist da!
Da guckt er schon zum
Tor herein,
er weiß, wo schöne
Mädchen sein.
Der Sandmann ist da!

Der Sandmann ist da

So heiter das Lied auch klingt – es war ein schwerer Beruf, Sand aus der Höhle abzubauen, ihn zu verarbeiten und dann weit übers Land zu verkaufen. Und natürlich hat das Sandmännchen seinen Namen nicht aus Walldorf bekommen, sondern entstammt einer Erzählung von E.T.A. Hoffmann aus dem Jahre 1817.

Schon um 1785 hat es in Walldorf Sandgruben gegeben. Zunächst haben drei Sandpächter drei „Sandlöcher" südwestlich des Ortes betrieben. Eine mächtige Sandsteinader wurde systematisch angefahren und abgebaut. Bausachverständige aus Meiningen überwachten die Anlage mindestens einmal im Jahr. Die Löcher sollten so angelegt werden, dass sie unten 6 Fuß und oben 5 Fuß hoch und 8 Fuß breit sein sollten. Die Vorschrift wurde aber oft sehr weit ausgelegt. Das galt auch für die Säulen, die man aller zwei Meter zum Abstützen stehen lassen sollte. Von den rund 2000 Säulen sind viele nachträglich gemauert worden.

Eine kleine **Ausstellung** in der Höhle zeigt die Werkzeuge, mit denen der Sand abgebaut wurde.

Abgebaut wurde der Sand zunächst in großen Brocken, die nach draußen geschleppt wurden. Eine mühselige Arbeit, die oft Kinder und vor Wagen gespannte Hunde leisten mussten. Die Brocken wurden in Heimarbeit zerkleinert und in Säcken zu 20 Liter (gleich 1 Maß, bestehend aus 4 Metzen) verpackt. Da nicht alle Tage mit Sand gehandelt werden durfte, stapelten die „Sandhasen" das Material zunächst in ihren Wohnungen, mitunter in allen erdenklichen Ecken, auch unter den Betten. Für eine Metze Sand bekam man ganze 10 Pfennige. Von dem „Gewinn" mussten zudem jährlich sechs Mark Pachtgeld abgeführt werden. Das war eine Summe, die die armen Pächter oft nicht aufbringen konnten.

Und es war eine schwere Arbeit, denn zu der gebückten Haltung über viele Stunden und der körperlichen Tätigkeit des Abschlagens kam in den schlecht belüfteten Stollen noch der Ruß der Öllampen und der aufwirbelnde Sandstaub hinzu. Die Ware musste – nicht selten bei klirrender Kälte – auf der Schubkarre oft viele Kilometer weit ausgefahren werden, wobei nicht sicher war, ob überhaupt jemand Sand benötigte.

Je nach Qualität und Beschaffenheit wurde mit dem Sand die Stube ausgefüllt, denn Dielenbretter waren viel zu teuer. Er wurde zu Scheuersand verarbeitet, um die Holztische, Töpfe und Tiegel zu reinigen. Besonders fein gemahlener Sand wurde in den Schreibstuben gebraucht, um die Tinte abzulöschen. Der Bedarf wurde aber immer geringer. Der Abbau, schon immer ein mühsames Geschäft, lohnte sich nicht mehr.

H. Rauschert aus Walldorf, der noch die letzten „Sandhasen" kannte, berichtet über die gesundheitlichen Schäden, die sich viele unter Tage zugezogen hatten:

Das Ende vom Lied war eine vollständig ruinierte Gesundheit. Von dem vielen Bücken in den mitunter niedrigen Gängen bekamen Erwachsene und Kinder dicke Hälse. Und wenn ich sagte, dass sich viele Einwohner buchstäblich vom Sande ernährten, so wird das durch die Aussage des hiesigen Arztes Ratz wahr, nach dem bei Sezierung eines gestorbenen Sandmachers man tatsächlich bei der Lunge wie durch Sand geschnitten habe.

Sand im Getriebe der Pilzzucht

Nachdem 1827 die bis dahin betriebenen Sandgruben wegen erhöhter Unfallgefahr geschlossen wurden, fand man gegenüber der Gottesacker-Sohle Sand von besonderer Qualität und hat sie angefahren. Als Folge unsachgemäßer Arbeit – man hatte die vorgeschriebenen Stützpfeiler abgehauen – brach eine große Strecke der Sandgrube ein. Deshalb verlangte die Saalfelder Bergwacht, die Pfeiler zu numerieren. Die großen Zahlen sind heute noch zu erkennen.

Im Jahre 1890 schlossen sich die Sandgrubenpächter zu einer Berufsgenossenschaft zusammen. Von nun an durfte nur noch dienstags und mittwochs gearbeitet werden. Aber der Bedarf an Sand wurde immer geringer. Da kam man 1902 auf die glorreiche Idee, Champignons zu züchten und die mit großem Gewinn an Delikatessenhändler und große Hotelküchen zu verkaufen. Bis nach Hamburg, Coburg und Kassel, sogar nach Krems in Österreich wurden die in Kistchen verpackten Pilze geliefert. Aber die Herrlichkeit war nicht von Dauer. 1912 vernichtete ein Schimmelpilz die gesamte Ernte. Es wäre zu teuer geworden und wahrscheinlich gar nicht möglich gewesen, die Höhle zu desinfizierten.

Ein Luftschacht sichert die „Beatmung" der unterirdischen Welt.

Im gleichen Jahr wurde auch die Sandgewinnung in Walldorf eingestellt. Dennoch haben bis 1920 Sandmacher versucht, noch einen geringen Gewinn zu erwirtschaften. Der Einfachheit halber schlugen sie den Sand von den Stützpfeilern ab, um den mühsamen Weg ins Innere der Höhle zu umgehen. Außerdem kamen viele Neugierige, um die Höhlen zu erkunden. Die Eingänge mussten wegen erhöhter Unfallgefahr geschlossen werden.

Als im April 1930 ein *Arbeits- und Verkehrsausschuss* mit dem Ziel, durch Fremdenverkehr Geld zu verdienen, in Walldorf gegründet wurde, sorgte der Vorsitzende, Lehrer Rauschert, dafür, dass elektrisches Licht in die Höhle gelegt wird. Das Interesse hielt aber nicht lange an. Zudem hatten die Menschen in der Kriegszeit andere Sorgen, als sich in einer Höhle zu amüsieren, die bestenfalls als Luftschutzraum dienen konnte. Eine Wiedereröffnung der Walldorfer Sandhöhle als einzigartiges Naturdenkmal mit 2.500 Säulen auf 65.000 m² Höhlenfläche erfolgte im Juni 1957. Initiator war Herbert Schmidt, der die Geschäfte 1983 an Bernd Hartung übergab. Ihm verpachtete die Gemeinde 1991 die Anlage. Seither haben schon viele tausend Besucher – und nicht nur Kinder – ihre Freude an der Sand- und Märchenhöhle in Walldorf gehabt.

Beim Abbau musste darauf geachtet werden, dass in regelmäßigen Abständen Gesteinssäulen als Stützen stehen blieben. Mitunter wurden diese aber der Einfachheit halber „angegraben", was zu Einstürzen führen konnte. Deshalb sind die rund 1.000 Säulen mit großen Nummern versehen worden.

Saalfeld an der Saale

An der Saale hellem Strande… geht eine bekannte Weise. Eine erste urkundliche Erwähnung Saalfelds datiert aus dem Jahre 899. In einer wechselvollen Geschichte gehörte die 1208 mit dem Stadtrecht belehnte Siedlung den unterschiedlichsten Herrschaften. Zu erinnern sei an den 10. Oktober 1806, als in der Schlacht bei Saalfeld 14.000 napoleonische Soldaten 9.000 preußischen eine vernichtende Niederlage beibrachten – aber das kann man der Stadt nicht übel nachtragen. Wichtiger ist der Verweis auf das Jahr 1994, als Saalfeld zum Amtssitz des Landkreises Saalfeld-Rudolstadt gekürt wurde. Augenzwinkernd behauptet der Schriftsteller Matthias Biskupek: *Wir hatten hier die Universität, als sich Jena mit der Pest rumplagte. Wir hatten als Bergstadt Schürfrechte und eine fleißige Arbeiterschaft, also eine Arbeitnehmerschaft, wie wir jetzt formulieren. Eigentlich waren wir schon immer das, was wir endlich wieder sind: Das pulsierende Verwaltungsherz einer aufstrebenden Region. Die hochnäsigen Rudolstädter haben die Quittung bekommen…* Wohlgemerkt: Biskupek lebt in Rudolstadt und ist ein großer Spötter vor dem Herrn. Er weiß zudem, wie man die richtigen Detscher macht. Und vor allem wo: Natürlich in Saalfeld, das seine Bewohner mit Stolz die „Steinerne Chronik Thüringens“ nennen.

Dies wiederum dürfte mit der bekanntesten Attraktion, am südlichen Stadtrand von Saalfeld gelegen, zu tun haben, nämlich den **farbenreichsten Schaugrotten der Welt**, wie im *Guinness-Buch der Rekorde* steht. Nun, behaupten kann man viel, auch das mit den Detschern, die nicht in diesem Buch stehen, aber sich selbst überzeugen von der Schönheit der **Saalfelder Feengrotten**, das kann nur dringend geraten werden.

Saalfeld liegt im Tal der Saale. Südwestlich beginnt das Thüringer Schiefergebirge mit über 800 Meter hohen Bergen. In südlicher Richtung liegt das Tal der Saale bzw. ihrer Nebenflüsse Loquitz und Sormitz. Nordwestlich verlässt die Saale die Stadt; dort liegen die Nachbarstädte Rudolstadt und Bad Blankenburg, der Beginn des Schwarzatals. Saalfeld wurde 899 erstmals urkundlich erwähnt. 1363 wurde die Stadtmauer errichtet, ein erstes Rathaus gab es 1389. Die um 995 geborene *Richeza* (auch *Rixa von Lothringen*) wurde 1025 als Ehefrau von *Mieszko II.* Königin von Polen. Sie ist die Stammmutter osteuropäischer Dynastien (Piasten, Rurikiden und Arpaden).

***Saalfeld**… ist eine anmutige, herzoglich-sächsische Stadt, hat ein neues, aber nicht vollständig ausgebautes Schloß, nebst einen Garten, etliche Kirchen, die Münzgerechtigkeit, auch Vitriol- und Blaufarbenwerke.*

Conversations-Lexikon, 1782

Seit 1994 ist Saalfeld mit etwa 28.000 Einwohnern Amtssitz des ostthüringischen Kreises Saalfeld-Rudolstadt.

Saalfelder Feengrotten

Höhle bauen

Vermutlich gibt es kein Kind, das nicht schon einmal eine Höhle gebaut hat – und wenn es die Höhle unter dem Küchentisch war, eine Sofadecke, gleichsam als Gewölbe darübergezogen, sorgte für die notwendige Finsternis. Eine Höhle bauen, das ist der alte Urinstinkt der ersten Menschen, die gegen schlechtes Wetter, aber auch gegen wilde Tiere oder feindliche Angreifer einen Schutz suchten. Und selbst die modernste Wohnung mit allen technischen Raffinessen ausgestattet ist im Grunde genommen nur eine bessere Höhle.

Höhlen haben etwas Geheimnisvolles, ein wenig Furcht Einflößendes, aber auch schaurig Schönes. Wahrscheinlich ist es diese Mischung, verbunden mit allerlei Sagen und Märchen, die uns reizt – und ein wenig schreckt – in das Innere eines Berges zu schauen; denn wir ahnen, dass uns Wunder und Wunderbares begegnen werden.

In den Höhlen leben allerlei Geister und Gespenster, wie man weiß, furchterregende Drachen und zierliche Feen gibt es, Vampire und glitzernde Steine, Gold und Silber und Edelsteine vielleicht, aber mindestens blinkendes Kristall. Es stockt uns ein wenig der Atem, wenn wir eintreten, doch die Neugier treibt uns voran. Ein Glück, dass ein ortskundiger Führer dabei ist – wir würden uns sonst verlaufen im Labyrinth. Ariadne, steh uns bei mit deinem hilfreichen Faden!

Doppelstämmige Eiche

Der Wurzelballen eines lebenden, etwa 200 Jahre alten Baumes hängt frei in einem Grubenteil der Feengrotten. Er bezieht seine Nährstoffe aus dem Grubenwasser.

Die Linke Quellgrotte

Das Farbspiel aller drei Quellgrotten spiegelt sich in seiner ganzen Schönheit in den angestauten Tropf- und Quellwässern wider. Die linke Grotte zeigt sich vorwiegend in Farbkontrasten zwischen buttergelb und schwarzbraun. Die außerordentliche Vielfalt der Farben sorgte 1993 für den Eintrag als **farbenreichste Schaugrotte der Welt** ins Guinness-Buch der Rekorde.

Historisches Messmittel zur genauen Richtungsangabe unter Tage – die so genannte Stunde – ein aus dünnen Schnüren bestehendes und mit Steinen beschwertes Lot.

Alter Bergmann in den Feengrotten um 1912

Die Eingangshöhe zur **Barbaragrotte** betrug bis 2004 nur 60 cm. Der Zugang ist mit einer so genannten deutschen Türstockzimmerung gesichert. Der Hohlraum präsentiert sich mit glitzernden Gipskristallen und gelbbraunen Eisenmineralien.

Die **Heilige Barbara** lebte um 300 in Kleinasien. Sie war die Tochter eines reichen Kaufmanns und ließ sich taufen. Ihr Vater tötete sie deswegen und soll dafür vom Blitz erschlagen worden sein. Am 4. Dezember (Barbaratag) schneidet man Kirschzweige, die zu Weihnachten blühen. Die *Heilige Barbara* gilt als die Patronin der Bau- und Bergleute, der Kanoniere, der Feuerwehrleute und der Glöckner.

Im Mittelalter nahm Deutschland eine führende Stellung im Bergbau ein. Auch Saalfeld gehörte zu den Städten, deren Reichtum sich maßgeblich vom Silber- und Kupferbergbau herleitete. Hier fand 1594 die *große Bergbefreiung* statt, nach der die Knappen den Bürgern gleichgestellte freie Leute waren. Das brachte eine weitgehende Entlastung von Frondiensten wie Feldarbeit, Jagdhilfe und Militärdienst mit sich und das Vorrecht der Freizügigkeit. Selbst Steuern wurden teilweise erlassen. Bergleute zahlten lediglich den Zehnten, manchmal sogar nur den Zwanzigsten an den Eigentümer des Bergregals, den Landesherrn. Die disziplinarische Aufsicht oblag dem jeweiligen Bergamt, das auch private Angelegenheiten wie zum Beispiel eine Heiratserlaubnis regelte. Knappschaften hielten die Ordnung und das Selbstbewusstsein des Berufsstandes aufrecht.

Jeremias Glück

Die Geschichte des Bergbaus in der Umgebung Saalfelds reicht bis in die Mitte des 16. Jahrhunderts zurück. Christoph Enzelt (Encelius) beschreibt in seinem Buch *De re metallica* (1551) die Mineralien Pyrit, Markasit und Melanterit. Die Bergleute hofften, dass sich die ergiebigen, im „Wachserz" enthaltenen Silberfunde, wie man sie im *Haussachsener Gangzug* am *Breiten Berg* bereits abbaute, auch jenseits des Arnsgereuther Tals in der gleichen Störungszone fortsetzten. Ein Irrtum, wie sich bald herausstellte. Für die Gewinnung von Ocker und Schieferschwarz waren die Bestandteile nicht ausreichend. Der Grubenbetrieb wurde wieder eingestellt.

Ab 1544 wurde am *Wetzelstein* pyritreicher Alaunschiefer im Tage- und Tiefbau abgebaut, woraus man Alaun („Alumen") sowie grünen und blauen Vitriol („Atramentum") gewann. Blauer Vitriol wurde zur Konservierung von Holz oder im Obst- und Weinbau zur Schädlingsbekämpfung genutzt. Grüner Vitriol kam als Mittel gegen Unkraut zum Einsatz und war ein wichtiger Rohstoff für das Nordhäuser Vitriolöl. Alaun brauchten die Gerber und Zeugfärber oder es fand Verwendung als blutstillendes Mittel.

Dass der Abbau von Alaunschiefer im Mittelalter schnell aufblühte, hatte durchaus etwas mit der Reformation zu tun. Unweit der italienischen Stadt Tolfa befanden sich große Alaunschieferlagerstätten in päpstlichem Besitz. Ein Edikt verbot anderweitige Gewinnung oder Importe – gar aus nichtchristlichen Ländern! – unter Androhung drakonischer Strafen.

Die Lagerstätten bei Saalfeld wurden also wieder interessant, was zu heftigem Streit einheimischer Adelsgeschlechter um die Abbaurechte führte. Der gipfelte in einem Überfall am 28. Dezember 1652, als Hartmann Veit von Lengefeld zu Laasen mit 16 Bauern das wieder errichtete Alaunwerk am Wetzelstein heimsuchte. Schließlich erklärte der Landesherr die Berghoheit.

Während des Dreißigjährigen Krieges geriet der Bergbau wiederholt in Bedrängnis und auch in den folgenden Jahren gab es mehrere Versuche, durch den Abbau von Alaunschiefer wirtschaftlichen Gewinn zu erzielen. In der zweiten Hälfte des 18. Jahrhunderts versuchten der kurfürstliche *Amtmann Jeremias* und der *Vitriolmeister Nolde* ihr Glück. Sie ließen ihre Grube unter dem Namen *Jeremias Glück* in die bergamtlichen Unterlagen eintragen. Die Folgen des Siebenjährigen Krieges zwangen sie 1760 zur Aufgabe. Der nachfolgende Besitzer *Christian Gottlob Frege* hatte eine glücklichere Hand und brachte das notwendige wirtschaftliche Geschick mit. 1764 errichtete er eine Vitriolhütte im Arnsgereuther Tal.

1816 wies der Mineraloge *August Breithaupt* im Vitriolschmand von *Jeremias Glück* einen „namhaften Gehalt an Gold und Silber" nach. Neue industrielle Verfahren zur Herstellung von Alaun und Vitriol bedeuteten das Ende des traditionellen Abbaus. Ein gewisses Aufblühen brachte ab 1867 noch einmal die Gewinnung von Eisenocker für die Erdfarbenherstellung. Besonders rentabel kann dieses Geschäft aber auch nicht gewesen sein. Der traditionelle Ockerabbau aus dem angestauten Grubenwasser endete im Jahre 1909.

Die Gewinnung fester Rohstoffe aus der Alaunschiefergrube *Jeremias Glück* fand ihr unwiderrufliches Ende. Nur der Name ist erhalten geblieben. Und was das Glück anlangt: Das stellte sich auf ganz andere und überraschende Weise ein, nämlich mit der Entdeckung der nachmaligen *Feengrotten* im Jahre 1910.

Das Prachtstück der Feengrotten ist zweifellos der **Märchendom** mit der **Gralsburg**. Unterschiedliche Beleuchtungen schaffen eine atemberaubend schöne Märchenlandschaft. Es bedarf nicht allzu großer Phantasie, sich in das Reich der Feen versetzen zu lassen.
Siegfried Wagner, der Sohn des Komponisten Richard Wagner, erhielt hier die Anregung für sein Bühnenbild zur Oper „Tannhäuser“, die er in den 1920er Jahren in Bayreuth inszenierte. Zahlreiche Stalaktiten, bis zu 1,80 m lang, hängen wie ein Bühnenvorhang herab. Stalagmiten stehen wie hohe Zinnen auf dem Boden. Eine Gruppe dieser bizarren Gebilde trägt zum Beispiel den Namen „Schachbrett“. Das Spiegelbild im klaren Wasserbecken erhöht den Zauber. Musik erklingt. Das Licht wird langsam zurückgefahren. Die gesehenen Bilder wandeln sich in eine Symphonie. Es wird wohl niemanden geben, der sich diesem Erlebnis entziehen könnte – oder wollte.

„Wie siehst du aus!?", war meine Frage. „Das schadet nichts! Ich fühle mich bei der Arbeit viel wohler als sonst. Ich glaube, die Luft in dem Bergwerk hat Einwirkung auf meinen Körper. Wenn du mal das alte Bergwerk sehen willst…" Freudig nahm ich die Einladung an. Mit einem Händegruß und „Glück auf" gingen wir hinein in das unterirdische Geheimnis. Herrlich war der Anblick der Zapfen, die an der Decke hingen und in verschiedensten Farben schillerten. Nach langem Plantschen kamen wir in einen größeren Hohlraum. Albert sagte: „Nimm dich in Acht, daß kein Zapfen abbricht! Diese Gebilde sind der Stolz meines Chefs." Ich kam mir vor, als wenn ich in einer unterirdischen Märchenwelt wäre. „Dieses Naturwunder müsste durch eine Blitzlichtaufnahme im Bild festgehalten werden! Du und noch zwei Mann in Bergmannsuniform stehen auf dem Felsblock mit Bohrer und Schlegel, Hacke und Schaufel wie zur Arbeit."

Karl Oswald:
Kleine Ursache, große Wirkung!

Hüttenkarl und Pumpenmörsch'l

Der Erfolg hat viele Väter. Gewiss darf sich mancher rühmen, die Entdeckung der Höhle in ihrer ganzen Tragweite und Schönheit begriffen zu haben. Aber es ist der Bergarbeiter *Albert Blechschmidt,* dem man den Ruhm zuerkennen sollte, der eigentliche Entdecker zu sein, wie Karl Oswald überzeugend erzählt.

Wo heute das Hauptgebäude der Feengrotten steht, hatte einst der *Hüttenkarl,* wie *Karl Schlözer* genannt wurde, seine bescheidene Bleibe. Unter dem Grundstück befand sich das alte Bergwerk *Jeremias Glück*. Manchmal holte sich Hüttenkarl etwas naturgeschlemmten Ocker und verkaufte ihn für wenige Groschen an den Farbenmüller Schwarz, *Pumpenmörschel* genannt, der in der Fabrik die Farbe in einem großen Mörser zerstampfte und fein rieb. Pumpenmörschel verkaufte die Farbe an seinen Chef Wohlfahrt. Und der hatte eine Vermutung. Er begab sich zu Schlözer, um ihm vorzuschlagen, die Farbe gemeinsam zu bergen – und erhielt eine Abfuhr. Hüttenkarl verbat sich jeden Eingriff in sein Eigentum. Was ihm nicht viel half, denn nun stellte Wohlfahrt allein den Antrag beim Bergamt. Er bekam die Genehmigung. So fing das an.

Otto Wohlfahrt, ein Neffe des vormaligen Besitzers, stellte Albert Blechschmidt ein. Der schleppte die Ockerfarbe in Holztrögen aus dem Berg und lagerte sie zum Trocknen. Eines Tages besuchte Karl Oswald seinen Freund, der ihm „gelb von Kopf bis Fuß", aber mit bester Laune entgegen kam, wie Oswald beschreibt (siehe links).

Am 31. Mai 1914 wurden die *Saalfelder Feengrotten* eröffnet. Bis 1926 sollen es jährlich 100.000 Besucher gewesen sein, für das Jahr 1951 wurden bereits 200.000 registriert.

Als am 17. März 1936 **Albert Blechschmidt**, der älteste Einwohner von Garnsdorf, seinen 88. Geburtstag feierte, erinnerte das *Saalfelder Kreisblatt* an den Mann, der 1910 als erster den Zugang zu den Feengrotten gefunden hatte.

Besonderheit der Alaunschiefergruben stellen die nach Einstellung des Abbaus einsetzenden chemischen Prozesse dar, die zur sekundären Bildung zahlreicher Minerale führen. Dabei werden sie unter Einfluss des Oberflächenwassers teilweise gelöst und meist als Phosphatminerale in den verlassenen Abbauen ausgefällt. Diese bizarren Formen bestehen im Wesentlichen aus gelbem bis braunem Diadochit.

Das Wasser aus den **Saalfelder Heilquellen** galt als Mittel gegen Anämie und Leukämie, Neuralgie und Nervenleiden, Knochentuberkulose und Rachitis, Frauenleiden, Ekzeme und Furunkulose, aber auch gegen Appetitlosigkeit, Darmträgheit und die Folgen schlechter Ernährung sowie zur allgemeinen Kräftigung und der Erhöhung der Widerstandskraft, also zur Besserung des Allgemeinzustandes. Im Jahre 1964 endet die Geschichte des Saalfelder Heilwassers. Bergbauliche Eingriffe in das Gebirge in unmittelbarer Nähe der Grotten beeinflussten die Wasserzirkulation so nachhaltig, dass die Quellen versiegten.

Mit umfangreichen Werbekampagnen wurde das Heilwasser gepriesen. Zahlreiche Tafeln, Anzeigen und Etiketten wurden von Saalfelder Künstlern entworfen, die bekanntesten waren Hans Jordan und Willi Schramm.

Heilsame Quellen im Berg

Die Hoffnung, mit dem Abbau von Ocker die Grube *Jeremias Glück* als Quelle sprudelnden Reichtums nutzen zu können, erfüllte sich nicht. Noch immer verbarg der Berg sein Geheimnis. Was man wusste und was die Anwohner auch seit langem nutzten, war die heilende Wirkung des Grubenwassers gegen allerlei Gebrechen sowie des Eisenockers gegen Rheuma und Gicht. Gründliche Untersuchungen bestätigten, dass das mineralreiche Grubenwasser tatsächlich medizinisch verwendet werden konnte.

Weil sich das am Stollenmund austretende Wasser mit fremden Einflüssen wie Regenwasser und Luftsauerstoff vermengte, war es notwendig herauszufinden, was die tatsächlichen Ursachen der hohen Konzentration anorganischer Bestandteile verursachte. Also musste man im Sinne des Wortes an die Quellen vordringen und die alten, zum Teil eingestürzten oder inzwischen unbekannten Grubenbaue neu erschließen. 1910 wurde der erste Versuch unternommen. Ausgangspunkt war ein Hohlweg unterhalb der ersten *Gartenkuppe*, worauf inzwischen eine Tafel am Eingang zu *Jeremias Glück* hinweist: *Hier sind vor Hunderten von Jahren die Knappen nach Gebet zur Arbeit eingefahren.*

1927 wurde an der Stelle der einstigen Vitriolhütte ein Quellenhaus errichtet. Die Produktion verschiedener Wässer erhöhte sich aufgrund der großen Nachfrage erheblich. In den 30er Jahren des 20. Jahrhunderts wurden jährlich 1,5 Millionen Flaschen Mineralwasser verkauft. Und eine weitere Entdeckung sorgte für Furore: Die besonders reine Luft mit ihrer geringfügigen radioaktiven Strahlung erwies sich von heilender Wirkung.

Die Saalfelder Feengrotten tragen ihren Namen wegen der wunderschönen Tropfsteine, die wohl an Feenhaar erinnern.

Zauberhaftes kann man bei einer **Feenreise** unter Tage erleben. Die Grottenfee begleitet bei diesem Erlebnisrundgang die Gäste durch ihr Reich und weiß manch sagenhafte Geschichten über die Edelsteine, das Quellwasser und die heilende Grubenluft zu berichten.

Über Tage laden die Feen und Naturgeister ein, das **Feenweltchen** – *die Anderswelt der Feengrotten* – zu entdecken.

Quarzkristall mit Roteisenerzbesatz und Kupfermineralien

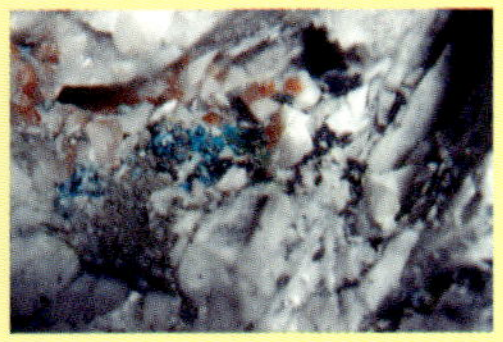

Hahnenkammartiger Barytkristall

Rapidcreekit

Höhlenbutter nennen die Bergleute das lehmartige Material im so genannten *Butterkeller*.

Im Reich der Feen und der Erinnerungen

Stálagma (gr. σταλαγμα) heißt „Tropfen", stalktós (σταλακτοσ) bedeutet „tröpfelnd". *Stalagmiten* sind die vom Höhlenboden nach oben, *Stalaktiten* die von der Höhlendecke abwärts wachsenden Tropfsteine. Ob ein *g* oder *k* geschrieben werden muss, merken wir uns mit dem nachfolgenden *weichen m* oder *harten t*. So hat es mir mein Griechischlehrer erklärt. Mit solchem Wissen ausgestattet, begebe ich mich ins Reich der Feen – übrigens zum zweiten Male nach mehr als 50 Jahren und ein wenig neugierig, was mir von damals in Erinnerung geblieben ist außer dem großen Staunen.

Am liebsten hätte ich den Rundgang mitgemacht, bei dem eine ganze Schulklasse durch das Bergwerk geführt wurde, um mich in das „Damals" zurück zu finden. Aber besser sei schon, ich würde noch einen Kaffee trinken und die Stunde warten, hieß es freundlich. Über einen Lautsprecher wurde dann die nächste Führung aufgerufen. Man versammelte sich vor dem Grotteneingang. Alle Besucher bekamen einen braunen oder roten Umhang; die roten waren etwas weiter und für die Fülligeren gedacht. Ich bekam einen braunen, das gefiel mir. Aber für Eitelkeiten war bald kein Raum mehr. Ich staunte, wie ich wohl damals gestaunt habe, und begriff, dass jede Beschreibung dem wirklichen Erleben hinterherhinken muss. Trotz der vielen Fotos, die mir vorgelegen hatten, war der räumliche Eindruck grandios. Die Inszenierung des Schlussaktes muss, selbst wenn es damals noch nicht so perfekt ausgeleuchtet und mit Musik untermalt werden konnte, den Nachfahren Richard Wagners tief beeindruckt haben. Also unterlasse ich es, wortmalerisch zu beschreiben, was den wirklichen Eindruck nur dürftig wiedergeben könnte. Reisen Sie nach Saalfeld und sehen Sie selbst. Dort werden Sie auch erfahren, wie man der schweren Arbeit der Bergleute Tribut zollen kann, wenn man größer als einen Meter siebzig ist.

Nachts drei Uhr schlug die Bergmannsglocke, das hieß: Aufstehen! – erzählt der Grottenführer. *Um vier erklang sie erneut: Einfahren!* Dann folgten zehn bis zwölf harte Stunden unter Tage, schon die Zehnjährigen mussten mithelfen. Wer älter wurde als 40, war bereits sehr alt. Der Monatslohn betrug 15 Groschen, ein Brot kostete zwei Groschen. Aber ein Brot reichte für eine im Durchschnitt zehnköpfige Familie nicht weit… Gut, auch das zu erfahren, welchen Preis die Menschen einst gezahlt haben, damit wir Heutigen – und nicht nur die ab 1,70 m – uns mit gehörigem Respekt verneigen sollten.

Der Rundgang durch die Feengrotten führt über drei Sohlen durch das frühere Bergwerk. Erfahrene Mitarbeiter erläutern die Mineralien, die bergmännischen Gegebenheiten, die natürlichen Abläufe unter Tage, aber auch die Legenden, Sagen und Geheimnisse, die mit den Feengrotten verbunden sind.

Rechte Quellgrotte

Über einen 185 m langen Zugangsstollen zur zweiten Sohle von *Jeremias Glück* erreicht man nach dem Treppenabstieg den so genannten *Butterkeller* auf der dritten Sohle. Das in ihm abgelagerte Mineral Diadochit ist buttergelb und weich, weshalb es die Bergleute *Bergbutter* nannten. Sowohl im Butterkeller als auch in der *Rechten Quellgrotte* kann man die Farbenspiele in gelblichen und hellbraunen Nuancen bewundern. Die Tropfsteinbildung ist dagegen kaum ausgeprägt.

www.feengrotten.de

Seit 1950 besteht die Gemeinde Kamsdorf, die aus Groß- und Kleinkamsdorf gebildet wurde.

Beide Gemeindewappen wurden als Vorlage für ein neues verwandt.

Im oberen Teil ist der preußische Adler auf weißem Grund dargestellt, der bisher nur Kleinkamsdorf symbolisch vertrat. Die untere Hälfte stellt mit gekreuztem Schlegel und Eisen den Bergbau in Großkamsdorf und mit einer Ähre die Landwirtschaft in beiden Orten dar. Die Symbole sind auf rotem Untergrund, stellvertretend für den „Roten Berg“, einer markanten Erhebung im Kamsdorfer Umfeld, abgebildet.

Gemeinde Kamsdorf

Eine erste urkundliche Erwähnung der beiden Orte Klein- und Großkamsdorf reicht bis ins 14. Jahrhundert zurück. Kleinkamsdorf wird als *minori Kamsdorf* genannt im Unterschied zum *großen Kampstorff.* Die Orte gehörten ab 1418 als Exklaven zum Amt Ranis. Beide wurden 1574 bis 1718 dem kursächsischen Amtsbezirk Arnshaugk unterstellt und wechselte dann ins Fürstentum Sachsen-Zeitz. Ab 1718 gehörte Kamsdorf zu Kursachsen. Nach dem Wiener Kongress wurden beide Orte preußischer Besitz. Der Kupferbergbau bestimmte mehr und mehr das Leben in der Region. Ab 1816/17 vereinigten sich mehrere Zechen aus Großkamsdorf und Goßwitz zu den oberen Revieren (Goßwitz) und den unteren Revieren (Großkamsdorf), ab 1818 unter gemeinsamer Verwaltung des Bergamtes Großkamsdorf. 1836 schlossen sich beide Reviere zur *Gewerkschaft Vereinigte Reviere Kamsdorf* zusammen. In den Jahren ab 1872 wurden durch den Bau der *Maxhütte Unterwellenborn* viele Arbeitsplätze geschaffen. Beide Orte vergrößerten sich. Die naheliegende *Maxhütte Unterwellenborn* hat das Ortsbild nachhaltig geprägt.

Das Revierhaus zu Kamsdorf (erb. 1822)

Vereinigte Reviere Kamsdorf

Ich bin Bergmann...

Den Satz kenne ich noch gut aus meiner Kindheit. Er ging weiter: Wer ist mehr? - Nun, mehr war keiner. Aber weniger musste sich auch keiner nennen. Stolz sind sie, die Bergleute. Und das soll ihnen auch nicht genommen werden. Das Denkmal vor dem Besucherbergwerk in Kamsdorf drückt das nachvollziehbar aus.

Die Geschichte des Ortes, ja des gesamten Umfeldes von Kamsdorf, ist über reichlich drei Jahrhunderte durch den Bergbau geprägt worden. Aber umfangreiche Grabungen haben weitaus ältere Befunde zutage gefördert. Schon vor reichlich 1500 Jahren wurde hier Kupfer für die Herstellung von Bronze gewonnen, woraus Werkzeuge, Waffen und Gegenstände des täglichen Bedarfs produziert wurden.

Nach allen bisherigen Erkenntnissen handelt es sich bei diesem Gebiet um das wichtigste Zentrum der Bronzeverarbeitung auf dem Terrain des heutigen Deutschlands. Große Mengen metallischen Kupfers und der leuchtenden Kupfersekundärmineralien Malachit, Azurit und Cuprit waren die Grundlage dafür. Die typisch gefärbten Erze an der Oberfläche und des klüftigen Zechsteins machten einen oberflächennahen Abbau ohne erschwerende Grundwasserprobleme möglich.

Wer immer in den Berg einfährt, ist gut beraten, sich mit der passenden Kleidung auszustatten. Bei 8 °C und einer Luftfeuchtigkeit von fast 100% bleibt einem schon mal die Luft weg. Die Führung dauert gut 90 Minuten. Festes Schuhwerk ist ebenfalls angesagt. „Sandalen geht auch“, sagte der Bergführer verschmitzt, „da läuft das Wasser gut ab.“ Der Helm wird gestellt. Stein gegen Kopf geht in aller Regel zu ungunsten des Kopfes aus.
Charline lauscht dem Bergführer gespannt.

Hier ist ein Teil der **Seilbahnstrecke** (wohl versehentlich) nicht verschrottet worden. Die Einbauten dienten dem Führen des Zugseiles über den Gleisen.

*Übrigens – der **Kalte Hund**, Sie kennen die schmackhafte Kalorienbombe, hat seinen Namen von diesem Gefährt unter Tage, denn er wird in einer Kastenform angerichtet, die einem Hunt (andere Schreibweise für Hund) wenigstens der Form nach ähnelt. Ist mir nach erzählt worden, steht auch so bei wikipedia. Dann glauben wir es mal, bevor wir gar keine Ahnung haben.*

Von geringerer Bedeutung war in prähistorischen Zeiten der Abbau von Brauneisenstein, zumal die Eisenerze, die sich mit dem einfachen Rennverfahren verhütten ließen, anderenorts reichlicher und in besserer Qualität vorkamen.

Beim Rennverfahren wird Eisenerz mit Holzkohle zu Metall reduziert. Dabei entsteht als Folge von Quarzbeimengungen im Erz und der Reaktion mit der Ofenwand eisenreiche Schlacke, die bei ca. 1200° C verflüssigt wird. Das Rennverfahren kann nur mit sehr hochwertigem Erz durchgeführt werden, da bei der Schlackebildung sehr viel Eisen gebunden wird. Die Ausbeute liegt meist unter zwanzig Prozent. Das Rennverfahren war bis ins Mittelalter die einzige Möglichkeit verarbeitbares Eisen herzustellen.

Spätestens zur Zeit der Völkerwanderung (375 bis 568) geriet die Kupfer- und Eisengewinnung im Raum Saalfeld in Vergessenheit. Größeres Augenmerk wurde auf den Abbau von Silber gelegt, das man vor allem für die sich entwickelnde Geldwirtschaft benötigte. Die – allerdings nur in wenigen Gebieten – gefundenen Silbererze zeichneten sich durch eine geringe Beimengung von Kupfer aus.

Eine Neubelebung des Bergbaus erfuhr das Revier im 16. Jahrhundert. Grund dafür war ein neues, bereits im 15. Jahrhundert entwickeltes Saigerverfahren, mit dem es möglich war, Kupfer und Silber im metallurgischen Prozess zu trennen und münzfähiges Kupfer herzustellen.

Das Revier Kamsdorf ist seit dem Beginn des 18. Jahrhunderts nachhaltig durch den Eisenabbau geprägt worden, zunächst von Brauneisenstein, ab 1828 kam auch Spateisenstein hinzu. Mit Pferdefuhrwerken wurde das phosphorarme Kamsdorfer Eisenerz über den Thüringer Wald bis nach Suhl und Zella-Mehlis transportiert.

Die Kuxe der unter preußischer Leitung im 19. Jahrhundert entstandenen *Gewerkschaft Vereinigte Reviere Kamsdorf* wurden später wie viele andere Gruben und Bergwerksfelder von der bayerischen *Eisengewerkschaft Maximilianshütte* erworben. Unter Kuxe, aus dem tschechischen *kousek* (kleines Stück, Anteil) über das mittellateinische *cucus*, im 15. Jahrhundert in den deutschen Sprachgebrauch eingewandert, versteht man den Anteil an einem Bergwerk, das in einer bergrechtlichen Gewerkschaft betrieben wird.

Der Abbau der Erze und später auch des eisenschüssigen Kalksteins erfolgte von 1869 bis 1958 unter Tage. Der Tagebaubetrieb setzte ab 1949 ein. Düngekalkmergel wird auch heute noch im Großtagebau Kamsdorf gewonnen.

Gewaltige Säulen stützen den Berg. Die Kunst bestand darin, sie in den jeweiligen Ebenen exakt auszurichten, damit sie wie die tragenden Mauern eines Hauses das gesamte Bergwerk halten.

Stolz auf ihre Zunft und ihre Montur sind sie allemal, und nicht nur die Bergleute im Kamsdorfer Revier wie hier auf dem Erinnerungsfoto von 1934, entstanden vor einem Wohnhaus des Ortsteils Schmelzhütte, wo viele Bergleute wohnten. (von links nach rechts:) Luis Weidermann, Luis Kühn, Karl Löser, Albert Oswald und Karl Kühn; in der Mitte ohne Bergkittel sitzt Karl Möbius, der seine Uniform schon an seinen Sohn weitergegeben hatte.

Das Foto lässt ahnen, von welcher Größe die Gänge und Höhlen sind. Und die vorzügliche Akustik lässt musikalische Veranstaltungen (oder wie hier eine Adventsfeier) zu einem besonderen Erlebnis werden.

Vereinsfahne

Der Kamsdorfer Verein gründete sich 1994, ist gemeinnützig und will die Jahrhunderte alte Bergbautradition wiederbeleben, bzw. erhalten. Neben dem denkmalgeschützten Komplex *Revierhaus* mit Bergkapelle (Bethaus) betreut der Verein den *Ersatzschacht 04* und das *Besucherbergwerk*. Es werden öffentliche Veranstaltungen und Führungen durch die Grube durchgeführt. Mit der Vereinsfahne treten die Mitglieder zu diversen Bergparaden im In- und Ausland auf.

Albert Patzers lange Schicht

Werner Groll, der Vorsitzende des Traditionsvereins, hat die Geschichte des Bergmannes *Albert Patzer* aufgeschrieben, der sich während der Schicht unter Tage „abgemeldet" hatte, um im Stollensystem der Grube bis nach Goßwitz zu wandern, wo er ausfahren und sein Heu vor einem möglichen Gewitter retten wollte. In Kamsdorf war es üblich, dass die einfahrenden Bergleute auf einer Liste erfasst wurden, die beim Ausfahren verlesen wurde und wozu der Genannte „Hier!" zu rufen hatte. Andernorts wurde mit einer Blechmarke kontrolliert, ob auch alle wieder ausgefahren sind.

Albert Patzer machte sich wegen eines drohenden Gewitters Sorgen um sein Heu. Also gab er einem Kumpel Bescheid, dass er unter Tage vom *Frommschacht* nach Goßwitz laufen und dort ausfahren wollte, um sein Heu in Sicherheit zu bringen. Der Kumpel nickte. So ungewöhnlich war das wohl nicht. Er würde dann statt Alberts laut „Hier!" rufen.

Patzers Frau wartete am Abend auf ihren Mann, doch der kam nicht. Unruhig wurde sie aber erst, als es dunkelte, die Wirtshäuser schon geschlossen hatten und der Mann noch immer nicht zu Hause war. Sie befragte die Bergleute, schließlich auch den Kumpel Alberts, dem der Schreck in die Glieder gefahren sein muss, denn weil das Heu noch auf der Wiese lag, gab es eigentlich nur eine Erklärung. Suchtrupps fuhren in den Berg ein, aber sie fanden ihren Kollegen nicht. Als er auch am Morgen des nächsten Tages nicht auftauchte, ordnete der *Betriebsführer Möbius* an, dass die gesamte Belegschaft von etwa 160 Mann suchen sollte. Nach zwei Tagen wurde die Suche ergebnislos eingestellt.

Wenn eine Pfütze austrocknet, bleibt der abgelagerte Schlamm zurück. Die Sonne entzieht ihm das Wasser. Der Schlamm bildet Risse. So erklärt der Bergführer die Entstehung der Klüfte und Risse im abgelagerten Schlamm des Zechsteinmeeres. Diese Hohlräume füllten sich im Laufe der Jahrtausende entweder durch Einspülungen von oben – oder durch das aus der Tiefe unter hohem Druck aufsteigende heiße Wasser mit mineralischen Lösungen, das auf seinem Weg nach oben die kleinsten Risse und weitesten Spalten mit Mineralien ausfüllte.

Auf dem nebenstehenden Bild lässt sich die über viele Jahrtausende gewachsene **Struktur des Meeresbodens im Zechsteinmeer** dank unterschiedlicher Ablagerungen gut erkennen.

Schnell mussten sie sein, die Bergleute. Wenn sie die kurzen **Lunten mit dem Zündhütchen** gezündet hatten, blieben ihnen im günstigsten Fall noch 60 Sekunden, um sich auf den im Berg eingeklemmten Holzstangen (links hinten) in die Tiefe und Sicherheit zu hangeln. Erschwerend kam hinzu, dass sie mit einer Hand noch ihre Rüböllampe halten mussten, um überhaupt sehen zu können, wo sich der nächste Sicherungsbalken befand. *Aber,* erzählt der Bergführer, *geschafft haben es die meisten. Vielleicht fehlte dem einen oder anderen ein Fingerchen wie bei den Sägereiarbeitern…* Der Mann hat Humor!

Bullflex ist ein textiles Schalungssystem, das in der Bauindustrie und bei der Hohlraumsicherung, vor allem aber auch im Bergbau angewendet wird. Die textile Hülle wird mit einem speziellen Quellbeton gefüllt, der schnell aushärtet.

Damit gaben sich seine Kameraden nicht zufrieden. Sie waren entschlossen, Albert – so oder so – zu finden. Kurz vor der Grube *Hintere Himmelfahrt* wurde seine Karbidlampe entdeckt, immerhin ein Fingerzeig, wo zu suchen war. Sie fanden ihn am dritten Tag. Völlig apathisch saß er im Dunkeln auf einem alten Bruch, reaktionslos, deutlich unterkühlt – er hatte mit seinem Leben bereits abgeschlossen. Bei seinem Versuch, im Finstern einen Ausweg zu finden, hatte er sich immer tiefer in den alten stillgelegten Grubenbauen verlaufen. Sein Glück war, dass er nicht an Abbaukanten oder Rolllöchern, die einzelne Sohlen verbinden, abgestürzt war. Aus Furcht vor dem Berggeist, der Fehlverhalten von Bergleuten (wie Alberts Entfernen) durch Halsumdrehen ahndet, hatte er sich völlig still verhalten. Die Stelle, wo man ihn gefunden hat, ist markiert worden: A.P. 56 St. 1921. Albert Patzer, 1869 in Goßwitz geboren, starb hochbetagt mit 86 Jahren im April 1956.

Die durch den Abbau entstandenen Hohlräume im Berg mussten natürlich gesichert werden. Heute verwendet man dazu moderne Verfahren (Bullflex). Die Bergleute früherer Zeiten nutzten das taube Gestein, um **Stützpfeiler** in der Art einer Trockenmauer aufzuschichten. Unter dem Druck des Berges wurden sie zusammengepresst und bildeten dann eine ebenso stabile Stütze wie das natürlich gewachsene Gestein. Beeindruckend ist, mit welcher Akribie und Ästhetik dabei oft zu Werke gegangen wurde. Am nebenstehenden Beispiel erkennt man den Meister.

Morassina Schmiedefeld

Buckelapotheker vertrieben vom 16. bis ins 20. Jahrhundert Olitäten (Naturheilmittel) in ganz Mitteleuropa. Der Name stammt daher, dass sie auf ihrem Rücken ein Holzgestell, das Reff (eine übermannshohe Kraxe) trugen. Auf dem waren die Heilmittel in Tonkrügen, Glasflaschen und Spanschachteln verpackt und wurden meist zu Fuß auf oft mehrwöchigen Reisen zu den Kunden in ganz Europa transportiert, wobei eine Familie jeweils für ein ganz bestimmtes Absatzgebiet zuständig war. Eines der Gebiete, in dem die Olitäten gesammelt, verarbeitet und von dort aus vertrieben wurden, liegt im Thüringer Wald und erstreckt sich über ein Gebiet von etwa 300 km². Die Hauptortschaften der Buckelapotheker waren Oberweißbach, Meura, Deesbach, Meuselbach-Schwarzmühle, Großbreitenbach, **Schmiedefeld** und Königsee.

Quelle: wikipedia

Das andere Schmiedefeld

Den Ortsnamen gibt es gleich zweimal am Rennsteig bzw. Rennweg in Thüringen. Insofern ist die Erfindung der Postleitzahlen ein Segen. Fahren Sie nach D-98739 Schmiedefeld. Der Name bedeutet *Siedlungen der Schmiede im eisernen Felde.* Das wiederum hat zu tun mit dem Schmelzen von Erz und dessen Verarbeitung in einer Schmiede. Weil nun vor allem der Thüringer Wald reich an Eisenerzen ist, gab es vielerorten solche Schmieden und deren räumliche Zuordnung zu – eben: Schmiedefeld.Die Kelten waren schon hier. Sie haben Gold gewaschen sowie Wetzsteine und obertägige Erze abgebaut. Die Ersterwähnung von *Schmittfeld* stammt aus dem Jahre 1414. Neben der Gewinnung von Erz bestritten die Schmiedefelder ihren Lebensunterhalt mit der Zubereitung von Pech, das sie aus Baumharz gewannen. Um 1700 kam der Olitätenhandel mit Heilmitteln, die aus der Natur gewonnen und von *Buckelapothekern* auf ihren *Reffs* (Rückentrage) weit ins Land getragen wurden, hinzu.Sehen Sie beim *Giftmischer* rein, dem Olitätenmuseum. 1840 kam die Porzellanindustrie nach Schmiedefeld. Und weil in der Nähe Schiefer abgebaut wurde, fanden auch die Griffelmacher Lohn und Brot. Als Urlaubsort macht Schmiedefeld seit den 20er Jahren des letzten Jahrhunderts mit allen guten Gründen von sich reden.

Morassina Schmiedefeld

Der kleine Unterschied

Das Guinness-Buch der Rekorde von 1996 bezeichnet das Schaubergwerk *Morassina* als einzigartiges Schaubergwerk – eine Kombination aus Naturschönheit und technischem Denkmal mit Relikten bergbaulicher Tätigkeit von hohem kulturhistorischen Wert, denn neben der Tropfstein- und Sinterbildung ist fast die gesamte Stempelbesetzung im Originalzustand erhalten geblieben. Mit solchem Zeugnis ausgestattet darf man getrost werben, denn wenn es andere sagen, ist es kein billiges Eigenlob. Und es stimmt. Fahren Sie hin.

Es kann allerdings passieren, dass Sie in einem anderen Schmiedefeld ankommen, ebenfalls in Thüringen, ebenfalls ein schöner Ort. Darum sollten Sie Ihr Navigationsgerät auf *98739 Schmiedefeld am Rennweg* programmieren, das zur *Verwaltungsgemeinschaft Lichtetal am Rennsteig* gehört. Und beachten Sie: *Rennweg,* nicht Rennsteig. Da gibt es zwar keinen Unterschied, aber die Schmiedefelder legen Wert auf diese Schreibweise. Also: Bundesstraße 281 zwischen Neuhaus am Rennweg und Saalfeld. Ich beschreibe die Anfahrt deshalb so genau, damit Sie Ihr Ziel auch wirklich erreichen, denn es wäre wirklich schade, wenn Sie diese Attraktion während Ihres Thüringen-Urlaubs verpassten.

Tropfsteinbaby – es bildet sich ein neuer Stalaktit.
Steter Tropfen höhlt den Stein? Hier gilt das Sprichwort umgekehrt: Steter Tropfen lässt den Stein wachsen.

Alexander von Humboldt (1769-1859) studierte in Freiberg an der Bergakademie. 1791 erhielt er eine Anstellung im preußischen Staatsdienst. Er wurde mit der Untersuchung des fränkischen Bergbaus betraut. Auf seinem Weg dorthin inspizierte er den Kamsdorf-Könitzer Bergbau und revolutionierte die Abbauverfahren von Alaunschiefergestein im *Schmiedefelder Vitriolwerk am Schwefelloch,* das heutige Schaubergwerk **Morassina**. Aufgrund seines beispielhaft erhellenden Berichtes erfolgte bereits nach einem halben Dienstjahr die Beförderung zum Oberbergmeister mit dem Auftrag der Sanierung des Bergbaues im Fichtelgebirge und Frankenwald.

Quelle: wikipedia

Humboldts Dienstbericht

Im Fahrbericht des Bergassessors **Alexander von Humboldt** über das *Schmiedefelder Vitriolwerk am Schwefelloch* bei Gräfenthal vom 11. Juli 1792, heißt es u.a.:

...Überhaupt ist hier nicht leicht Mangel an Alaunschiefer zu befürchten, da hier fast nach allen Weltengegenden hin, besonders gegen Morgen [= Osten] und Mittag [= Süden] das ganze Tonschiefergebirge mit den zu erzielenden Produkten geschwängert ist. Das Verhalten des Alaunschiefers im Schwefelloch ist indes, so weit ich es bei einer Befahrung der Grube beobachten konnte, sonderbar genug. Es ist hier nicht, wie ich anfangs vermutete, eine Schicht Tonschiefer, die mit Kupferkies fein durchzogen ist, sondern der Alaunschiefer macht hier ein eigenes Lager im uranfänglichen Tonschiefer mit 70', oft 85', gegen Mitternacht-Abend, die des Alaunschiefers mit 70' – 75' gegen Mittag und Mittag-Morgen einschließen. Dach und Sohle sind hier gewöhnliche grad- und dünnschiefrige, grünlichschwarze Tonschiefer des ganzen Gebirges, das Lager hingegen bräunlichschwarzer, teils unebener, teils schiefriger gemeiner und glänzender Alaunschiefer. Das Lager ist insgesamt 3/4 Lr. [oder Ltr. = Lachter, altes Bergmaß, in Saalfeld 1,977 m] verdrückt. ... Befahrung der Gruben und Ausförderung der Schiefer geschieht hier bloß auf den Stollen, deren jetzt zwei meist St. 11 gegen Mitternacht-Morgen, etwa 80 Lr. ins Gebirge getrieben sind. Sie stehen nur vom Mundloch herein, das etwa 50 Lr. über den Tiefsten des Tales erhaben ist, in doppelten Türstöcken und sind 1/2 Lr. weit und 5/4 Lr. hoch. Stege sind zwar vorhanden, ruhen aber unmittelbar auf der Sohle. Alle Stollen sind gleichlaufend und der Neue darum nur ein 30 Lr. weit gegen Abend [Westen] angestoßen, weil der Grubenbau sich dorthin gezogen hatte, und die Ausförderung durch den alten Stollen zu schwerköstig fiel... Das Dach ist sehr flüchtig, man fängt es daher mit einer zahllosen Menge vom Firstenstempeln, die im hölzernen Anfall stehen, ab. Die Holzverschwendung ist dabei sehr groß. Man lächelt indeß über jeden Verbesserungsvorschlag, da die Herrschaft das Grubenholz umsonst geben muß, und man künftigen Holzmangel für unmöglich hält, obgleich schon jetzt 70-jährige Stämme sehr mangeln. ...Die Grubenarbeit geschieht hier meist im Winter, da im Sommer über Tagesarbeit genug vorfällt. Dies Gebirge ist nicht sehr wasserreich. Der gewonnene Schiefer wird sogleich auf 24 Fuß langen und breiten Bühnen gestürzt, deren hier zehn vorhanden sind. Die Erbauung einer solchen Bühne kostet hier, samt den Kosten der Garnierung der Erze und Ausförderung, 500 Rtlr... Die frischen Schiefer liegen 1 – $2^1/2$ Jahre auf der Bühne, bis sie zum ersten Mal benutzt werden können. Sie werden in dürren Sommern mit Wasser besprengt, im Winter aber, da der viele Schnee sie zu früh auslaugen würde, bedeckt. Ein sonniger und luftiger Ort ist für die Bühne am bequemsten. Sind die Schiefer weiß beschlagen, so wird Wasser, das hier vom Berg herabgeleitet wird, auf sie gelassen und die Lauge in Vorratskästen aufbewahrt, von wo aus sie unmittelbar in die Siedpfanne läuft. ... Die eingedickte Lauge wird in Läuterpfannen, worein sich in 8 Stunden etwas Schlamm setzt, und von da in die Waschpfannen (alle von Blei) übertragen, über denen Latten mit holzernen Stiften ruhen, an welchen Stiften der Kupfervitriol anschließt. ... Die dreifache Menge des Kupfers, welche man zuschlägt, gibt drei verschiedenen Nuancen die Farbe, daher drei Sorten Kupfervitriol, 1 Ztn. zu 8 Tlr., zu 6 Tlr., der zu 5 ist der gewöhnlichste.

Blick in den Rokokosaal

Qualitativ und quantitativ sind die anfallenden Grubenwässer ebenso wie das Wasser produzierende Deckgebirge ihrem Chemismus und den physikalischen Parameter nach relativ konstant. Auf seinem Migrationsweg löst und transportiert das Wasser Elemente und Spurenelemente, setzt diese um, geht Verbindungen und Mineralisierungen ein und bestimmt somit den Gehalt, die Eigenschaften und eventuelle Einsatzmöglichkeiten zur weiteren Nutzung im Verband des Gesamtmilieus. Die hier ankommenden Grubenwässer besitzen heil- und mineralwasserartigen Charakter.

Auf dem Weg zur Erdoberfläche löst das Wasser entsprechende Bestandteile aus dem Deckgebirge heraus und lagert sie in Form von Tropfstein- und Sinterbildungen an den Firsten, den Stößen und auf der Sohle im Hohlraumsystem ab. Eine Vielfalt von Metalloxiden, im Besonderen von Eisen, Mangan, Kupfer und Kobalt sorgen für den Farbenreichtum.

Morassi und seine Morassina

In der Verleihungsurkunde vom 6. September 1683 – dem ersten Nachweis auf Abbau von Alaunschiefer im Schweleloch, steht: *...unseren lieben getreuen Johann Georg Wildt – Blaufarbenbereiter zu „Wilden Pisau", Simon Leib – Hammermeister aus Geisersthal, Hans Caspar Holtzhey – Bürger aus Gräfenroda und Christoph Unger – Einwohner und Bergmann aus Schmiedefeld, sind in Untertätigkeit gekommen, um zu vernehmen zu geben, daß sie unterhalb des Schmiedefelder Angers, sonstern im Großenbach oder Goldloch genannt, ein Erz, welches Schwefel oder Vitriol zu erhalten scheinet, angetroffen und daher mit Gott gesonnen eine Schwefel- und Vitriolhütte aufzurichten...*

Am 13. Juli 1716 erwarben der Handelsmann *Johann Leonard Morassi* aus Neustadt an der Heyde und sein Schwager, der Buchdrucker *Johann Nicolaus Mönch* aus Coburg die Hälfte der Vitriolhütte für 50 Gulden. Womit der Name *Morassina* erklärt ist. Zwei Jahre später überlässt Morassi seinem Schwager die Hälfte seines Anteils für 400 Reichstaler. 1721 erscheint nach dem Zusammenschluss mit weiteren Gruben der noch heute gängige Name *Morassina.* Unter *Christian Gottlob Frege,* Kammerrat und Bankherr aus Leipzig, erlebt das Werk ab 1753 einen deutlichen Aufschwung. Noch heute zeugt das *Fregehaus* in Leipzig vom Wohlstand dieser Familie.

Friedrich Karl Schlötzer, seit 1826 verheiratet mit *Christiane Johanna Marie Wagner,* war der letzte Vitriolmeister der Grube, die ihm und 23 weiteren Teilhabern gehörte. Die Familie betrieb auf dem beruhenden Braurecht, das auf der Vitriolhütte lag, eine Schankwirtschaft bis 1958 in Schmiedefeld.

Staustufe in Kombination von Tropfstein- und Sinterbildung im nicht erschlossenen Teil der Oberen Sohle.

Im Originalzustand erhalten gebliebene Stempelsetzung am und im Oberen See.

Alte **Stempelsetzungen** im nicht erschlossenen Teil des Hohlraumsystems, die auch nach über 250 Jahren im Berg nichts von ihrem festen und tragenden Charakter verloren haben. Der hohe Erhaltungsgrad des Holzes ist darauf zurückzuführen, dass im Wasser alaun- und vitriolhaltige Stoffe gelöst sind, die den Konservierungsgrad bewirken.

links:

Fast völlig mit einer **Diadochitkruste** (mineralisiert) überzogene Stempelsetzung im nicht erschlossenen Bereich der Oberen Sohle.

rechts:

Fantasiefigur in der Märchengrotte. Mit etwas Fantasie erkennt man einen der Ahnenherren des Schaubergwerkes (oder Vitriolhütte) – Johann Leonhard Morassi

Diadochitvorhang im Rokokosaal.

Bereits1837 wurde an der Bergakademie Freiberg die mineralogische Selbstständigkeit der Eigenschaften des Diadochids ($Fe_2(OH\text{-}SO_4\text{-}PO_4)x5H_2O$) als *… kastanien-, rötlich-, nelken- und gelblich- braunen, lies wachs- und stroh-gelben… nierenförmigen und anderen getropften Gestalten…* beschrieben.

Berggold aus der Morassina
Fundort: Denkmalgeschützter Bereich der Oberen Sohle.

Der in Probszella/ Thür. geborene und in Freiberg /Sachsen wirkende Mineraloge und Professor *Johann Friedrich August Breithaupt* setzte sich mit dem Goldgehalt der Thüringer Alaunschiefer auseinander und wies diesen 1816 im Vitriolschlamm einiger Alaun, Vitriol und Schwefel produzierender Betriebe nach.
Erkenntnissen zufolge begleitet das in den Alaun - und Kieselschiefer enthaltene „Spurengold" die kohlenstoffhaltigen Anreicherungen auf dem Weg zum Konzentrat.

Speläotherapie. Im *Sankt-Barbara-Heilstollen* bewirken den Heileffekt die fast konstante Atmosphäre und die extreme Reinheit der Luft. Nahezu völlig keim- und staubfreie Verhältnisse herrschen im Berg. In einer Tiefe von ca. 62 m beträgt die Lufttemperatur 8,5 °C, die Wassertemperatur 7,5 °C, die Luftfeuchte schwankt zwischen 98 und 99 %. Heilfördernd für die Atemwege erweist sich eine leichte natürliche Radioaktivität, die dem fast 450 Millionen Jahre alten, im Erdzeitalter Silur entstandenen Sedimentgestein entströmt. Im Verlauf seiner Zerfallsreihe sorgt das Edelgas Radon für eine leichte elektrostatische Aufwertung der Höhlenatmosphäre – eine zusätzliche Stimulanz des Heilklimas. Als Indikationen sind angezeigt: Asthma bronchiale, chronische Bronchitis, Heuschnupfen, Pseudo-Krupp bei Kleinkindern, Nasennebenhöhlenentzündung und Neurodermitis. Als Indikationen sind über Atemwegserkrankungen hinausgehend cardiovaskuläre Erkrankungen, Gefäßleiden, atopische und bakterielle Hauterkrankungen, Psoriasis und Verbrennungen bekannt.

Nicht abergläubig, aber gläubig

Bergleute sind abergläubig, jedenfalls (fast) alle, die ich kenne. Mein Onkel Paul war es auch, obwohl er ein kluger Mensch gewesen ist. Ich sage es also nicht im abfälligen Sinn.

Auf dem Weg zum Mundloch der *Morassina* entdeckte ich einen Maulwurf, der sich auf der befestigten Straße aufgeregt im Kreise drehte und mit seinen fast blinden Augen einen Zugang in die Erde suchte. Ich nahm ihn und setzte ihn in die Wiese. Pass auf, Kumpel, sagte ich. Irgendwie erinnerte er mich an einen Bergmann, der sich außerhalb seines „Elementes“ nicht zurecht fand.

Gehören der erste und der zweite Absatz dieses Kapitels irgendwie zusammen? Ja. Die Bergleute früherer Jahre haben das Tageslicht selten gesehen. Wenn sie sich auf den Weg zur Arbeit machten, war es meistens noch finster, wenn sie nach zwölf und mehr Stunden Schufterei unter Tage nach Hause gingen, war es meistens schon wieder finster. Und dass es im Bergwerk besonders hell war, kann man angesichts von Kienspan oder Rüböllampe auch nicht sagen. Abergläubig heißt doch eigentlich nur, dass jemand an etwas anderes glaubt als die meisten anderen Menschen.

Ich erinnere mich der Empfindung, die ich in Island hatte, als ich in der weiten, kargen Lavalandschaft stand. Es dampfte und brodelte unter mir. Plötzliche Wasser sprangen hervor, schwefelartiger Geruch lag in der Luft. Und diese Weite! Da wusste ich, dass ich nur ein Punkt bin auf dieser Erde, ein ziemlich unwichtiger zudem. Ich denke, wer mit der Natur und ihren Kräften – selbst dann, wenn man sie mit modernsten Messmethoden nachweisen und ihre Wirkungen erklären kann – gewissermaßen auf Tuchfühlung ist, Tonnen von Gestein über sich weiß, die Wetter und Wirkungen spürt, der ist geneigt anzuerkennen, dass nicht wir die Natur beherrschen, sondern dass die Natur auch in uns herrscht und wir wirklich nur ein kleiner, lässlicher Punkt sind.

Wissenschaftlich lässt sich die Wirkung von Radonstrahlung, von reinerer Luft als in einer Chipfabrik, von heilendem Wasser erklären – ein Wunder bleibt es doch. Und ich denke, dass die junge Mutter, die oft verzweifelt am Bett ihres an Neurodermitis erkrankten Sohnes gestanden hat, bei aller Erklärung für den Erfolg nach gründlicher Behandlung im Heilstollen der *Morassina* einfach glücklich war und an ein Wunder geglaubt hat, dass alle kluge und teure Medizin bis dahin nicht bewirken konnte.

Das besondere Klima zwischen Luv und Lee im Umfeld von Schmiedefeld macht den Aufenthalt auch über Tage zu einer Kur mit Langzeitwirkung. Bis in die Mitte des vergangenen Jahrhunderts war Schmiedefeld Höhenluftkurort. Beim Wandern und Aufenthalt in der noch heilen Natur um das *Schaubergwerk Morassina* wie im gesamten *Schwefelloch* sind beste Möglichkeiten zur Nutzung und Dosierung bioklimatischer Effekte und aktische Reizwirkungen gegeben.

Die **Thüringisch-Fränkische Schieferstraße** führt von Steinach, dem ehemaligen Zentrum der Schiefergriffelherstellung, quer durch das Thüringer Schiefergebirge und ein Stückchen durch den Frankenwald. Entlang dieser Touristikstraße findet der Wanderer noch unzählige Zeugen des einst so wichtigen Erwerbszweiges des Abbaues und Verarbeitens des Schiefergesteins.

Streckenverlauf:
Steinach (Deutsches Schiefermuseum) - Gaststätte „Bergmannsklause“ - Berggasthof „Brand“ - Spechtsbrunn - Schieferbruch „Tannenglück“ - Ebersdorf - Ludwigsstadt - Probstzella - Marktgölitz - Oberloquitz - Reichenbach bei Unterloquitz - Schaderthal - Unterloquitz (aktives Bergbaugebiet) - Hockeroda - Leutenberg - Grünau - Lehesten - Lichtentanner Mühle - Dachschiefergrube Bärenstein - Schmiedebach - Gedenkstätte „Laura“ - Grube „Schmiedebach“ - Lehesten (Technisches Denkmal „Historischer Schieferbau“) - Wurbach - Röttersdorf - Oßla - Wurzbach - Grumbach - Rodacherbrunn - Markt Nordhalben - Stoffelsmühle - Geroldsgrün

Das „Blaue Gold“ von Lehesten

Lehesten liegt im *Naturpark Thüringer Schiefergebirge/Obere Saale* an der thüringisch-bayerischen Landesgrenze in 600 – 700 m Höhe über NN auf einem Hochplateau mit dem Wetzstein (792 m) als herausragende Erhebung. Geprägt ist die Stadt durch den seit dem 13. Jahrhundert umgehenden Abbau auf Schiefer. Es entstanden die größten Schiefertagebaue des europäischen Kontinents. Das „Blaue Gold“, wie der Schiefer genannt wird, hat Lehesten bekannt gemacht. Die vielen alten Schieferbrüche, die moos- und birkenbewachsenen Halden sowie die Tagebaulöcher, die sich in teilweise herrliche Seen verwandelt haben, sorgen für die Unverwechselbarkeit der Landschaft. In dieser Landschaft haben sich im Laufe der Jahre besonders wertvolle Biotope herausgebildet und wurden deshalb unter Schutz gestellt. Ebenfalls typisch sind die Dacheindeckungen und Fassadengestaltungen der Häuser. Sie zeugen von der hohen Fertigkeit der Lehestener Schieferdecker. An der ältesten Dachdeckerschule Deutschlands werden nach der 32-jähriger Unterbrechung von 1960 bis 1992 wieder Lehrlinge und Meister im Dachdeckerhandwerk ausgebildet. Erstmals wurde Lehesten 1071 urkundlich erwähnt. Das Dorf gehörte im Mittelalter zum Besitz des Klosters Saalfeld. Ab Mitte des 17. Jahrhunderts entwickelte sich der Ort aufgrund seiner Lage an der Straße von Kronach nach Pößneck zur Stadt. Im Stadtteil Schmiedebach wurden während des Zweiten Weltkrieges Triebwerke für die V2-Raketen von Kriegsgefangenen gebaut und getestet. Zu einer Namensänderung kam es am 1. Mai 1992, als sich die Stadt von Lehesten/Thür. Wald in Lehesten umbenannte.

Schieferbergbau Lehesten

In Lehesten ist nichts schief

Der Himmel war schiefergrau. Es nieselte. Freitag, der 13. Dennoch wurde es ein schöner Tag. Nachdem ich ein Dutzend Umleitungen, Baustellen, Bahnübergänge und Sackgassen gemeistert hatte, erreichte ich das *Thüringer Schiefergebirge.* Man sieht sehr schnell, wo man ist. Nicht nur die Dächer sind mit Schiefer gedeckt, auch die Hauswände sind damit verkleidet, ein Buswartehäuschen im Schiefergewand, und etwas versteckt fand ich sogar ein Haus mit Herzchen. Auch die Grabsteine sind aus Schiefer. Da fiel mir der sinnige Satz ein: IN LEHESTEN IST ALLES SCHIEFER.

Als ich eingeschult wurde, bekam ich eine *Schiefertafel,* dazu einen Griffel zum Schreiben und ein Schwämmchen, um das Geschriebene zu korrigieren oder zu löschen. Wenn ich das meinen Kindern erzähle, denken die vermutlich: Ganz schön alt, der Vater. Und meine Enkeltochter würde mich vermutlich fragen: „Gab es damals noch Saurier?“ Ob meine Schiefertafel aus Lehesten stammte? Die größte Schiefertafel (252 x 308 cm) befindet sich in der Kirche St. Aegidien. Beim Durchfahren des hübschen Städtchens las ich: *Dachdeckerschule.* Welche Fertigkeiten und Fähigkeiten der Beruf abverlangt, lässt sich schon anhand der verschiedenen, mitunter sehr kunstvoll gelegten Muster auf den Dächern und an den Hauswänden erkennen.

Die Hallen, in denen der **Schiefer verarbeitet** wurde, sind im wesentlichen erhalten. Der Besucher kann sich über Arbeitsweise, Leben und handwerkliche Fertigkeit der einst hier Beschäftigten informieren.

In der über 250 Jahre alten Lehestener Kirche St. Aegidien befindet sich im Vorraum die vermutlich **größte Schiefertafel,** die jemals aus einem Stück gehauen wurde. Sie ist 308 cm hoch und 252 cm breit und wurde 1872 im Schieferbruch „Kießlich" gewonnen. Auf dieser Gedenktafel zu Ehren der Gefallenen des deutsch-französischen Krieges von 1870/71 sind die Namen der 30 Kriegsteilnehmer aus Lehesten verzeichnet.

Feuersbrünste und Schule

Vor 330 Millionen Jahren, im unteren Karbon (Kulm), ist der Schiefer im Gebiet der heutigen *Steinernen Heide*, ein Hochplateau 600 Meter über NN, in einer Breite von sechs und einer Länge von 15 Kilometern aus feinkörnig-tonigen Sedimenten entstanden. Die Auffaltung des Gebirges und hoher Druck hatten eine ausgeprägte Schieferung und damit eine gute Spaltbarkeit zur Folge.

Der Lehestener Schiefer unterteilt sich in fünf bis sechs Meter mächtigen *Kalkknotenschiefer,* der von einem zehn bis 25 Meter anstehenden *Rußschiefer* und der wieder von einem 25 bis 30 Meter starken *Dachschiefer* überlagert wird.

Schiefer aus Lehesten eignet sich deshalb vorzüglich als Material zum Dachdecken, weil er witterungs- und farbbeständig und zudem gut spaltbar und elastisch ist. Das sind Eigenschaften, die schon sehr früh – und das nicht nur im näheren Umfeld – erkannt wurden. Schon im 14. Jahrhundert erhielt die Kaiserburg in Wien ein Dach aus Lehestener Schiefer.

In vielen mittelalterlichen Städten hatten schwere Brände immer wieder ganze Viertel in Schutt und Asche gelegt, weil die mit Holzschindeln gedeckten Dächer wie der sprichwörtliche Zunder brannten. 1822 sind bei einem Feuer 120 Wohnhäuser, 76 Scheunen und weitere Gebäude in Lehesten niedergebrannt. Holzschindeln und Stroh wurden in der Mitte des 19. Jahrhunderts vielerorts als Material für die Dächer verboten. Da war Schiefer ein ideales Material, weil es solche Katastrophen weitgehend verhindern konnte. Vornehmlich Amtsgebäude, Kirchen und Mühlen, aber auch die Häuser wohlhabender Bürger erhielten Schieferdächer.

Ein weiterer Grund für den enormen Aufschwung, den der Abbau von Schiefer um Lehesten erfuhr, war die Einführung der Schiefertafel an den Schulen. Für das Jahr 1846 werden für Lehesten 15 Schieferbetriebe (von 28 in ganz Thüringen) genannt. Die Jahresproduktion betrug etwa 5.400 Tonnen.

Die **Schiefertafeln** wurden exakt zugeschnitten, dann mit Schreiblinien versehen und in einem Holzrahmen gefasst, denn *Schönschrift* – und das in *Sütterlin!* – war damals noch eine Zeugnisnote.
Die **Sütterlin-Schrift** wurde 1911 von *Ludwig Sütterlin* entwickelt und ab 1915 in Preußen, später auch in den anderen deutschen Ländern eingeführt.
Durch den *Schrifterlass* von 1941 wurde sie zeitweise verboten. Sie wurde nach 1945 bis in die 50er (Saarland) und 60er Jahre (Thüringen) als Eingangsschrift an den Schulen gelehrt und erst danach durch die wesentlich einfachere *lateinische Schrift* ersetzt.

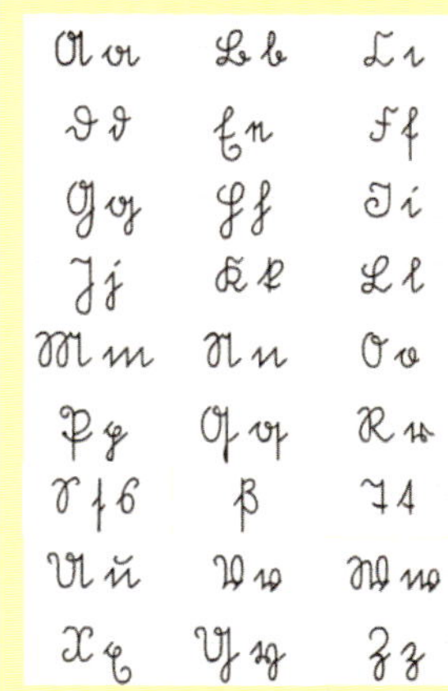

Einen anschaulichen Einblick in die Verarbeitung von Schiefer geben die einstigen Betriebsstätten, in denen die Herstellungsweise von Dach- und Wandschiefer und die Vielfalt anderer Verarbeitungsmöglichkeiten von Schiefer demonstriert werden.

Schiefer ist nicht nur das Ausgangsmaterial für die Bedachung und Wandverkleidung von Gebäuden. Eine der vielen Verwendungsmöglichkeiten zeigt die Ausstellung von Grabplatten.

Schiefer ist ein metamorphes Sedimentgestein aus annähernd parallel angeordneten dünnen Schichten, in die es spaltbar ist. Geologisch handelt es sich um eine Gruppe metamorpher Gesteine (z.B. Granatschiefer, Amphibolitschiefer, Glaukophanschiefer, Tonschiefer). Unter hohem Druck haben sich aus den Mineralen toniger Sedimentgesteine neue Schichtsilikate (meist Glimmer, z.B. Muskovit) gebildet, die allesamt parallel ausgerichtet sind und dadurch die gute Spaltbarkeit des Gesteins bedingen. Bestimmte Minerale, wie Glaukophan oder die Minerale der Granat- und Amphibolgruppe, lassen Rückschlüsse auf die Druck-Temperatur-Bedingungen der Metamorphose zu. Die senkrecht zur Druckrichtung der Metamorphose ausgerichtete Schieferungsebene hat nichts mit der ursprünglichen sedimentären Schichtung zu tun; Schieferungs- und Schichtungsebene können in beliebigem Winkel zueinander stehen.
Quelle: wikipedia

Seite 207: Morgennebel über dem Tagebausee

Bergfreiheit und Grenzregime

Die Herzoglich-Meiningische Regierung machte in der Mitte des 19. Jahrhunderts per Gesetz den Schiefer bergfrei. Das bedeutete, dass jeder, der Bergbau betreiben wollte, nicht mehr an Grund und Boden gebunden war, er musste lediglich einen Fundpunkt nachweisen. Das war der Anfang einer rasanten Entwicklung. 1870 gab es an die 60 Gewerke und Gesellschaften, die Schiefer abbauten.

Einer der erfolgreichsten Unternehmer war *Karl Oertel,* der im weiten Umfeld mehrere Lagerstätten erwarb, die er zu einem gewaltigen Tagebau mit bis zu 100 Meter hohen Wänden zusammenführte. Entscheidend im Konkurrenzkampf waren eine hohe technische Ausstattung und eine kluge Unternehmensführung, die sich auch auf für die Zeit sehr guten Sozialleistungen bezog. Karl Oertel gründete zum Beispiel 1875 eine Schule für die Kinder seiner Mitarbeiter. Er finanzierte den Schulbau in Lehesten und Schmiedebach. Sage und schreibe 300.000 Mark investierte er in den Bau der Lokalbahn Ludwigsstadt-Lehesten mit Anbindung an die Schieferbrüche. Als er starb, hatte er mit 100.000 Mark eine Stiftung zugunsten seiner Arbeiter verfügt.

Ebenfalls erfolgreich war der so genannte *Herrschaftsbruch,* den *Alexander von Humboldt* 1792 als königlich-preußischer Bergassessor befahren hatte. Für das Jahr 1900 werden hier 650 Beschäftigte gezählt. Beide Brüche gaben in den Jahren 1877 bis 1899 etwa 1.500 Menschen aus Lehesten, aber auch der weiteren Umgebung bis hin in die oberfränkischen Orte Bayerns, Lohn und Brot und soziale Sicherheit.

Die Dachschieferproduktion in Deutschland wird für das Jahr 1877 mit 136.400 Tonnen beziffert. Der Anteil Thüringens betrug 52.200 Tonnen, das entspricht fast 40 Prozent.

Die Lagerstätten waren so günstig ausgestattet, dass bei Lehesten im Unterschied zu vielen anderen Abbaugebieten, wo man seit 1880 zum Stollenbau übergehen musste, ein intensiver Tagebau betrieben werden konnte. Erst ab 1920 wurden auch hier Stollen ins Gebirge getrieben.

Nicht verschwiegen werden soll, dass mit dem Abbau von Schiefer und dessen weiterer Verarbeitung hohe gesundheitliche Schäden verbunden waren. Das silikogene Material zerstörte die Atemwege, insbesondere die Lunge (Silikose). Erst 1949 wurde der Abbau von Schiefer als Bergbau anerkannt. Die Lebenserwartung vieler Bergleute und Hüttenarbeiter betrug einst höchstens 40 bis 45 Jahre. Die Einführung von Nassbohrern und das Befeuchten des zu spaltenden Gesteins drängte die Berufskrankheit deutlich zurück.

Die Folgen des Zweiten Weltkrieges und die Teilung Deutschlands haben das Leben und die Arbeitswelt in Lehesten sehr nachteilig verändert. Zwar durften bis 1952 noch so genannte Korridorzüge die 80 bayerischen Arbeiter ab Ludwigsstadt von und nach Probstzella fahren, aber 1961 wurden auch hier die Grenzen dicht gemacht und aus der Dachdeckerschule wurde ein militärisches Objekt.

Zehn Jahre nach der Öffnung der Grenze wurde der Abbau von Schiefer unter Tage eingestellt, nur der Tagebau blieb erhalten. Im *Schaubergwerk* und im *Technischen Denkmal Historischer Schieferbergbau* wird die Geschichte des Abbaus und die Verarbeitung des Schiefers anschaulich demonstriert.

Der thüringische König **Herminafried** (485-534) schrieb an den Ostgotenkönig Theoderich von *silberfarbenen Thüringer Rossen.* Der römische Schriftsteller *Flavius Vegetius* berichtete um 400 n.Chr. von der *Ausdauer und Geduld der Thüringer Pferde.* Die unterlegenen Thüringer mussten den Franken jährlich eine bestimmte Anzahl Rösser als Tribut zahlen. Die Pferdezucht in Thüringen genoss hohes Ansehen. Die zahlreichen Stutenweiden (*Willenhegen*) entlang dem Rennsteig wurden als Weiden und Mähflecken für das Winterfutter genutzt. 1131 hatte der Henneberger *Graf Gotebold* auf dem Tauschweg vom Kloster Fulda das Land um Veßra erworben. Mitte des 16. Jahrhunderts war der Marstall der Henneberger schon so groß, dass die notwendigen Futtermittel knapp wurden. 1649 wurde der *Stutenhausstall* urkundlich erwähnt. Das Gegenstück ist das *Hennebergische Hengsthaus.* Beide wurden früher die *Huthäuser auf dem Wald* genannt.

aus: Gastliches Thüringen. Thüringer Wald. Kapitel **Stutenhaus.**

Im Biosphärenreservat

Vesser, als kleinster Ortsteil zu Suhl gehörig, liegt in einem der schönsten Täler Deutschlands, im *Biosphärenreservat Vessertal.* Im Jahre 1979 wurde das Naturschutzgebiet als eines der ersten deutschen Biosphärenreservate von der UNESCO anerkannt. Das ursprüngliche Schutzgebiet wurde im Laufe der Jahre durch wertvolle Biotope (Moore, naturnahe Wälder und Bergwiesen) und Siedlungsflächen auf 17.000 ha erweitert.

Zum Biosphärenreservat mit dem einem Nationalpark ähnlichen Charakter gehören neun räumlich voneinander getrennte Kernzonen: *Beerbergmoor, Schneekopfmoor am Teufelskreis, Seiffartsburg, Erbskopf, Reifberg, Marktal und Morast, Harzgrund, Oberlauf der Gabeltäler* und das *Vessertal* zwischen Schmiedefeld am Rennsteig und Schleusingen. Die *Vesser* ist ein 16 Kilometer langer Nebenfluss der *Nahe* in Thüringen. Ihre Quelle liegt auf etwa 750 Meter Höhe unterhalb des Wanderparkplatzes *Wegscheide* und des *Großen Eisenberges* (907 m) bei Schmiedefeld am Rennsteig. Sie fließt südwärts und erreicht nach ungefähr drei Kilometern den Suhler Ortsteil Vesser.

Unterhalb des Ortes beginnt das Vessertal mit seiner einzigartigen, schützenswerten Pflanzen- und Tierwelt. Weiter fließt die Vesser durch die Orte Breitenbach und St. Kilian, wo sie von links in die von Norden kommende *Erle* einmündet, die wiederum nach knapp zwei Kilometern in Schleusingen in die *Nahe* fließt.

Schwarze Crux (Suhl/Vesser)

Respekt, Respekt!

Vor so viel Enthusiasmus und unermüdlichem Einsatz kann man nur respektvoll den Hut ziehen – was hiermit geschieht. Über mehr als sieben Jahre hat ein kleines, aber „mächtiges Häuflein" um *Karl Rieger,* wahrscheinlich von dem einen oder anderen mitleidig belächelt oder gar verspottet, einen scheinbar aussichtslosen Kampf gegen den Berg geführt und schließlich doch gewonnen. Man muss es gesehen haben, was die Mitglieder des *Vereins für Hennebergische Bergbaugeschichte* und des *Fördervereins Bergbaumuseum „Schwarzer Crux"* geleistet haben, um eine ungefähre Vorstellung zu bekommen. Allein der Kraftaufwand, um das Gestein zu bewegen. Ich habe versucht, einen mittelgroßen Stein anzuheben, von dem man etwas locker sagt: So etwas haben wir früher an der Uhrenkette getragen. Der Schwächste bin ich nicht, aber mit Rücksicht auf meine Bypässe lupfte ich ihn nur ein wenig an. Tonnen, abertausende Tonnen mussten weggeräumt werden, um die Gänge wieder frei zu bekommen. Das Gestein ist 70 bis 80 Prozent eisenhaltig! Als Beweis heftete Karl Rieger einen Magneten an die Felswand: Er fiel nicht herunter, also der Magnet. Und ich rede noch nicht von der Last, die sie alle mit sich herumgeschleppt haben, ob sich der ganze Aufwand überhaupt lohnen – von rechnen ganz zu schweigen – würde. Ein bisschen verrückt muss man sein, gibt Rieger lächelnd zu.

Im Berg gibt es keine Jahreszeiten, jedenfalls spürt man wenig davon, ob es oben schneit oder regnet, ob die Sonne scheint oder Nacht ist. Der Bergmann freilich spürt es auf der Haut, ob die Wetter ein- oder ausfahren; denn das hängt von den jahreszeitlich bedingten Temperaturen ab.

Nie aufgegeben haben sie, aber oft verzweifelt gewesen sind die Vereinsmitglieder; denn sicher konnten sie nicht sein, ob der Berg seine Geheimnisse preisgibt. Der Zugang des Bergwerks war in den 60er Jahren des letzten Jahrhunderts mit meterdickem Beton und Eisenbahnschienen als Bewährung verschlossen worden, darüber bis zu drei Meter Erdreich. Als sie den Zugang gefunden und ihn unter unsäglichen Mühen frei gelegt hatten, fing die Schufterei erst wirklich an. Tonnen von Schutt und Geröll von enormem Gewicht mussten ausgeräumt werden. Jeder Dübel, der ins Gestein eingebracht werden musste, kostete einen Bohrer. Wenn man erfährt, wie weitläufig das Stollensystem und wie hoch einzelne Hallen sind, bekommt man einen Begriff von der Schwere der Arbeit einstiger Bergleute. Kaum größer als ein Fingernagel sind die Stücke, die man dem Gestein mit Schlegel und Eisen abringen kann. Aber am Ende – das noch lange kein Ende ist – stand der Erfolg. Man wird sie einst die Pioniere des Schaubergwerks *Schwarze Crux* nennen und sich ihrer mit Respekt erinnern.

Wohlbegründeter Ruhm

Der weltweite Ruhm der kleinen südthüringischen Stadt Suhl als *Rüstkammer Europas* oder *Deutsches Damaskus* ist wohlbegründet, nämlich im Erzreichtum des ganzen Gebietes unter Tage. Erst das hochwertige Erz mit 70 und mehr Prozent Eisengehalt war die Voraussetzung für die Waffenproduktion.

Angefangen hat es schon deutlich vor dem Jahre 900, denn in einer Schenkungsurkunde des fränkischen Adligen *Adelbrath* an das Kloster Fulda heißt es: *…wo Eisen erblasen und Ketten geschmiedet werden*. Aus dem Jahre 1350 weiß man von gelieferten *Eisenwaren und Stabeisen* nach Erfurt. 1499 ist von *Panzerer, Plattner und Harnischmacher* in Suhl die Rede. Und im Jahre 1545 werden die ersten Luntenschlossgewehre in Suhl aus Crux-Eisen gebaut. *Zwei Büchsen- und ein Feldspießträger* haben 1574 in Vesser gewohnt – mit ihnen noch ganze elf Menschen.

Wie ergiebig die Erzlagerstätten waren, erhellt aus der Tatsache, dass fast 2.000 Relikte einstiger Bergwerke im Revier nachgewiesen wurden. Der *Schwarze Crux* war eine der Minen, in der noch bis ins Jahr 1924 Magnetiteisenstein für die Maximilianshütte, der späteren Maxhütte Unterwellenborn, abgebaut wurde. Die Herkunft der Bezeichnung Crux (es gibt außer dem Schwarzen noch den Gelber oder Weißer und den Roter Crux) ist strittig. Die Ableitung vom lateinischen Wort *crux* (Kreuz) scheint mir zu kurz gedacht. Wahrscheinlicher ist die Ableitung von Krokus; denn in einer alten Urkunde aus dem Jahre 1691 heißt es: *Der Schmiedefeldische rothe und weiße und schwarze Crockus.* Womit eindeutig die in dieser Gegend häufig anzutreffende Herbstzeitlose gemeint ist. Und in der besagten Urkunde von Paräus heißt es eindeutig: Der Crux. So bleiben wir beim Masculinum.

Ohne die reichen Funde unter der Erde und den enormen Fleiß der Bergleute hätte darüber kein auf der Herstellung von Waffen – zunächst Hieb- und Stichwaffen, seit dem Beginn des 16. Jahrhunderts Feuerwaffen – begründeter Reichtum der Stadt Suhl bis in die Gegenwart fortdauern können.

Ein hartes Brot

Vesser ist stets ein kleiner, überschaubarer Ort gewesen. Die Menschen ernährten sich von den Früchten des Feldes, die sie auf den kargen Böden ernteten, hatten vielleicht eine Ziege im Stall, ein paar Hühner und, wenn es hoch kam, ein Schwein. Sie bauten Gerste, Roggen, Hafer und Kartoffeln an. Die Kartoffeln wurden in der Schale gekocht und zu Brei gestampft. Ein Stück ausgelassener Speck dazu war schon ein festliches Mahl. Es gab *Schnebbelsuppe*, eine einfache Kartoffelsuppe, in die mehr Augen hineinsahen als heraus. Sonntags, aber das lässt sich auch noch heute kein echter Thüringer nehmen, gab es *Knölle*, wie man Klöße in dieser Gegend nennt. An Festtagen gönnte man sich auch mal eine Bratwurst zum *Geschnippelten*, dem Kartoffelsalat.

Ärmlich war auch die Kleidung. Männer des niederen Standes durften keine Mäntel tragen, sondern nur eine kurze Joppe. Den Frauen wurde ein großes, über der Brust zusammengeschlagenes Tuch gestattet. Nur für den Kirchgang war etwas bessere Kleidung erlaubt, weshalb man den Sonntagsanzug auch *Bratenrock* nannte.

Geradezu ein Segen war die *Hennebergische Bergordnung* von 1566. Erstmalig wurden Arbeitszeit, Lohn und Bergsicherheit einheitlich geregelt. Ganz wichtig war die Absicherung bei Grubenunfällen. Im Artikel 83 heißt es: *Und so ein Arbeiter, oder anderer der Gewerken Arbeit, an Gliedmaßen Arm oder Bein brechen oder dergleichen Fällen schaden nimmt, so soll demselben von der Zechen, ob die fündig, acht Wochen das Lohn, und das Arztlohn folgen, auf anderen Zechen aber, die da nicht fündig, sondern mit Zubuß gebauet werden, die sollen den Arbeiter vier Wochen sein Lohn, und das Arztlohn entrichten.*

Es weihnachtet sehr…
Am 1. September stand der Weihnachtsbaum noch in voller Pracht und Schönheit im Bergwerk. Kaum eine Nadel hatte er verloren. Und er wird erst wieder zu Weihnachten gegen einen neuen ausgetauscht. Im Berg herrschen gleichmäßige Temperaturen – im Sommer neun und im Winter fünf Grad als Folge der einfahrenden und ausfahrenden Wetter (bergmännisch für Luft). Dazu herrscht eine konstante Luftfeuchtigkeit von annähernd 90 %. Da hält sich auch die Milch lange frisch…

Als **Dendride** (von griechisch *dendros* für Baum) bezeichnet man netzförmig verästelte, bäumchenförmige Mineralabsätze auf Gesteinen. Es handelt sich um Mineralaggregate aus wässrigen Lösungen oder um Dampf-Gasphasen, die unter Druck in kapillare Verzweigungen des Gesteins eingedrungen sind oder sich auf Flächen abgelagert haben. Die mitunter bizarren Formen erinnern an fossile Abdrücke. Man könnte glauben (unteres Bild), eine Nelke hätte Pate gestanden.

rechte Bildseite: Farbenfrohe und kräftige **Sekundärmineralisationen** leuchten im Licht der Akkulampe auf.

Abenteuerlich schön ist es im Berg, da vergisst man schnell mögliche Gefahren und vertraut dem Bergführer blind. Eine Orientierung unter Tage ist ohnehin nur nach langer Erfahrung und mittels vorsorglich angebrachter Zeichen möglich. Ein Kompass versagt hier unten im Magnetit seinen Dienst. Lediglich zwei Prozent des Stollensystems sind bisher gesichert.

Eine Fahrstrecke mit Abbaukammern in 36 Meter Tiefe. Die Gleise wurden für die tonnenschwer beladenen Hunte verlegt.

Das **Wasser** im bis zu zwei Meter tiefen See ist kristallklar und so stark gefiltert, dass es kaum besseres Wasser zu trinken gibt. Der Besucher kann sich mit einem Glas aus einer kleinen Quelle davon überzeugen.

Nicht immer war es möglich, über Fahrten (Leitern) in die Tiefe zu gelangen. Dann wurden **Stämme aus Fichtenholz** in die Schluchten eingebracht, über die man sich hinabhangeln konnte – ein nicht immer ungefährliches Unterfangen, denn die Stämme waren glatt von der hohen Luftfeuchtigkeit.

Der Berg gab den Menschen ein nicht nur im übertragenen Sinne hartes Brot; denn was sie unter großen Mühen zutage förderten, reichte nicht aus, um allein davon zu leben. Außerdem konnten sie im Winter bis zum Ende der Schneeschmelze nicht in der Grube arbeiten. Nach Kenntnis der Unterlagen weiß man, dass bis zu 50 Bergleute unter Tage beschäftigt waren. Man weiß auch aus diesen Dokumenten von 1745, dass in dem *Schwarzen Crux* 3.052 Tonnen Magneteisenstein abgebaut wurden.

1588 haben die *Driebeln in der Vesser* einen Eisenhammer betrieben, für den sie fünf Gulden Erbzins zahlen mussten. Der Eisenstein wurde in kleinen Schmelzhütten aufbereitet und in Hammerwerken weiter verarbeitet. Das Eisenerz von Suhl und das Magnetiterz aus den Cruxen haben den 300 Jahre anhaltendem Ruhm der Suhler Waffenproduktion begründet, dessen Glanz auch auf das kleine Vesser fiel, sodass es den Einwohnern zwar nicht übermäßig gut, aber besser als manch anderen Dörflern im Thüringer Wald ging.

Die alten Strecken in der *Schwarzen Crux*, manchmal kaum mannshoch, manchmal zu weiten Gewölben ausgehauen, lassen die enorme Leistung der einstigen Bergleute ahnen. In aller Regel hielt man die Strapazen nur wenige Jahre durch. Es war kalt und nass im Berg und das Gestein außerordentlich schwer.

Schaubergwerk Volle Rose

Langewiesen, zu dem seit 1994 auch die Gemeinde Oehrenstock gehört, wirbt mit dem Slogan *Herzlich willkommen in der Heinse-Stadt.* Johann Jakob Wilhelm Heinse wurde hier 1746 geboren. Er starb 1803 in Aschaffenburg. Heinse verkündete das schrankenlose Recht des Sinnesgenusses, der Schönheit und Leidenschaft. Sein Hauptwerk ist der zweibändige, erste deutsche Künstlerroman „Ardinghello und die glückseligen Inseln". 1198 wird Langewiesen das erste Mal urkundlich erwähnt. 1204 haben böhmische Truppen den Ort fast vollständig zerstört. 204 Jahre später hat ein Feuer Kirche und Rathaus vernichtet. Plünderer suchen den Ort während des 30-jährigen Krieges mehrfach heim. 1677 wird Barbara Kramer als Hexe hingerichtet. 1855 erhält Langewiesen das Stadtrecht. Die Thermometerfabrik „Max Muth" wird 1896 gegründet. Durch die um etwa diese Zeit einsetzende Industrialisierung entwickelte sich Langewiesen zu einer kleinen Industriestadt mit zahlreichen Manufakturen und Fabriken (Holz-, Glas- und Porzellanindustrie). Die Stadt profitiert von der Nähe zu Ilmenau und der Technischen Universität. Der Campus liegt an der Stadtgrenze.

Fast eine Idylle

Die eigenständige Geschichte der 560-Seelen-Gemeinde Oehrenstock, südöstlich von Ilmenau am Nordhang des Thüringer Waldes auf einer Höhe von 550 bis 650 Meter gelegen, endet im Jahre 1994 durch die Eingemeindung in die Stadt Langewiesen. Der Ort wird 1311 erstmals erwähnt, sechs Jahre später als *Orinstoc* und 1523 im Urkundenbuch des Klosters Paulinzella als *Ernstock*. Der heutige Name *Oehrenstock* erscheint erstmalig 1839. Seinen Namen hat der Ort durch die Oehre, einem Nebenflüsschen der Schorte.

Von 1665 bis 1928 wurde hier Manganerz/Braunstein bergmännisch abgebaut, Flussspat seit 1842.

Die 1739 errichtete Kirche ist 1921 durch Blitzschlag schwer beschädigt worden. Seit der Generalreparatur (1988-1989) ist sie in alter Schönheit neu erstanden.

Die einstige Bergarbeitersiedlung hat sich längst einen guten Ruf als idyllischer Ferienort erworben.

Schaubergwerk Volle Rose

Es ist alles im Fluss

Der Flussspat – Fluorit – (mir hat die alte Schreibweise mit ß besser gefallen) hat seinen Namen nicht daher, weil er im Fluss gefunden wird, sondern weil er die Schmelztemperaturen zum Beispiel von Eisenerz um 200 Grad Celsius heruntersetzt. Der lateinische Name *Fluorit* leitet sich von *fluere* für *fließen* ab. *Spat* ist ein leicht spaltbares blättriges Mineral. Im Mittelhochdeutschen (12. Jahrhundert) bedeutete *spât* (oder *spath*) auch Splitter. Flussspat ist ein wichtiger Zusatzstoff für die Hüttenindustrie.

Das gelb, grün, blau oder violett gefärbte, selten farblose Mineral bildet oft deutlich ausgeprägte Kristalle (Würfel, Oktaeder). Es kommt besonders in hydrothermalen Gängen vor, also Spalten im Gestein, in denen es zunächst flüssig oder gasförmig aus den Tiefen der Erde aufsteigt und dann abkühlt. Das Ergebnis kann man im Bergwerk *Volle Rose* eindrucksvoll sehen.

Fluor (CaF_2) in Form seines Calciumsalzes, also Flussspat, hat *Georgius Agricola* bereits 1530 als ein Hilfsmittel zum Schmelzen von Erzen beschrieben. Es macht die Schlacke dünnflüssiger. Im Jahre 1670 hat *Heinrich Schwanhard* die Glasätzung durch säurebehandelten Flussspat dargestellt.

Eine große Bedeutung gewann die Fluorherstellung im Zweiten Weltkrieg durch die Entwicklung der Atombombe in den USA.

Fluorit kommt meist massiv, gelegentlich auch in kristalliner Form vor und entsteht primär in pneumatolytischen Gängen, also Gängen, die durch ein Entweichen mobiler Phasen beim Abkühlen eines Magmas entstehen und sind oft mit Baryt, Quarz, Topas, Calcit, Bleiglanz und Zinkblende assoziiert. Er bildet gelegentlich auch Nebengemengteil in Graniten, Karboniten und anderen magmatischen Gesteinen wie Pegmatiten.

Quelle: wikipedia

Es lohnt sich, den Weg von Oehrenstock zu Fuß zu nehmen.

Zum Programm des Schaubergwerkes gehört eine zünftige Rundfahrt durchs Schortetal.

FRANZ REINHARDT
BERGBAU UND MINERALMAHLWERK
Schorte bei Jlmenau i. Thür.

Postscheck-Konto: Erfurt Nummer 26090
Giro-Konto: Stadtsparkasse Jlmenau
Telegr.-Adr.: Reinhardt, Schorte b. Jlmenau
Fernsprecher: Amt Jlmenau Nummer 2242
Bahnstation: Grenzhammer

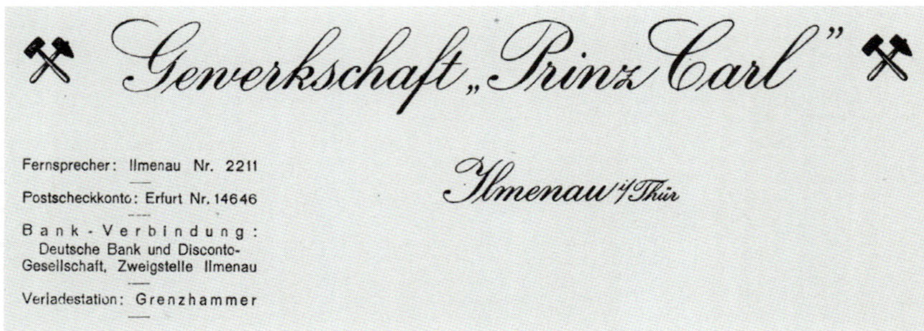

Gewerkschaft „Prinz Carl"

Fernsprecher: Ilmenau Nr. 2211
Postscheckkonto: Erfurt Nr. 14646
Bank-Verbindung: Deutsche Bank und Disconto-Gesellschaft, Zweigstelle Ilmenau
Verladestation: Grenzhammer

Ilmenau i/Thür

Gebr. Messerschmidt, Langewiesen i. Thür.
Bergbau und Mineralienmühle

Schliessfach Nr. 15
Telegramm-Adresse: Messerschmidt Langewiesen

Bankverbindung
Thür. Staatsbank Langewiesen und deren Postscheckkonto Erfurt Nr. 3100 der Thür. Staatsbank Ilmenau

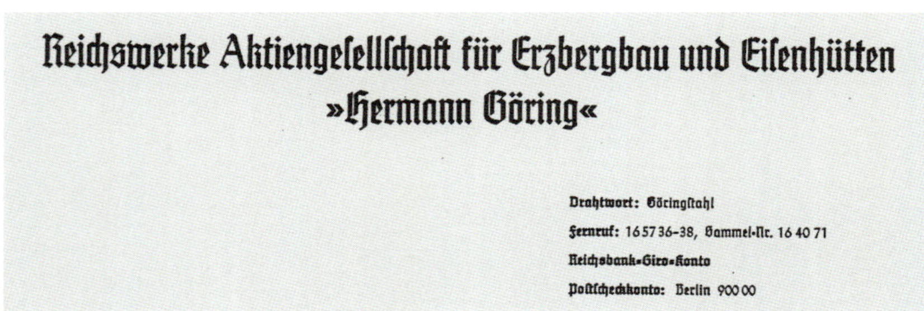

Reichswerke Aktiengesellschaft für Erzbergbau und Eisenhütten »Hermann Göring«

Drahtwort: Göringstahl
Fernruf: 165736–38, Sammel-Nr. 164071
Reichsbank-Giro-Konto
Postscheckkonto: Berlin 90000

Die deutsche IG Farben experimentierte mit der Herstellung eines neuen Brandmittels für Brandbomben.

Wenn es stinkt, ist es *Stinkspat.* Durch eingelagerte seltene Erden oder durch radioaktive Bestrahlung verändert sich zudem die Färbung. Der stechende Ozongeruch entsteht beim Zerschlagen, Reiben, Bohren, Sägen und Schleifen, also durch mechanische Behandlung.

Die größte Lagerstätte von Flussspat befindet sich in der Nähe von Las Cuevas (Mexiko). Sie ist vulkanischen Ursprungs. Auch China verfügt über große Lagerstätten und drängt mit – vorsichtig formuliert – preisgünstigen Angeboten auf den Weltmarkt. Zu nennen wären noch Lagerstätten in Indien (Amba Dongar), im südlichen Afrika, auch in Illinois und Kentucky in den USA. Die bekannteste Fundstätte Europas liegt im englischen Peak District (Nordengland). Dort ist das Mineral als *Blue John* bekannt, eine Verballhornung des Französischen *bleu et jaune* (blau-gelb). Es wird zur Schmuckherstellung abgebaut.

Deutsche Lagerstätten kennt man aus dem Schwarzwald (nahe Wolfach), bei Pforzheim, dem Oberpfälzer Wald (Umgebung von Nabburg) – und im Schortetal bei Ilmenau im Thüringer Wald. Womit wir wieder zu Hause angekommen sind.

Nachweislich ist 1842 das Grubenfeld „Michael" zum ersten Mal auf Flussspat verliehen worden. 1881 hat die Firma Reinhardt Braunstein- und Schwerspatgewinnung sowie die Vermahlung im Schortetal betrieben. Otto Prieger kaufte die Grube 1896. Für das Jahr 1901 werden 560 Tonnen Flussspat Jahresproduktion genannt. 1968 haben die Gruben Ilmenau den Betrieb nach einer wechselvollen Geschichte eingestellt.

Lokführer und Lok – immer unter Dampf.

Ein **Hunt** ist ein offener kastenförmiger Förderwagen, der meist schienengebunden war. Er befördert das Abbaumaterial vom Abbauort zum Förderkorb.
Der *Ungarische Hunt* ist ein Kasten mit zwei Achsen. Die hintere Achse hat größere Räder als die vordere. Durch leichtes Drücken auf den Kasten wird der Hunt vom Huntstößer geschoben. Durch die verschieden großen Räder wird die Schräglage des Huntes in der Schachtförderung ausgeglichen. Diese Förderart ist auf die Streckenförderung optimiert.
Der *Deutsche Hunt* ist auf die Schachtförderung optimiert. Er wird an das Seil gehängt und in dem schrägen, tonnlägigen Schacht hochgezogen.

Die Herkunft des Wortes ist nicht genau geklärt. Falsch ist die Annahme, es seien Hunde im Bergwerk eingesetzt worden. Einer Theorie zufolge sollen die ursprünglich aus Holz bestehenden Fördergeräte in den Kurven ein dem Bellen ähnliches Geräusch verursacht haben. Nach einer anderen Version soll das Wort aus dem slowakischen *hyntow* (Wagen) abgeleitet sein.

Quelle: nach wikipedia

Ordnung muss sein

Um den Einfluss des Landesherren auf den Bergbau zu sichern und eine gewisse Ordnung in das mitunter sehr willkürliche Geschehen zu bringen, erließ Wilhelm IV. Graf von Henneberg bereits 1556 eine so genannte *Bergordnung* für den Bereich Goldlauter, die sein Sohn Georg Ernst zehn Jahre später modifizierte und welche nun auch den Kupferschieferbergbau im Raum Ilmenau berücksichtigte. Teile dieser Bergordnung blieben bis 1858 gültig. Zu den vornehmlichen Pflichten gehörte es, die aufgelassenen Gruben zu verfüllen. Aber weil das sehr kosten- und arbeitsaufwändig war, ist das oft und listenreich umgangen worden, auch im Revier Oehrenstock. Mitunter reichte es schon, dem zuständigen Bergamt Vollzug zu melden. Der Beamte war weit weg.

Am einfachsten war es, den Abbau erst gar nicht zu melden, wie es zum Beispiel beim Unterwerksbau unter dem Stollen „Pluto I" geschah, der schlicht nirgendwo verzeichnet steht. Als der Brüderstollen neu angefahren wurde, ergoss sich eine solche Menge gespannten Wassers, dass der Bergmann Bernhard Messerschmidt ertrank. Der Vorbesitzer hatte mit der Verheimlichung sehr viel Geld gespart. Er musste nichts für die markscheiderische Erfassung, nichts für den berggerechten Aus- und Abbau bezahlen und auch keine Tonnenpacht für gewonnenen Spat an den thüringischen Fiskus abführen. Es war mithin längst überfällig, in Ilmenau ein Bergamt mit Sitz im Rathaus einzurichten, um eine bessere Kontrolle vor Ort zu ermöglichen, was 1691 geschah.

Das Bergamt erteilte die Mutungsgenehmigung und Schürfrechte. Das beinhaltete unter anderem die Suche nach Erz und nach unter

Bergrecht stehenden Mineralien. Mit dem *Schurfschein* erhielten die Betreiber die Genehmigung zum Graben, Befahren, Anlegen von Abraumhalden und die Nutzung einer Werkbahn. Wo die Mutung fündig wurde, setzte man *Fundsteine*. Gebräuchlich waren auch *Lochsteine* zur Aufnahme der Messmittel als Begrenzung oder Markierung der Grube.

1864 wurde in Thüringen das *Allgemeine Preußische Berggesetz und Bergmannsrecht* eingeführt. Das gab jedermann die Erlaubnis, nach Mineralien wie Fluss- und Schwerspat oder Braunstein zu suchen und sie zu verwerten. So erklärt sich auch die Vielzahl – es ist die Rede von 110 – der Gruben im Oehrenstocker Revier. Wirtschaftlich waren diese kleinen Klitschen selten, weshalb sich oft mehrere Betreiber zu einer Gewerkschaft zusammenschlossen.

Vertrieben wurden die Erze und Mineralien durch *Bergbauproduktbandlungen* und den *Braunsteinhandelsverein.* Als Transportweg für das notwendige Holz für den Bergbau und die Verhüttung aus den oft schwer zugänglichen Wäldern wurden häufig Flüsse – oder wo es die nicht gab, künstlich angelegte Gräben genutzt. Die Schorte als Grenze zwischen den Fürstentümern Sachsen-Weimar und Schwarzburg-Sondershausen bis 1920 war ein solcher natürlicher Weg, wie Unterlagen aus dem 16. Jahrhundert belegen. Die Kraft des Wasser nutzten auch zahlreiche Hammerwerke zur Verarbeitung des Eisens. In Pochwerken wurde Erz zerkleinert.

Der Bergbau brachte einen gewissen Wohlstand nach Oehrenstock. Immerhin werden für das Jahr 1836 insgesamt 14 Gruben genannt, für die ihre Betreiber mitunter sehr poetische oder hoffnungsvolle Namen fanden wie „Treues Glück“, „Gottes Gabe“, „Bleib getreu“, „Venus“, „Erstes Glück“, „Gott hilft gewiss“ oder eben „Volle Rose“.

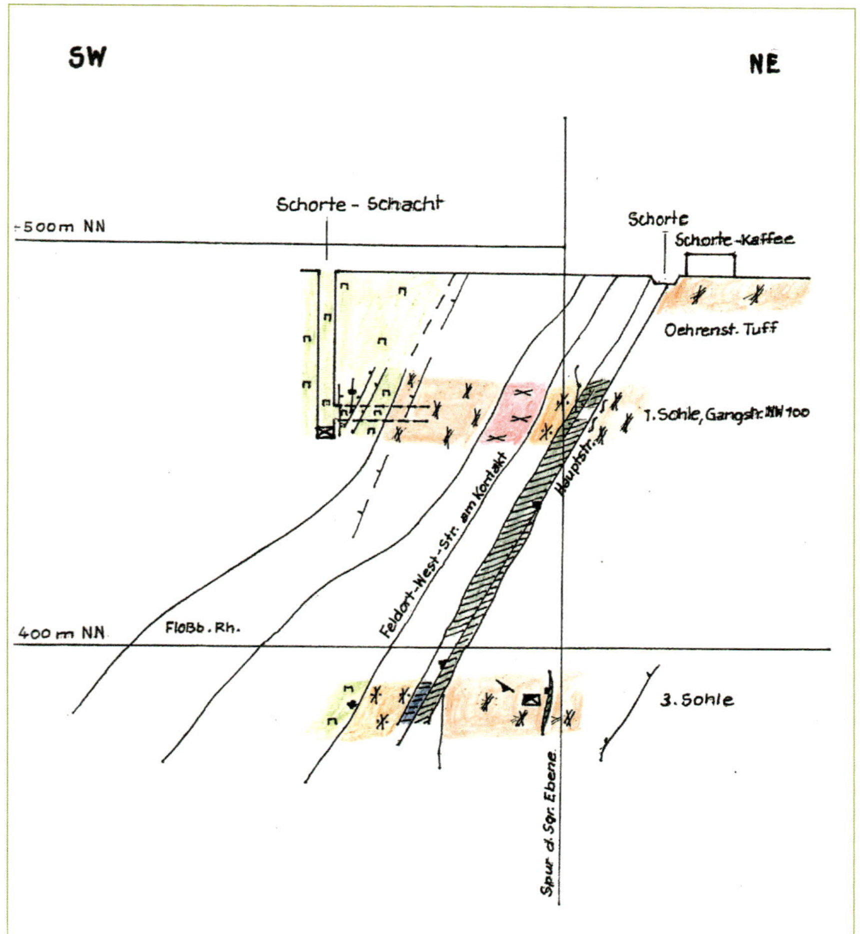

Schnitt Schorte- Schacht
-30 m Seigerriß- Ebene
1 : 1000

Stand Juli 1984

FS 2002

Der **Saigerriss** (auch Seigerriss) ist Teil des Risswerkes einer Grube. Die Projektionsebene ist eine senkrecht (saiger) zur Grundrissebene stehende Ebene, parallel zum Streichen eines Ganges.

Seit dem 12. Jahrhundert wird im Thüringer Wald Bergbau betrieben. Begonnen hat es mit dem Kupfer- und Silberbergbau. Den letzten Versuch, diesen zu retten, unternahm Goethe ab 1784. Seit dem 17. Jahrhundert spielt bei Oehrenstock, Geraberg und Elgersburg der Manganerzbergbau eine wichtige Rolle. Als im 18. Jh. der Holzbestand knapp wurde, begann in Manebach der Steinkohlebergbau. Seit der zweiten Hälfte des 19. Jh.'s wurde zwischen Ilmenau und Möhrenbach Flussspat abgebaut. Am 31.03.1991 endete der Abbau.

Als der letzte Bergbaubetrieb in der Region stillgelegt wurde, haben sich am 20. Februar 1996 einige Bergleute zusammengefunden und die Interessengemeinschaft zur Erhaltung alter Bergmannstraditionen ins Leben gerufen.

Vereinte Kraft im Verein

Im Mai 1999 wurde in Langewiesen der *Bergbauverein Schortetal* gegründet, der sich zur Aufgabe machte, den Aufbau und Erhalt des Schaubergwerkes *Volle Rose* zu unterstützen. Ziel war, ein technisches Denkmal des Ilmenauer Bergbaus zu erhalten, zu pflegen und interessierten Besuchern zu zeigen, wie im 19. und 20. Jahrhundert Flussspat bergmännisch abgebaut wurde.

Als sich erwies, dass das Schürfen nach Kupfer und Silber nicht mehr ertragreich genug war, verlegte man sich auf Fluss- und Schwerspat. Kalziumfluorit findet in Glashütten, Eisenhütten, Stahlwerken und Kupferhütten Anwendung. Unentbehrlich ist Flussspat auch in Emaillierwerken sowie in der Zement- und der Schweißelektrodenindustrie. Schwerspat ist außerdem wichtiger Zusatzstoff bei der Herstellung von Glanz- und Kunstdruckpapier und in der Farbenindustrie. Er findet auch als Strahlenabsorber in den Betonmänteln von Kernkraftwerken Einsatz.

Im Jahre 1881 erlangt die Firma Reinhardt die Gewinnungsrechte für das Grubenfeld „Volle Rose", um Braunstein, Fluss- und Schwerspat im Schortetal abzubauen. Bis 1938 werden drei Stollen untereinander mit einem Höhenunterschied von etwa 20 Meter angelegt. Der niedrigste Talstollen ist die Volle Rose, die 1896 Otto Prieger gekauft hat. Für 1901 wird eine Fördermenge von 560 Tonnen vermeldet. 1917 ist eine Feldbahnstrecke zum Grenzhammer gebaut worden. Seither hat sich die Grube, bald firmiert unter Prieger, dann Gewerkschaft Prinz Carl, auf eine Produktion von 8000 Tonnen Flussspat vorwiegend für die Metallurgie, gesteigert. 1938 „kaufen" die Nazis die Grube – von da an Teil der *Reichswerke*

Hermann Göring, für 60.000 Reichsmark, um sich den Rohstoff für die Kriegsproduktion und zur Herstellung von Treibstoff für die „Wunderwaffen" zu sichern.

Nach dem Krieg geht die Grube in Landeseigentum, später in Volkseigentum über. 1953 entsteht die Flussspatgrube Ilmenau Gehren. Eine fünf Kilometer lange Richtstrecke verbindet auf der 1. Tiefbausohle die Gruben Ilmenau und Gehren entlang des Hauptganges miteinander. Die Förderung erfolgt nun über den Zentralschacht im Schobsetal. Dank einer neuen Hauptgrubenbelüftung gelingt es auch, die hohe Belastung durch das radioaktive Radon zu beherrschen. Jährlich werden 40.000 Tonnen Flussspat abgebaut, ein beträchtlicher Teil ist für den Export bestimmt. Die Hoffnung, mit der deutschen Wiedervereinigung zu neuen Erfolgen zu kommen, scheiterte 1990. Der Weltmarktpreis, insbesondere beeinflusst durch Argentinien und China, fiel von 400 DM/t auf 90 DM/t. Das war nicht mehr zu unterbieten. Die Treuhand legte am 30. März 1991 den Betrieb still. Was hilft das Wissen, dass die gesicherten Vorräte von 5,6 Millionen Tonnen bei bester Qualität eine der größten Lagerstätten in Europa ist?

Die Folgen für die mehr als 400 Beschäftigten waren mitunter katastrophal, weil ja auch andere Betriebe davon betroffen waren. Die Identität und das Gedächtnis einer ganzen Region ist in Mitleidenschaft gezogen. Gewiss, es werden sich neue Herausforderungen finden, aber ohne Wissen um die eigene Vergangenheit wird man auch in Oehrenstock seine Not mit der Zukunft haben. Deshalb macht es sich der Verein unter anderem zur Aufgabe, die Leistung der Bergarbeiter, oft unter schwierigsten Bedingungen erbracht, mit dem Schaubergwerk *Volle Rose* im Gedächtnis zu behalten.

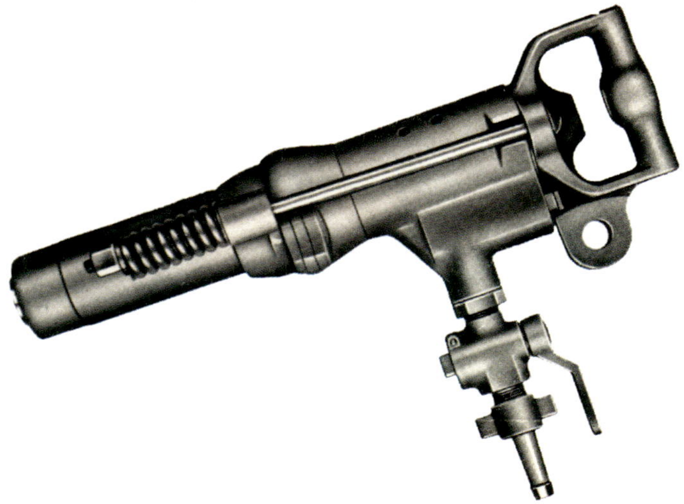

Der **Bohrhammer** 9/094 war eine bewährte Konstruktion mit Kugelsteuerung. Er wurde entsprechend dem jeweiligen Gestein mit unterschiedlichem Drall geliefert, auf Wunsch auch mit Doppelhandgriff.

Die tragbare Kreiselpumpe „Wasserjäger" Typ TU war mit Pressluftturbine ausgerüstet und brachte eine Förderleistung von 50 bis 250 l/min bei Pressluftdrücken von 3 bis 5 kg/cm^2 und einer monometrischen Gesamtförderhöhe von bis zu 38 m Flüssigkeitssäule.

Das **Wappen** von Gehren zeigt in Gold auf grünem Boden einen *Wilden Mann mit Laubkrone und Laubschurz, in der linken Hand eine bewurzelte Fichte* haltend. Dieses heutige Wappen erhielt Gehren 1855 zur Verleihung der Stadtrechte. Der „Wilde Mann“ entstammt dem Wappen von Schwarzburg-Sondershausen. Die Fichte symbolisiert den Holzreichtum der Umgebung und die Holzindustrie Gehrens.

Johann Michael Bach (1648-1694), Sohn von Heinrich Bach, war ab 1673 Organist in Gehren. Von ihm sind Kantaten, Motetten und Orgelchoräle erhalten. Seine Tochter **Maria Barbara** (1684-1720), eine Sopranistin, war die erste Frau von **Johann Sebastian Bach**. Ihr genaues Todesdatum ist nicht überliefert, denn vor Bachs Heimkehr von einer Dienstreise hatte man sie bereits am 7. Juli 1720 auf dem Köthener Alten Friedhof bestattet.

Die Stadt Gehren und der „Lange Berg“

Mit etwa 3.700 Einwohnern ist das 1299 urkundlich erwähnte Gehren (einschließlich Jesuborn) größter Ort und Sitz der Verwaltungsgemeinschaft „Langer Berg“. 1813 war Gehren ein „Stadtflecken“ mit Kirche und Ritterburg. Das Schloss wurde im 16. Jahrhundert bedeutend erweitert, brannte aber 1933 bis auf die Grundmauern nieder. Landwirtschaft, Bergbau, Köhlerei, Holz- und Kohlehandel, Schneidemühlengewerbe, Harz- und Pechgewinnung, Muldenhauerei und Nahmarkt ernährten die Gehrener. Im 15. Jahrhundert kam die Eisenhütte Günthersfeld dazu, nach dem 30-jährigen Krieg Draht- und Sichelhammer, eine Gelbgießerei und der Olitätenhandel. Im 19. Jahrhundert siedelten sich die Hersteller von Porzellan, Spielzeug, Farben und Ziegel an. Seit 1855 hat Gehren das Stadtrecht. Hausberg ist der 809 m hohe *Lange Berg*. Wo sich die Flüsse Wohlrose und Schobse etwa acht Kilometer südöstlich von Ilmenau treffen, bilden sie ein Dreieck. Im Mittelhochdeutschen bedeutete *gere* ein keilförmiges Landstück, was die Herkunft des Namens erklären könnte. Jesuborn, 1368 urkundlich erwähnt, mehrfach eingemeindet oder selbstständig, gehört seit 1950 wieder zu Gehren. Der Name entstand wahrscheinlich aus den Wörtern *jesan* für schäumendes Gewässer und *geseborn* für Brunnen.

Phönix Fluß- und Schwerspat Bergwerk

Gewordenes und Werdendes

Wenn ich am Ende dieses Buches ein Bergwerk vorstelle, das noch – oder wieder – in Betrieb ist, so hat das einen einfachen Grund: Traditionen pflegen, wie das in den bisher beschriebenen Schaubergwerken geschieht, ist eine gute Sache; Traditionen fortführen, erzählen, wie einst gelerntes und ausgeführtes Gewerbe weiter entwickelt wird in Thüringen, ist nicht minder wichtig.

Allerdings kann man dieses Bergwerk nicht besichtigen, weil es eben kein Schaubergwerk, sondern eine aktive Abbaustätte ist. Da empfiehlt sich die Nachbarschaft zur *Vollen Rose* in Oehrenstock.

Der Bergbau hat in Thüringen eine lange und weit in die Vergangenheit zurückgehende Geschichte. Hat er auch eine Zukunft? Ich war in der *Phönix Fluss- und Schwerspat-Bergwerk GmbH* in Gehren, dem derzeit einzigen aktiven Bergwerk in Thüringen. Auch dort werden Traditionen gepflegt. Es werden aber auch neue begründet. Kontinuität nennt man das.

Am 7. März 2005 trafen sich auf einem alten Bergwerksgelände im Schobsetal Unternehmen, Behörden und Gäste, um ab 14 Uhr ein neues Bergwerk zu eröffnen. Die *Phönix Fluß- & Schwerspat Bergwerk GmbH* hat sich der unternehmerischen Herausforderung gestellt, in Thüringen ein neues Bergwerk aufzufahren und dort aus einer bekannten Lagerstätte, die seit 1991 nicht mehr genutzt wurde, hochwertigen Flussspat zu gewinnen. Die Gründe sind vielfältig und einleuchtend.

Gebr. Messerschmidt, *Grube Pluto*; Eisensinter im Stollen. Aufnahme 30. Mai 1994.

Ein Blick zurück nach vorn

Wie alle deutschen Mittelgebirgszüge hat auch der Thüringer Wald zwar kleine, jedoch zahlreiche und vielfältige Rohstofflagerstätten zu bieten. Bereits im Mittelalter war dies bekannt und führte vermutlich seit dem 14. Jahrhundert zum Abbau von Kupferschiefer, Mangan und Steinkohle sowie auch Flussspat im Raum Ilmenau.

Erfolgreicher waren die Bemühungen, um Fluss- und Schwerspat zu gewinnen. Der Floßberggangzug zwischen Ilmenau, Langewiesen und Gehren erlebte seither großes Interesse, verbunden mit nennenswerten, aber auch vergeblichen Versuchen, Flussspaterz bergmännisch abzubauen. Besonders ab der zweiten Hälfte des 19. Jahrhunderts gewann Flussspat aufgrund der Industrialisierung an Bedeutung und wurde von zahlreichen Glückssuchern und kleinen Gruben exploriert und gefördert. Die Lagerstätte ist zwischen 225 und 150 Millionen Jahre alt und fällt als steil stehender Gang bis

Bergleute um 1900 im traditionellen *Bergkittel*, der Tracht für Feiern und öffentliche Veranstaltungen.

in über 800 Meter Tiefe ein. Die gesammte Struktur ist über sieben Kilometer lang. In unregelmäßigen Abständen befinden sich die bis zu 25 Meter mächtigen Erzlinsen, das Begehr der Glückssucher und Bergleute vergangener Jahre.

Bis zurück ins 14. Jahrhundert lassen sich die Aufzeichnungen über die Förderung und den Verbrauch von Flussspat zurückverfolgen. Man beschränkte sich zunächst auf das Aufsuchen von angeschwemmtem Erz in Bächen oder gewann das Material an den oberflächlichen „Ausbissen“ der Lagerstätte im Tagebau. Anfangs wurde das gewonnene Material mit Hand und Werkzeugen zu Stück- oder Mahlspat aufbereitet und, wie der Name schon erahnen lässt, hauptsächlich als Flussmittel zur Senkung der Schmelztemperatur in der Glas- und Metallindustrie eingesetzt. Mit zunehmender Industrialisierung wuchs die Nachfrage nach Rohstoffen und der Abbau wird professioneller.

Um 1860 begann der Ilmenauer *Christian Gottlob Förster* am Floßberg anstehende Manganerze untertägig zu gewinnen. Dabei fiel auch Flussspat an, welcher anfangs jedoch nur wenig Beachtung fand. Doch das deutsche Kaiserreich, auf dem Weg zur industriellen Weltmacht, benötigte Flussspat für die wachsende Chemie- und Glasindustrie. Förster begann mit der Vermarktung von Flussspat, und bald kamen neue Glückssucher hinzu. 1887 gründete *Franz Reinhardt* im Schortetal den ersten vorwiegend auf Flussspatgewinnung ausgerichteten Bergbaubetrieb.

1900 bis 1936 produzierte diese Firma mit etwa acht Beschäftigten, in ein Flußspatverkaufssyndikat eingebunden, kontinuierlich etwa 600 Tonnen Metall- und Säurespat pro Jahr. Der Öhrenstöcker Kleinunternehmer *Friedrich Seeber* bot nach 1890 alsbald stückigen, gewaschenen Flussspat aus eigenem Abbau am Kienberg an. Nach 1900 schwenkte der größte Braunsteinproduzent des Reviers, die *„Gewerkschaft Luthersteufe“* auf Flussspatproduktion um. Einzelne Unternehmen erzeugten bis zum Ersten

links:

Familie *Messerschmidt* aus Langewiesen

Familie *Franz Reinhardt* im Schortetal (Fotocollagen von Frank Schröder)

Weltkrieg bis zu 2.500 Tonnen Fertigprodukt im Jahr. Viele Arbeiten mit untertägiger Gewinnung und haben mit den Tücken des Thüringer Waldes zu kämpfen: gering standfestes Gestein und erhebliche Mengen von Wasser warten auf die Bergleute.

Rohstoffknappheit zu Zeiten der Weimarer Republik als Folge des verlorenen Krieges führte zu weiteren umfangreichen Bergbauaktivitäten im Raum Ilmenau. Als *„Prinz Carl Werk“* firmierend suchten die Besitzer von Abbaurechten Anfang der 20erJahre Fremdkapital, um ihren Betrieb zu erweitern. Die Bergbauverwaltung Halle der *IG Farben* stieg mit einer Mehrheitsbeteiligung in die Firma ein. Als *„Gewerkschaft Prinz Carl"* modernisierte man in den Jahren 1923 bis 1925 den Grubenbetrieb. Druckluftwerkzeuge wurden unter Tage zum Standard und über Tage wurden moderne Fabriken zur Aufbereitung und Anreicherung von Flussspat errichtet. Lag vor der Modernisierung die Jahreserzeugung an Flussspatprodukt bei 3.000 Tonnen, stieg sie auf etwa 9.000 Jahrestonnen. Ein Wasser- und Schlammeinbruch im Wildtal bei Ilmenau sowie eine Fehleinschätzung der Vorratslage führten zwischen 1936 und 1937 zur Schließung der Betriebsteile, die zur *IG Farben* gehörten.

1938 erwarben die *Reichswerke Herrmann Göring* die Gruben der *Firma Reinhardt* sowie die *Grube Gottessegen/Carl August*. Die Produktion stieg unter den Reichswerken von gut 2.000 Tonnen im Jahr 1939 auf über 12.000 Tonnen im Jahr 1944. Erwähnenswert sind weiterhin die von *Gotthold Schumann* gegründeten Gruben, die unter Führung seiner Witwe Thekla 1935 ca. 4.000, 1936 etwa 7.000 Tonnen Flussspat produzierten. Diese Menge wurde bis Kriegsende gehalten.

Gewerkschaft Prinz Carl, Belegschaft am Oberen Michaelstollen um 1928; ganz links *Oskar Messerschmidt.*

Nach dem Zweitem. Weltkrieg spielte der strategisch wichtige Rohstoff als entscheidende Quelle der Eigenversorgung für die DDR eine große Rolle und der Abbau um Ilmenau rückte in den Mittelpunkt umfassender Aktivitäten. Als erster, administrativer Schritt wurden 1951 beide Werke zum *„VEB Flußspatgrube Ilmenau – Gehren"* mit den Betriebsabteilungen Ilmenau und Gehren vereinigt. Technologisch bedingte Schwankungen der Produktionsmenge konnten so zwischen den Abteilungen ausgeglichen werden.

Die Lage der Grubenfelder im Südosten (*Revier Stechberg / Bergmanns Hoffnung*) und Nordwesten (Ilmenau) zueinander, sowie die Bestrebungen zur Errichtung eines leistungsfähigen Bergbau- und Aufbereitungsbetriebes, führten zur Planung einer zentralen Werksanlage. Das Schobsetal zwischen Ilmenau und Gehren, im Zentralteil der Lagerstättenstruktur gelegen, bot dafür optimale Bedingungen. Nach umfangreicher Planung wurde 1958 mit den Vorbereitungsarbeiten am Standort begonnen. Ab 1969 produzierte die Zentralanlage im Regelbetrieb und wurde 1970 dem neu gegründeten *VEB Fluß- und Schwerspatbetrieb Lengenfeld/Vogtl.* in Form des *Werk Ilmenau* zugeordnet. Von 1970 bis 1989 förderte die Grube jährlich zwischen 90.000 und 110.000 Tonnen Roherz. Neben Versuchen, die Produktivität durch die Einführung neuer Abbaumethoden zu steigern, wurde die Lagerstätte umfangreich erkundet und nach verbesserten Methoden der Aufbereitung geforscht. Zu Spitzenzeiten betrug die Belegschaft 120 Mann in der Grube und 240 Mann über Tage in den Werkstätten der Aufbereitung sowie der Verwaltung.

Abgebaut wurde mit druckluftgetriebenen handgeführten Bohrhämmern und Haspeln. Später kamen gleisgebundene Geräte wie Akkuloks zur Förderung der Hunte und kleine Bohrwagen dazu. Doch trotz der Technisierung blieb die Arbeit bis 1991 geprägt von schwerem körperlichen Einsatz und verlangte den Bergleuten viel ab. Nicht zuletzt die

Die **Zentralanlage** im Schobsetal; Juli 1991.

komplizierten Gebirgsbedingungen – es wurde mit viel Grubenholz augebaut – als auch die Wasserzutritte erschwerten das täglich Leben zusätzlich. Mehrere Wassereinbrüche mit bis zu 19.000 Litern Zufluss pro Minute warfen die Bestrebungen immer wieder zurück. Doch die Belegschaft ließ sich nicht entmutigen und übte sich auch in der Beherrschung dieser Gefahren erfolgreich.

Zwischen 1950 und 1991 wurden auf dem Floßberggangzug 2,9 Mio. Tonnen Erz gefördert und zu ca. 1,1 Mio. Tonnen Fluorprodukten aufbereitet. Hauptabnehmer waren die Flusssäure- und Stahlindustrie. Die politische und wirtschaftliche Öffnung der neuen Bundesländer nach 1990 und die zunehmende Globalisierung bedingten 1991 die Einstellung des Abbaus trotz guter Vorratslage. Der Rohstoffhunger Chinas sowie die stetig wachsende Verwendung von Fluorprodukten in nahezu allen Lebensbereichen führten in den vergangenen Jahren zu einem weltweit gesteigerten Interesse an Lagerstätten. Heute wird der Löwenanteil des weltweit geförderten Flussspates zu Flusssäure verarbeitet, ein unverzichtbares Mittel zur Herstellung von hochvergütetem Stahl, Aluminium und insbesondere Fluorkunststoffen, wie z.B. Teflon.

Weltweit arbeitet die Bergbau- und Aufbereitungsindustrie für Flussspat an der Auslastungsgrenze. So betrug 2005 die Kapazitätsauslastung 90 % und ließ nicht viel Spielraum zur Expansion. Hinzu kam, dass China als Produzent von über 50% (2,5 Mio. t) der weltweiten Säurespat- und Metspatmengen über einen schlechten Explorationsvorlauf und mangelnde Technisierung verfügt. Die jährlich steigende Produktion von Flusssäure und Fluorfolgeprodukten in China und die damit wachsende Nachfrage nach Säurespat wurde durch die vermehrte Produktion von Kühl- und Klimaaggregaten sowie Schäumungsgasen für die Kunststoffherstellung weiter angeheizt.

Seit 2004 werden durch die deutsche *Fluorchemie Gruppe* umfangreiche Vorarbeiten geleistet, um zukünftig den Abbau von Flussspat bei Ilmenau wieder anzufahren. Die bergmännischen Arbeiten wurden am 7. März 2005 mit einem feierlichen Stollenanschlag aufgenommen. Seitdem wurden ca. 1.200 m Strecken aufgefahren und der Gang auf 4 Sohlen erkundet. Für die Jahre 2008 und 2009 ist der Bau einer neuen Aufbereitungsanlage geplant. Nach weiteren Erkundungsarbeiten und Abbauversuchen soll dann in den kommenden Jahren der Abbau wieder aufgenommen und das Roherz am Standort zu Säurespat aufbereitet werden.

Die *Fluorchemie Gruppe* produziert an den Standorten Dohna/Sachsen und Stulln/Oberpfalz Flusssäure, die teils am firmeneigenen Standort Frankfurt zu Vorprodukten der Fluorpolymerherstellung veredelt werden. Diese Produkte dienen der Versorgung der chemischen Industrie in Westeuropa und finden hauptsächlich in Kunststoffen und Spezialprodukten Verwendung. Die dafür benötigte Produktreinheit stellt an den Ausgangsstoff Flussspat hohe Anforderungen bezüglich niedriger Begleitmineralisationen und bedingt eine hohe Wertstoffkonzentration im Säurespat. Die für die Lagerstätte ausgewiesenen Ressourcen in Höhe von 4 Mio. Tonnen sollen diesen Anforderungen zukünftig langfristig gerecht werden. Schließlich belieferte der Standort bereits bis 1991 die Flusssäureproduktion in Dohna mit erstklassigen Produkten.

Einen Abriss der Entwicklung und Bedingungen bis 1991 gibt noch heute das Besucherbergwerk „Volle Rose" bei Ilmenau. Hier kann man über- und untertägige Anlagen besichtigen und eine Grubenbahn fahren. Selbst Roherz aus der aktuellen Förderung steht „Steineklopfern" zur Verfügung. Aus Sicherheitsgründen ist es nicht möglich, das in Betrieb befindliche Bergwerk zu besuchen.

(Autor: Thomas Kiessling)

Ein Stück angeschliffenes Erz. Kristalle sucht man in Gehren leider vergebens.

Ein moderner 2-armiger **Bohrwagen** bahnt sich den Weg zum erhofften Glück.

Über die hier aufgeführte **Literatur** hinaus haben alle beteiligten Betreiber Textmaterial, Broschüren und Flyer zur Verfügung gestellt, die auch an den jeweiligen Kassen oder bei den Tourist-Informationen der Städte und Gemeinden zu erhalten sind.

Verwendete Literatur:

Autorenkollektiv (Leitung: Wolfgang Schumann): Deutschland im zweiten Weltkrieg (6 Bde.), Akademieverlag. Berlin 1988

Autorenkollektiv: Die Goetz-Höhle Meiningen. Thüringer Landesanstalt für Geologie. Weimar 2001

Autorenkollektiv: Vor Ort. Über den Uranerzbergbau bei Ronneburg, Thüringen. Bode Verlag, 2. überarb. Auflage. Haltern 2007

Babucke, Rolf, Andreas Heinrich: Die Zinselhöhle in Meschenbach. Thüringer Höhlenverein. 2001.

Bätz, Wolfgang; Erich Nenninger, Siegmund Jakob: Rauensteiner Wanderführer. Rat der Gemeinde Rauenstein. o.J.

Behrens, Georg Henning: Hercynia Curiosa oder Curiöser Hartz-Wald... Neuenhahn-Verlag, Nordhausen 1712

Brust, Michael K.: Die Schauhöhle Altenstein in Schweina – Natur- und Kulturgeschichte eines Geotops. o.O, 2002

Brust, Michael K,; Manfred Kupetz: Die Schauhöhlen im Freistaat Thüringen (Bundesrepublik Deutschland) und ihr geowissenschaftliches Bildungspotential. in: Geowissenschaftliche Mitteilungen von Thüringen. Beiheft 10. Weimar (Thüringer Landesanstalt für Geologie) 2000

Brust, Michael K.: Faszinierende Höhlenwelten. Aus der Geschichte der Barbarossahöhle im Kyffhäuser. in: Braunschweigischer Kalender 2002. Joh. Heinrich Meyer Verlag. Braunschweig 2002

Gensel, Peter; Siegfried Günther, Hartmut Neye, Dieter Rumpf: Fossilien des Muschelkalks aus Weimar und Umgebung. Hgg. vom Stadtmuseum Weimar, Tradition und Gegenwart – Weimarer Schriften, Heft 41. Weimar 1990

Hohmann, Hermann-Josef; Claus Peter Müller von der Grün: Ein Jahrhundert Kalibergbau an Werra und Ulster. (Hg.: K+S Aktiengesellschaft, Kassel), o.J.

Höhne, Ulf: Erdfälle, Höhlen und Karstquellen im Ilm-Kreis. Heimathefte des Ilm-Kreises. Hgg. vom Landratsamt Ilm-Kreis, Umweltamt; Arnstadt 1997

Kern, Sabine; Heidemarie Förster. Thüringer Städte-ABC. Sparkassen-Kulturstiftung Hessen-Thüringen, Frankfurt/M. 1996

Kießling, Thomas; Henry Steinborn, Frank Schröder : in: Bergbau 3/2007. Die Flussspatgewinnung bei Ilmenau im Thüringer Wald. 2007

Kühn, Gert: Bergbauverein Schortetal e.V. . in: Glückauf, Zeitschrift des Landesverbandes der Bergmanns-, Hütten- und Knappenvereine Thüringen e.V., Heft 13, 01/2007, Sondershausen 2007

Kupetz, Manfred; Michael Brust: Die Barbarossahöhle, eine Anhydrithöhle als wissenschaftliches Forschungs- und Referenzobjekt und besonders wertvolles Geotop in Thüringen. in: Beiträge zur Geologie von Thüringen. Neue Folge. Jena (Thüringer Geologischer Verein) 1998

Lenz-Habermann, Yvonne; Bernd Lochner; Sabine Bujak-Biedermann. Saalfelder Feengrotten. Eine Chronik. Saalfelder Feengrotten und Tourismus GmbH, Saalfeld 2005

Liebeskind, Werner (Redaktion). Festschrift. 10 Jahre Technisches Denkmal „Historischer Schieferbergbau“ Lehesten. Stiftung Thüringischer Schieferpark Lehesten, o.J.

Liebeskind, Werner: Blaues Gold von Lehesten. Hans-Jürgen Barteld Verlag, Gera 2001

Müller, Klaus: Das Alaunschieferbergwerk Morassina bei Schmiedefeld am Rennweg... in: Der Anschnitt. Zeitschrift für Kunst und Kultur im Bergbau, 3/2006. 2006

Müller, Klaus: Das Schaubergwerk „Morassina“ im Schwefelloch bei Schmiedefeld. Gemeinde Schmiedefeld, 3. Aufl. 1994

Putschkus, Barbara: Die Oberfeldhöhlen von Dienstedt, Kreis Arnstadt; in: Veröffentlichungen des Naturkundemuseums Erfurt 1984, Museen der Stadt Erfurt 1984

Reisner, Uwe: Steinkohlenwerk Ilfeld. Der Förderverein Rabensteiner Stollen e.V., in: Glückauf Thüringen, Heft 1/2003. 2003

Rieger, Karl; Gerhard Holzinger, Karl-Heinz Ortlepp, Rolf Raßmann, Roland Rosenbaum, Klaus Dieter Völker: Das war und ist die „Schwarze Crux“. Hg. Verein für Hennebergische Berggeschichte e.V.; Schmiedefeld 2005

Schöllhorn, Klaus und Anita; G. Malcher (überarbeitet von A. Schulze, P. Jäger): Die Kittelsthaler Tropfsteinhöhle. Sonderheft anlässlich der 700-Jahrfeier des Ortes Kittelsthal. Stadtverwaltung Rudolstadt. 2006

Schöllhorn, Klaus: Der Bergbau im Schortetal zwischen Ilmenau und Oehrenstock. Ruhla 2006

Schulze, Eberhard; Dietrich Uhlmann: Beitrag zur Faunistik der Barbarossahöhle. in: Zoologischer Anzeiger, Bd. 164, Heft 3-4. Leipzig 1960

Steiner, Walter: Die Parkhöhle von Weimar. Stiftung Weimarer Klassik, 1996

Thüringer Landesamt für Umwelt und Geologie, Jena: Thüringen Untertage. Ein Exkurs zu Schauhöhlen, Besucherbergwerken und GeoMuseen. Jena 2005

Trebsdorf, Fritz: Geschichte des Kupferschiefer-, Kobalt und Eisensteinbergbaues im Altensteiner Revier des ehemaligen Herzogtums Sachsen-Meiningen. (Erstdruck 1935) Nachdruck Elch-Verlag, Bad Liebenstein 1998

Völkel, Ulrich: Gastliches Thüringen – Mittelthüringen. Verlag Kleine Arche, Erfurt 1993

Völkel, Ulrich: Gastliches Thüringen – Thüringer Wald. Verlag Kleine Arche, Erfurt 1993

Wagner, Jens-Christian: Zwangsarbeit für den „Endsieg“. Das KZ Mittelbau-Dora 1943-1945. Landeszentrale für politische Bildung, Thüringen. Erfurt 2000

Wanderführergruppe Ilfeld-Wiegersdorf: Kupfer-Bergbau in Ilfeld/Südharz, o.O., o.J.

Wismut GmbH (Redaktion: Frank Wolf): Chronik der Wismut. CD-ROM (über www.wismut.de), 2006

Bildnachweis:

Die meisten Fotos haben die jeweiligen Betreiber für dieses Buch zur Verfügung gestellt.

Heimkehle, Ufftrungen
Barbarossahöhle, Rottleben
Tropfsteinhöhle, Kittelsthal
Marienglashöhle, Friedrichroda
Altensteiner Höhle, Schweina
Goetz-Höhle, MeiningenOberfeldhöhle, Dienstedt
Zinselhöhle, Meschenbach
Rabensteiner Stollen, Ilfeld
Lange Wand, Ilfeld
KZ-Gedenkstätte Mittelbau-Dora, Nordhausen
Erlebnisbergwerk Sondershausen
Parkhöhle, Weimar
Traditionsschacht, Ronneburg
Erlebnis Bergwerk, Merkers
Schaubergwerk Am Aschenberg, Bad Liebenstein
Besucherbergwerk, Trusetal
Besucherbergwerk, Finstertal
Sandstein- und Märchenhöhle, Walldorf
Feengrotten, Saalfeld
Vereinigte Reviere, Kamsdorf
Morassina, Schmiedefeld
Schieferbergbau, Lehesten
Schwarze Crux, Vesser
Volle Rose, Langewiesen
Phönix Fluß- und Schwerspat Bergwerk, Gehren

Weitere Fotos lieferten:

Bodenstein, Jörg
Brettfeld, Ralf
Brunzel, Ulrich
Fiebich, Erhardt
Fohlert, Rainer
Förderverein Altenstein-Glücksbrunn e.V.
Gebhardt, Lutz
Groll, Werner
Hauck, Karl
Heinrich, Andreas
Illert, Gudrun
Jäger, Peter
Kind, Sigurd
Mihm, Frank
National Archives Washington
Otte, Andrea
Phönix GmbH
Rösing, Norbert
Schröder, Frank
Storch, Uschi
Trefz, Henry (Thüringer Allgemeine)
Tront, Detlef
Völkel, Ulrich
Weiß, Dieter
Werbestudio Schmidt

Über die in diesem Buch vorgestellten **Höhlen, Grotten und Schaubergwerke in Thüringen** hinaus gibt es noch weit mehr, die aber für den Besucherverkehr nicht erschlossen sind und die „auf eigene Faust" zu erforschen nicht nur deshalb nicht anzuraten ist, weil das der Gesetzgeber aus gutem Grund untersagt; denn es ist lebensgefährlich, ohne kundigen Führer „einzufahren". Es könnte außerdem bedeuten, wichtige **Biotope und Geotope** zu stören oder gar zu zerstören. Und natürlich ist nicht auszuschließen, dass es weitere, bisher unbekannte Höhlen gibt, wie die schon bekannten Höhlen noch lange nicht bis in den letzten Winkel erforscht sind. Die hier beschriebenen Einrichtungen – mit Ausnahme des in Betrieb befindlichen Bergwerkes Phönix – bieten dem Interessierten reichlich Raum, die Welt unter Tage zu erfahren. Und wer Lust auf mehr hat, den hindert niemand, sich den zahlreichen Vereinen, Ortsgruppen und Verbänden anzuschließen, die Höhlenforschung professionell betreiben.

Abbau
Abteufen
Alaunschiefer
Ammoniten
Anhydrit(stein)
Ankerit
Aufbereitung
Auffahrung
Aufschluss
Aus- und Vorrichtung
Ausbiss
Ausbau
Baryt
Befahrung
Bergwerk
Blindschacht
Braunstein
Calcit
Carnalit
Carnallitit

Kleines Lexikon des Bergbaus

Abbau
Planmäßige Ausbeutung von Lagerstätten und die diesem Zweck dienenden bergmännischen Arbeiten.

Abteufen
Herstellung von senkrechten Hohlräumen (Schächte, Bohrlöcher) zur Erkundung oder Erschließung von Lagerstätten.

Alaunschiefer
Dunkelgrauer, feinkörniger und kohlenstoffreicher Tonschiefer; oft mit →Pyrit oder → Markasit. Diente früher zur Alaunherstellung, weil bei der Verwitterung Alaun ausblühte.

Ammoniten
Ausgestorbene Kopffüßler aus der Zeit zwischen Unterdevon und bis Kreidezeit von zum Teil enormer Größe.

Anhydrit(stein)
Mineral, abgeleitet von griech. (αν'υδροζ) *anhydros* = wasserlos. Durch Aufnahme von Wasser Umwandlung in →Gips.

Ankerit (Braunstein)
Ein graues bis braunes Mineral der Karbonatgruppen.

Aufbereitung
Oberbegriff für verschiedene physikalische und chemische Verfahren zur Behandlung des geförderten Rohhaufwerkes, um das entsprechende Mineral vom Nebengestein zu trennen bzw. aufzukonzentrieren für deren Weiterverarbeitung in der Industrie.

Auffahrung
Herstellen untertägiger vertikaler und horizontaler Grubenbaue.

Aufschluss
Herstellung aller Grubenbaue, die der geologischen Erkundung und bergmännischen Nutzung dienen.

Aus- und Vorrichtung
Ausrichtung ist der Sammelbegriff für alle Grubenbaue, durch die die Lagerstätte zugänglich gemacht und in Sohlen oder Bauabteilungen eingeteilt wird.

Vorrichtung ist der Sammelbegriff für alle Grubenbaue, die zur Einteilung der Lagerstätte innerhalb der Bauabteilungen oder Stollen entsprechend des gewählten Abbauverfahrens und der ersten Angriffspunkte für den Abbau dienen.

Ausbiss
Auslaufen eines Erzkörpers bzw. einer Gesteinsschicht an der Erdoberfläche.

Ausbau
Sammelbegriff für alle Mittel, die zum Offenhalten und Sichern von Grubenbauen in diese oder in das umgebende Gestein eingebracht werden.

Baryt (Schwerspat)
Bezeichnung für verschiedene Bariumsulfate, die als Mineral oft als Fluorit vorkommt und über eine hohe Dichte verfügt.

Befahrung
Hineingehen oder Einfahren in ein Bergwerk. Im Bergwerk wird grundsätzlich gefahren, auch wenn man läuft.

Bergwerk
Über- und untertägige Anlagen zum Gewinnen von Mineralien.

Blindschacht
Eine Schachtanlage, die nicht zur Erdoberfläche führt und deren Maschinenraum, Seilscheibe und Hängebank sich unter Tage befinden.

Braunstein
Bezeichnet ein Gemenge verschiedener Manganminerale als Manganerz; wurde früher als *Glasmacherseife* bezeichnet, da er durch Eisen(III)-Silikat verfärbte Glasschmelze entfärben konnte.

Calcit (Kalkspat)
Ein meist weißes Mineral der Karbonatgruppe.

Carnallit (auch Carnalit)
Ein farbloses bis rötliches Salzmineral (nach von Carnal benannt).

Carnallitit
Rotes, seltener grünes oder weißes Salzgestein mit den Hauptbestandteilen → Carnallit und → Halit; als Nebengemergel treten → Kieserit, → Anhydrit sowie → Sylvin auf.

Diabas (früher häufig als **Grünstein** bezeichnet)
Ein fein- bis mittelkörniges Gestein der Basalt-Gabbro-Familie; erhält durch Feldspateinsprenglinge mitunter ein charakteristisches Gefüge.

Diadochit
Gelbes bis braunes amorphes Eisenphosphat.

Einfallen eines Ganges
bezeichnet den vertikalen Winkel zur horizontalen Ebene.

Eisenvitriol (Kupferwasser, grünes Vitriol)
Findet sich als Melanterit in der Natur als Zersetzungsprodukt von →Pyrit.

Firste
Obere Begrenzungsfläche eines Grubenbaues oder einer Strecke. Die untere Begrenzung heißt →Sohle.

Flexur
Von lat. *flexura* = Biegung. Verbindung von Gesteinsbrüchen, ohne Auftreten von Brüchen.

Flöz
Aus mhd. *vletze*, ahd. *flezzi/flazzi* = geebneter Boden, Tenne, Lagerstätte. Eine weit ausgedehnte, meist sedimentäre abbauwürdige Gesteinsschicht als Lagerstätte.

Fluorit (Flussspat)
Oft blaues oder grünes, aber auch andersfarbig vorkommendes Mineral. Wird in der Metallindustrie als Flussmittel zur Herstellung von Fluor oder Fluorwasserstoffsäure verwendet.

Fossilien
Überreste pflanzlicher oder tierischer Organismen sowie deren Lebensspuren und ihre Abdrücke im Gestein.

Gang
Mit Gestein oder Mineralien ausgefüllte Spalte unterschiedlicher Ausdehnung und Mächtigkeit der Erdkruste.

Gangart
Minerale, die auf →Gängen Erze begleiten, aber nicht Ziel der Gewinnung sind.

Gangzone
Bereich eines →Ganges.

Gebirgsschlag
Plötzlicher Einsturz unterirdischer Hohlräume durch erdbebenähnliche Erschütterung der Erdoberfläche (z.B. 1989 in Völkershausen und 1996 in Teutschenthal).

Geleucht
Bezeichnung aller Grubenlampen, die unter Tage mitgeführt werden; ursprünglich bestehend aus Kienspan, über Öl- und Talglampen, später Gas-, Kerosin- und Karbidlampen; im modernen Bergbau werden schlagwettersichere wieder aufladbare elektrische Geleuchte verwendet.

Geotop
Erdgeschichtliche Bildung der unbelebten Natur, Lehre über die Entwicklung der Erde oder des Lebens. Geotope umfassen Aufschlüsse von Gesteinen, Böden, Mineralen, Fossilien sowie einzelne Naturschöpfungen und Landschaftsteile.

Gesenk
Ein vertikaler Grubenbau, der von einer unter Tage aufgefahrenen →Sohle oder →Stollen zum nächsten Sohlenniveau abgeteuft wird.

Gewerkschaft
Frühere Bezeichnung für ein abgegrenztes Bergbaugebiet mit seinen spezifischen Eigentumsverhältnissen.

Gewinnung
Ist das Herauslösen von mineralischem Gestein aus dem Gebirgsverband durch technische Mittel.

Gezähe
Bezeichnung für die Gesamtheit der bergmännischen Werkzeuge wie Schlägel (auch Schlegel) und Eisen (Hammer und angespitztes Eisen mit kurzem Stiel, wie im Bergmannswappen verwendet), aber auch Bohrstange und Pressluft-hammer und andere bergmännische Werkzeuge oder Gerätschaften.

Gezähekiste ist der Werkzeugkasten des Bergmanns.

Gips(stein)
Farbloses bis weißes Mineral.

Göpel
Mechanische Vorrichtung zur Erzeugung von Antriebskraft durch Menschen oder Tiere (Pferde, Ochsen, Esel), etwa seit 1500 auch im Bergbau für die Schachtförderung verwendet.

Grube
Grubenwetter
Halit
Hammerwerk
Hangende
Hartsalz
Hauer
(Roh-)Haufwerk
Haspel
herzynstreichend
Hunt
Kaue
Karbonat(gestein)
Kieserit
Klaubeanlage
Knappschaft
Konglomerat
Lagerstätte
Liegende
Lutte
Mächtigkeit
Magnetit
Mangan(erz)

Grube
Alle horizontalen und vertikalen Auffahrungen sowie Abbauhohlräume zur Gewinnung von Mineralien.

Grubenwetter
Alle unter Tage vorkommenden Gase und Gasgemische. Unter Bewetterung versteht der Bergmann die Versorgung eines Grubengebäudes oder Grubenbaues mit frischer Luft.

Halit
Von griech. 'αλοζ (*halos*) = Meer; wasserklares, auch weiß, bläulich, bräunlich oder rot gefärbtes Salzmineral, unser essbares Kochsalz.

Hammerwerk
Maschinell betriebene Eisenhämmer zum Zerkleinern von Gestein, früher meist mit Wasserradantrieb.

Hangende
Sind die Gesteinsschichten, welche sich über dem Bergmann befinden. Im Gangbergbau ist das die Gesteinsschicht, die auf dem →Gang aufliegt.

Hartsalz
Sulfatisches Salzgestein mit den Hauptbestandteilen →Sylvin und →Halit, →Kieserit, →Anhydrit und →Polyhalit; beim bergmännischen Bohren besonders hart.

Hauer
Vor Ort arbeitender Bergmann.

(Roh-)Haufwerk
Ist das herausgelöste Gestein aus dem Gebirgsverband.

Haspel
Ist eine Winde zum horizontalen und vertikalen Ziehen von Materialien bzw. Fördergefäßen. Der Antrieb kann durch Hand oder durch einen Luftdruck- oder Elektromotor erfolgen.

herzynstreichend
Die Streichrichtung *herzyn* ist eine Verlaufslinie von Nordwest nach Südost (z. B. Thüringer Wald).

Hunt
Förderwagen zum Abtransport des Haufwerks.

Kaue
Wasch- und Umkleideraum der Bergleute.

Karbonat(gestein)
Die Salze der Kohlensäure in Verbindung mit Calcium und Magnesium.

Kieserit
Ein wichtiges Kalisalz; farbloses, weißes, graues, gelbes oder grünliches Mineral.

Klaubeanlage
Teil der Aufbereitungsanlage, in der über ein langsam laufendes Förderband mittels Handauslese Gesteine aussortiert werden.

Knappschaft
Im 13. Jahrhundert entstandener freiwilliger zunftmäßiger Zusammenschluss der Bergleute (auch **Knappen**). Ab dem 19. Jahrhundert wurde die Bezeichnung für die Sozialkassen bzw. -versicherung der Bergleute übernommen.

Konglomerat
Von lat. *conglomerare* = zusammenfallen. Grobklastisches Sedimentgestein aus gerundeten Gesteinstrümmern mit mehr als 2 mm Korndurchmesser, durch kalkiges, toniges, sandiges oder kieseliges Bindemittel fest verbunden.

Lagerstätte
Sind natürliche Mineralkonzentrationen in der Erdrinde, die sich an bestimmten Stellen bilden können und hinsichtlich ihrer Form, ihrer Lage und ihres Inhaltes starken Schwankungen unterliegen.

Liegende
Gesteinsschicht unterhalb des Bergmanns. Im Gangbergbau werden die Gesteinsschichten als Liegendes bezeichnet, auf dem der →Gang aufliegt.

Lutte
Ein dünnwandiges Blechrohr (300er Lutte entspricht einem Durchmesser von 300 mm) zur Zu- bzw. Abführung von Wettern durch Lüfter.

Mächtigkeit
Dicke einer Erdschicht oder Lagerstätte rechtwinklig zu ihren Begrenzungsflächen gemessen.

Magnetit (Magneteisenserz, -stein)
Eines der wichtigsten Eisenerze, kann bis zu 70 % Eisen enthalten.

Mangan(erz)
Von frz. *manganèse* = schwarze Magnesia. Grauweißes, hartes, sehr sprödes Schwermetall, das in der Natur in zahlreichen Mangan-Mineralen in chemisch gebundener Form vorkommt.

Mineralien
Mineralien sind im Allgemeinen homogene, d. h. physikalisch und chemisch einheitliche, anisotrope, kristallisierte Produkte der festen Erdkruste. Ausnahmen lassen sich nach verschiedenen Seiten hin finden.

Mundloch
Ausgebaute Öffnung zwischen dem Hang eines Berges und dem Stollen im Erdinneren.

Mutung, muten
Antrag an die Bergaufsicht auf die Verleihung eines Grubenfeldes zur Sicherung der Schürfrechte.

Ooide
Kugelförmige, meist aus Kalk bestehende Körper, bei denen sich um einen Keim (z.B. Sandkörnchen oder Schalenbruchstückchen) herum konzentrischschalige Lagen abgeschieden haben (Durchmesser 0,1 bis 2 mm); Entstehung in teils warmen, flachen Gewässern.

Orogenese
Sammelbegriff tektonischer Vorgänge, die zu Gebirgsbildung führen.

Paläontologie
Lehre von der Entwicklung der Lebensumstände in der Erdgeschichte; wesentliche Quellen für die paläontologische Forschung sind die →Fossilien.

Pinge
Sind Einsenkungen an der Erdoberfläche, die durch Verbruch von untertägigen bergbaulichen Anlagen, z. B. Schächten, Stollen, Abbauen und Überhauen entstanden sind.

Pochwerk
Anlage zur Feinzerkleinerung von Erz, bestehend aus Pochstempel und Pochplatte; seit etwa dem Jahr 900 durch Wasser, später durch Dampf betrieben.

Pyrit
Von griech. πγρ (*pyr*) = Feuer. Hell-messinggelbes Mineral als kubisch kristallisierte Modifikation von Eisensulfid; kommt in vielen Erzen und manchen Gesteinen vor.

Querschlag
Ein abgehender Grubenbau von einer Richtstrecke zum Gangaufschluss.

Revier
Bergbaugebiet, in dem Mineralien gewonnen wurden bzw. werden.

Richtstrecke
Im tauben Gestein aufgefahrener horizontaler Grubenbau zum Aufschluss einer Lagerstätte.

Rolle
Vertikale Verbindung zwischen zwei Sohlen zum Verstürzen von Rohhaufwerk.

Rösche
Rinne oder Kanäle der Sohle einer Strecke oder eines Stollens, in dem Wasser abgeleitet oder Aufschlagwasser zugeführt wird.

Schacht
Senkrechter oder schräger Grubenbau der mehrere Sohlen mit der Erdoberfläche verbindet. Der Querschnitt ist meistens rund oder rechteckig und wird zum Ein- und Ausfahren für den Bergmann sowie zur Förderung des unter Tage gewonnenen Minerals genutzt.

Schlägel
Auch Fäustel, ist ein Hammer mit zwei gleichgroßen gegenüber verlaufenden parallelen Ebenen.

Schlotte
Lang gestreckter Hohlraum (Karsterscheinung), entstanden durch auslaugende Tätigkeit des Niederschlagwassers in lösungsfähigem Gestein

Schrapper
Schrapper ist eine doppelte Haspelanlage. Über zwei Trommeln, die mittels eines E-Motors oder Druckluftantriebes angetrieben werden, wird je ein Voll- und Leerseil, die an dem Schrapperkasten arretiert sind, über eine an der Ortsbrust befestigten Umlenkrolle der Schrapperkasten durch Abbremsen der Trommeln hin und her gezogen. Der Schrapperkasten nimmt vor Ort das Haufwerk auf und fördert es über die Abbauauffahrung bis in die offene Rolle.

Steiger
Leitender Mitarbeiter im Bergbaubetrieb (z. B. Wetter-, Fahr-, Maschinen-, Revier-, Obersteiger).

Stollen
Horizontaler Grubenbau, der von einem Berghang in den Berg aufgefahren wird.

Spatmühle
Funktioniert analog einer Getreidemühle, deren Mahlsteine durch Wasserkraft angetrieben werden. Der vorgebrochene und sortierte Schwerspat wurde in der Spatmühle über drei Mühlensteine bis auf die Korngröße von Mehl gemahlen.

Speläologie
Streichen eines Ganges
Sohle
Schrapper
Sylvin
Teufe
Trace
Travertin (Kalktuff)
Tscherper
Überhaun
Vertaubungszone
Versatz
Versatzmaterial
Verwahrung
Vitriol
Vortrieb
Wasserlösung
Wasserhaltung
Zeche
Zusitzende Wässer

Speläologie
Höhlenforschung mit dem Ziel, Höhlen und Karsterscheinungen zu erforschen und zu schützen.

Streiche eines Ganges
Ist die Bezeichnung für den horizontalen Verlauf eines Ganges, angegeben nach den Himmelsrichtungen.

Sohle
Ist eine planmäßige festgelegte horizontale Ebene in der Vertikalen zum Aufschluss einer Lagerstätte von einem Schacht aus. Außerdem wird die unterste Begrenzung einer Strecke Sohle genannt.

Sylvin
Ein unterschiedlich gefärbtes Salzmineral; scharf salzig schmeckendes, wasserlösliches Kaliumsalz der Salzsäure. Neben →Halit ein Hauptbestandteil des oft rötlichen Salzgesteins *Sylvinit* in meist gut ausgebildeter Schichtung.

Teufe
Begriff für die Tiefe, angegeben von der natürlichen Geländeoberkante.

Trace
Von engl. *trace* = Spur; Hilfsmittel um Wasser mittels Zusätzen (z.B. fluoreszierende Stoffe, Natriumchlorid oder Pollen) zu markieren und so den unterirdischen Verlauf des Wassers zu erforschen.

Travertin (Kalktuff)
Vom ital. Ort *Travertino* – helle, meist gelbliche $CaCO_3$-Ausscheidung mit zellig-porösem Gefüge, daher auch die Bezeichnung *Quell(en)tuff.*

Tscherper
Kurzes, abgerundetes Messer der Harzer Bergleute als Werkzeug und Essbesteck; allgemein für ein rustikales Essen, bestehend aus Brot mit Schmalz, Wurststücken und Korn.

Überhaun
Vertikaler Grubenbau mit Fahrtrum und Sturztrum (Rolle), die in geneigter Lagerstätte oder auch zur Verbindung von zwei Sohlen in unterschiedlichen Höhenniveaus von unten nach oben aufgefahren werden.

Vertaubungszone
Auslaufen des Erzganges in der Gesteinsschicht, wegen zu geringen Erzgehalts nicht mehr abbauwürdig.

Versatz
Material, das zum Wiederausfüllen von offenen Hohlräumen genutzt wurde.

Versatzmaterial
Taubes aus dem Gebirge gelöstes Gestein oder andere geeignete mineralischen Abfälle.

Verwahrung
Fachgerechte Stilllegung eines Bergwerkes, so dass keine Folgeschäden für Menschen und Umwelt entstehen können.

Vitriol
Von lat. *vitrum* = Glas – bezeichnet glasartige, meist farbige kristallwasserhaltige Sulfate von geringerem Wert (z.B. weißes, grünes oder blaues Vitriol).

Vortrieb
Herstellen von untertägigen Strecken und Grubenbauen.

Wasserlösung
Maßnahmen zum Fernhalten bzw. Ableiten von Wässern.

Wasserhaltung
Grubenbaue und Einrichtungen, die dem Sammeln und Ableiten des Grubenwassers dienen.

Zeche
Ein anderer Begriff für Bergwerk.

Zusitzende (Gruben)Wässer
Bergmännisch für alle über Spalten, Klüfte und Hohlräume eindringende Wässer eines Bergwerkes, in der Regel Grundwasser.

Ulrich Völkel

wurde 1940 in Plauen (Vogtland) geboren, Abitur 1959, Studium am Literaturinstitut in Leipzig, danach Dramaturg- und Regieassistent an verschiedenen Theatern (u.a. Staatstheater Schwerin, Volkstheater Rostock); erste Veröffentlichungen von Gedichten, Liedtexten und Erzählungen in Zeitungen, Zeitschriften (u.a. in *Das Magazin, Eulenspiegel, Neue Deutsche Literatur*) ab 1956. 1965 erschien sein erster Roman „Kain und Abel", 1969 „Spektakel in Seltensow" (Stück); außerdem historische Romane („Adler mit gebrochenem Flügel", „Mit Leier und Schwert", „Der Tresor des Diktators), Kinderbücher („Freitags beim Angeln", „Luc und die Wölfe von Paris"), Drehbücher (Sandmännchen-Reihe) und zahlreiche Nachdichtungen. Zahlreiche Erzählungen und Kurzgeschichten in verschiedenen Anthologien.

Ulrich Völkel gründete 1993 den **RhinoVerlag**, den er bis 2005 führte. Seither ist er wieder als freier Autor, Lektor und Herausgeber tätig;
verheiratet, zwei Kinder; lebt seit 2001 in Weimar.

Im RhinoVerlag sind folgende Bücher von Ulrich Völkel erschienen:
77 Restaurants und Rezepte in Thüringen.
Daheim, in meinem fremden Land. Erzählung
Ein Elefant im Hotel. Kinderbuch

Sabine Martiny,
Feengrotten (Pastell)

Impressum

Dr. Lutz Gebhardt e. K.,
98684 Ilmenau, PF 100564
Tel.: (0 36 77) 6 30 25, Fax: (0 36 77) 6 30 40
www.rhinoverlag.de
info@rhinoverlag.de

Redaktion:	RhinoVerlag
Layout / Satz:	Ulrich Völkel, Weimar
Lektorat:	Katja Völkel, Dresden
Titelfoto:	Saalfelder Feengrotten
Foto Rückseite:	Rabensteiner Stollen
Geologische Übersichtskarte:	H. Huckriede, TLUG Jena
Übersichtskarte:	Verlag grünes herz
Titelgestaltung:	Atelier für Grafik-Design Katharina Kerntopf, Ilmenau
Druck:	DZA Druckerei zu Altenburg, Altenburg
Bildnachweis:	s.S. 233

1. Auflage 2007 by RhinoVerlag

ISBN 978-3-939399-03-2